Brian Tracy, Luckfactor

Brian Tracy gilt als einer der renommiertesten Erfolgs- und Managementtrainer der Welt. Jährlich besuchen 350 000 Teilnehmer seine Seminare. Er ist Präsident eines Unternehmens mit über 350 Beratern und Trainern und entwickelte mehr als 300 Videos und Audioprogramme. Seine Bücher und Programme sind Bestseller und in 17 Sprachen und 38 Ländern erhältlich. Brian Tracy lebt in San Diego, Kalifornien, und hält regelmäßig Seminare und Vorträge in Europa, vorwiegend in Deutschland. Er spricht vier Sprachen, darunter Deutsch.

Kontaktadresse:
SCHEELEN®
Institut für Managementberatung und Bildungsmarketing
Klettgaustraße 21
D-7961 Waldshut-Tiengen
Telefon: 0049 - (0) 77 41 - 654 59
Fax: 0049 - (0) 77 41 - 654 03
Internet: www.tracy-college.de
E-Mail: scheelen@tracy-college.de

Brian Tracy

Luckfactor

Die Gesetze des Erfolges

Aus dem Amerikanischen
übersetzt von Ingrid Proß-Gill

2. Auflage

GABAL
management

Die Deutsche Bibliothek – CIP-Einheitsaufnahme

Tracy, Brian
Luckfactor : die Gesetze des Erfolges / Brian Tracy.
Aus dem Amerikan. übers. von Ingrid Proß-Gill. -
2. Aufl. - Offenbach : GABAL, 2000
Einheitssacht.: The luck factor <dt.>
ISBN 3-89749-059-5

Lektorat und Bearbeitung: Dr. Petra Begemann, Frankfurt
Umschlaggestaltung: + Malsy Kommunikation
und Gestaltung, Bremen
Umschlagmotiv: Tony Stone Bilderwelten, Hamburg
Herstellung: Das Herstellungsbüro, Hamburg
Druck und Bindung: Clausen & Bosse, Leck

2. Auflage 2000

Verlagsinformationen:
Jünger Service, Schumannstraße 161, 63069 Offenbach
Tel.: 069/84 00 03 - 13 (-0), Fax: 069/84 00 03 -33

Inhalt

Vorwort von Nikolaus B. Enkelmann **7**

1 **Glück ist kein Zufall! 9**
Das Geheimnis des Erfolgs **9**
Ursache und Wirkung **11**
Erfolg und Wahrscheinlichkeit **16**
Denken Sie den Erfolg! **20**
Die Macht des Unterbewusstseins **25**
Planen Sie Ihr Glück! **30**

2 **Wissen, was man will 31**
Ohne Ziele keine Erfolge **31**
Der Strategieplan für Ihr Leben **38**
Ihre Vision, Ihre Mission **44**
Ihre Jahresziele **46**

3 **Wissen ist Macht! 53**
Die Wissensrevolution **53**
»Winning Edge« – der entscheidende Vorsprung **55**
Welches Wissen zählt? **58**
So erobern Sie das richtige Wissen! **63**

4 **Wahre Meisterschaft 73**
Das Geheimnis der Spitzenleistungen **73**
Hohe Ziele und überdurchschnittliche Leistungen **77**
Die »kritischen Erfolgsfaktoren« **82**
Verbessern Sie sich ständig! **87**

5 **Die Macht der Persönlichkeit 95**
Sympathische Menschen kommen weiter **95**
Eine positive Einstellung **98**
Die Kraft der Emotionen **104**
Sehen Sie gut aus! **108**

6 Networking: Es geht nichts über Beziehungen 113
Erfolg durch Kontakte **113**
Geben und nehmen **115**
Bauen Sie gezielt ein Netzwerk auf! **121**
Planen Sie berufliche Beziehungen! **124**

7 Die Magie des Geldes 133
Der Traum von der finanziellen Unabhängigkeit **133**
Der Sinn des Reichtums **135**
7 Tipps für Ihre »Wertsteigerung« **138**
Werden Sie finanziell unabhängig! **146**

8 Nehmen Sie Ihre Zukunft in die Hand! 153
Nutzen Sie Ihr geistiges Potenzial! **153**
Kraftquelle »Überbewusstsein« **155**
Erfolgsmethode 1: Mindstorming **161**
Erfolgsmethode 2: Systematische Problemlösung **165**

9 Der wichtigste Glücksfaktor: Beruflicher Erfolg 171
Steigern Sie Ihren Beitrag! **171**
Nutzen Sie Ihre Zeit! **176**
Planen Sie Ihr Leben! **180**
Der Schlüssel zu besseren Arbeitsergebnissen **188**

10 Packen Sie es an! 191
Das Gesetz des Handelns **191**
Bleiben Sie in Bewegung! **194**
Sieben Erfolgstipps für mehr Leistung **198**
Die Schlüsselfaktoren für mehr Energie **203**

11 Ihr Charakter zählt! 211
Das Streben nach Glück **211**
Charakterstärke und Glück **212**
Die menschliche Natur: Der »E-Faktor« **220**
Wie bekämpfen Sie Ihre Schwächen? **225**

12 Wagen Sie den Erfolg! 229
Ihr Erfolgsmotor: Mut **229**
Die Ursachen unserer Ängste **231**
Wie man Mut entwickelt **234**
Wie man Misserfolge nutzt **243**
Die Erfolgsfaktoren auf einen Blick **247**

Sach- und Personenregister 250

Vorwort

Liebe Leserin, lieber Leser,

dieses Buch von Brian Tracy sollten Sie Seite für Seite, Satz für Satz sehr gut studieren. Ich kann Ihnen garantieren, Ihr Leben wird sich zum Positiven verändern, noch bevor Sie die letzte Seite gelesen haben.

Mein Freund Brian Tracy gehört zu den besten und wertvollsten Trainern der Welt. Er hat sein großes Wissen und seine langjährigen Erfahrungen konzentriert zusammengefasst und vermittelt Ihnen wirkungsvolle Regeln für den beruflichen und privaten Erfolg. Er bietet Ihnen Erfolgsgesetze, auf die man sich verlassen kann, denn nicht der Zufall, sondern Gesetzmäßigkeiten bestimmen die Entwicklung unserer Lebensprozesse. Von einem der besten Trainer der Welt zu lernen, ist wie aus einer großen Schatztruhe voller Kostbarkeiten schöpfen zu dürfen.

Seit über 35 Jahren durfte ich mit meinem Erfolgssystem über eine Million Menschen motivieren, ihre Zukunft erfolgreich zu gestalten. In all den Jahren lernte ich fast alle Trainer kennen, doch kaum einer war so überzeugend und seriös wie Brian Tracy. Darum sollten Sie dieses außergewöhnliche Buch nicht wie einen Roman lesen, sondern konzentriert und aktiv. Nutzen Sie die zahlreichen Übungsangebote, um Ihrem Erfolg ein gutes Stück näher zu kommen.

Eigentlich müsste ich jedes einzelne Kapitel hervorheben und positiv kommentieren. Das ist an dieser Stelle leider nicht möglich. Aber ich möchte Ihr Interesse trotzdem wecken. In Kapitel 4 finden Sie einen sicheren Weg zu persönlichen Spitzenleistungen. Denn wenn Sie zu den Besten gehören, läuft Ihr Leben. Das Kapitel 6 hilft Ihnen noch sicherer zu werden im Umgang mit anderen Menschen. Es zeigt Ihnen Wege zu einer besseren Kontaktfähigkeit. Denn der kontaktfähigere Mensch wird leichter zum Sieger. Kapitel 10 spricht von den Gesetzen des Handelns, und Sie werden erfahren, dass nur Energie, Begeisterung, schnelles Handeln und Gesundheit zu einem erfüllten Leben führen.

Ganz zum Schluss werden die wichtigsten Erfolgsfaktoren noch einmal zusammengefasst. Mit diesem Buch haben Sie einen großen Vorsprung. Nutzen Sie diese Chance, eine der wirksamsten Erfolgsphilosophien anwenden zu können.

Brian Tracy macht mit diesem Buch deutlich, dass Erfolg möglich, ja planbar ist! Bitte, liebe Leserin, lieber Leser, nehmen Sie darum die langjährig erprobten Erfolgsgesetze von Brian Tracy nicht nur ernst – wenden Sie sie an! Dann wird Ihnen das Buch helfen, Glück und Erfolg zu *verursachen*.

Ich wünsche Ihnen auf Ihrem erfolgreichen Weg alles Gute,

Ihr
Nikolaus Enkelmann

www.Enkelmann.de

Kapitel 1
Glück ist kein Zufall!

Das Geheimnis des Erfolgs

Wunschtraum: ein glückliches Leben

In diesem Buch möchte ich Ihnen zeigen, wie Sie es schaffen können, so viel Glück zu haben, wie wir uns alle wünschen. Jeder von uns will in allen Bereichen seines Lebens gesünder, glücklicher, reicher und zufriedener sein. Aber nur wenige Leute sagen von sich selbst, dass sie ein wirklich funktionierendes, glückliches Leben führen, in dem sie sich selbst verwirklichen können.

Das eigene Potenzial voll ausschöpfen

Die weitaus meisten Menschen haben das ungute Gefühl, dass sie in ihrem Leben viel mehr erreichen könnten, wenn sie nur wüssten, *wie*. Sie schöpfen ihr angeborenes Potenzial für Erfolg und Lebensglück längst nicht aus – sie könnten viel gesünder sein, viel mehr Geld verdienen, viel erfolgreicher sein, viel mehr Anerkennung gewinnen und ein viel befriedigenderes Leben führen, als das heute der Fall ist.

Braucht man »Startvorteile«?

Ich selbst bin mit ganz wenigen Vorteilen ins Leben gestartet. Meine Eltern hatten nie Geld, und mein Vater war immer wieder lange arbeitslos. Ich habe die High School ohne Abschluss verlassen und dann jahrelang als Hilfsarbeiter gejobbt. In dieser Zeit habe ich in meinem Auto »gewohnt« und oft auf dem Erdboden geschlafen. Als ich 24 war, hatte ich meinen Platz im Leben immer noch nicht gefunden. Ich war pleite, arbeitslos und hoch verschuldet, ich besaß keine Fertigkeiten, keine Bildung, keine einflussreichen Freunde und hatte, soweit ich das sehen konnte, auch keine große Zukunft.

Wieso sind manche Menschen erfolgreich?

Doch dann fing ich an, mich mit einer sehr wichtigen Frage zu beschäftigen: »Wieso sind manche Menschen erfolgreicher als andere?« Wieso haben manche Menschen mehr Geld, eine stabilere Stellung, eine glücklichere Familie, eine bessere Gesundheit und ein aufregenderes Leben? Sie fahren ein größeres Auto, tragen bessere Kleidung und leben in einem schöneren Zuhause. Sie scheinen immer mehr Geld in der Tasche und auf dem Konto zu haben. Sie gehen in teure Restaurants, machen an interessanten Orten Urlaub und führen ein angenehmes, zufriedenes Leben. Wie kommt das?

Erfolg = Glück?

Manche Leute antworteten mir auf diese Frage, dass erfolgreiche Menschen »einfach Glück« hätten. Erfolglose Menschen dagegen hätten »einfach Pech«. Menschen, die in kleinen Verhältnissen angefangen hatten, die hart gearbeitet und es aus eigener Kraft geschafft hatten, sich eine gute Position zu sichern, sollten also nur Glück gehabt haben? Menschen, die aus der ganzen Welt gekommen waren, ohne Freunde, Sprachkenntnisse, Geld oder Chancen, und die dann erfolgreich geworden waren, sollten einfach nur Glück gehabt haben? Menschen, die mit nichts angefangen hatten und im Laufe ihres Erwerbslebens finanziell unabhängig, Selfmade-Millionäre oder gar Selfmade-Milliardäre geworden waren, sollten das einfach nur dem Glück zu verdanken haben? Das ergab für mich überhaupt keinen Sinn!

Wie wird man Millionär?

Der amerikanischen Finanzbehörde zufolge gibt es in den USA über 1,8 Millionen Millionäre, und die meisten von ihnen haben es aus eigener Kraft zu Geld gebracht. In den Vereinigten Staaten werden jedes Jahr über 100 000 Menschen Millionäre – im Schnitt alle fünf Minuten einer! Sollten alle diese Leute wirklich einfach nur Glück gehabt haben?

Glück ist planbar!

Inzwischen habe ich mich mehr als 25 Jahre lang mit den Gedanken, Gefühlen, Entscheidungen und dem Verhalten erfolgreicher Menschen beschäftigt. Letztendlich haben all meine Nachforschungen zu dem Ergebnis geführt, dass man Glück planen kann. Es ist keineswegs eine Reihe zufälliger Ereignisse, die manchen Menschen zustoßen und anderen nicht. Ich habe vielmehr festgestellt, dass man so viel Glück haben kann, wie man möchte, wenn man das tut, was andere Menschen tun, die »Glück haben«. Ich möchte Sie für diese Erkenntnis begeistern und Ihnen zeigen, wie auch Sie den Weg zu mehr Glück finden.

Ursache und Wirkung

Antike Wurzeln des Kausalitätsprinzips

Um 425 v. Chr. entwickelte der griechische Philosoph *Sokrates* ein Gesetz, das zur Grundlage der westlichen Philosophie und des westlichen Denkens geworden ist. In einer Zeit, in der die Menschen an die Götter auf dem Olymp und den zufälligen, chaotischen Einfluss von Pflanzen, Steinen, Bäumen und den Elementen glaubten, stellte Sokrates schlicht und einfach fest, dass wir in einer von Gesetzen geprägten Welt leben, in einer Welt, die von einem Ordnungssystem beherrscht wird, auch wenn wir die dahinter stehenden Prinzipien nicht immer verstehen. Er benutzte seine beachtlichen rhetorischen Fähigkeiten, um die Menschen durch die *»sokratische Methode«* des geschickten Fragens und Antwortens dazu zu zwingen, über die logischen Folgen ihrer Gedanken und ihres Verhaltens nachzudenken. Damals wurde diese Vorstellung als »sokratisches Kausalitätsgesetz« bekannt. Heute sprechen wir vom *»Gesetz der Ursache und Wirkung«* und akzeptieren es als Teil unserer Sichtweise von der Welt. Zur damaligen Zeit war diese Idee jedoch bemerkenswert und heftig umstritten.

Das Gesetz von Ursache und Wirkung besagt: »Alles, was in Ihrem Leben passiert, hat einen oder mehrere spezifische und identifizierbare Gründe.«

Gezieltes Handeln führt zum Erfolg

Das bedeutet: Wenn Sie in Ihrem Leben etwas erreichen wollen, wenn Sie eine bestimmte Wirkung erzielen wollen, müssen Sie jemanden finden, der genau dies bereits erreicht hat. Indem Sie immer wieder das tun, was diese Person getan hat, werden Sie die gleichen positiven Ergebnisse erzielen.

Erfolg ist kein Zufall

Wie man Erfolg auch definieren mag – er ist kein Zufall! Er ist nie das Ergebnis von Glück, und Misserfolg entsteht nie durch Pech. Auch wenn Sie sich noch nicht die Zeit genommen haben, darüber nachzudenken, wie Sie von Ihrem Ausgangspunkt zu Ihrer heutigen Position gekommen sind, hat es eine Reihe spezifischer Schritte gegeben, die Sie gemacht haben und die Sie dorthin gebracht haben, wo Sie in diesem Augenblick stehen. Und der entscheidende Punkt ist, dass diese Schritte Sie nirgendwo anders hätten hinbringen können. Wo Sie sind und was Sie sind, liegt allein an Ihnen. Wie Ihr Leben heute ist, wurde zwangsläufig durch die Entscheidungen bestimmt, die Sie im Laufe der Monate und Jahre getroffen haben. Das Wunderbare daran ist, dass Sie jederzeit anfangen können, andere Entscheidungen zu treffen und andere Schritte zu gehen, und dass Ihr Leben sich dann ebenso zwangsläufig verändern wird.

Beispiel: Von der Hilfskraft zum Unternehmer

Vor einiger Zeit hat mir ein russischer Einwanderer namens Ivan Strigorsky seine Geschichte erzählt. Nach dem Zusammenbruch der Sowjetunion träumte er davon, nach Amerika zu gehen. Es dauerte mehrere Jahre, bis es ihm schließlich gelang, ein Visum und ein Flugticket zu erhalten. Als er in New York ankam, trug er seinen ganzen Besitz in einem Pappkarton bei sich. Er sprach kein einziges Wort Englisch. Er kam in »Little Russia« unter, dem Stadtteil von New York, in dem viele russische Einwanderer lebten. Zunächst fand er nur einen Job als Pizza-Ausfahrer – er belieferte Russen, die in der näheren Umgebung einer russischen Pizzeria lebten.

Doch Ivan Strigorsky hatte gegenüber vielen anderen Menschen einen unschätzbaren Vorteil: Er wusste mit absoluter Sicherheit, dass Amerika das Land der unbegrenzten Möglichkeiten war. Er wusste auch, dass sein Schlüssel zu diesem neuen Land gute englische Sprachkenntnisse waren. Deshalb fing er an, sich meine Audiokassetten zum Thema Erfolg anzuhören, und dann kaufte er sich auch die Kassetten anderer Erfolgsautoren. Er las unsere Bücher. Er lernte Englisch, und gleichzeitig lernte er, wie man erfolgreich werden kann. Er nahm alles, was er hörte und las, begierig in sich auf, denn in der Sowjetunion hatte er nie etwas von diesen Prinzipien erfahren.

Am Ende seines ersten Jahres in den USA war sein Englisch so gut, dass er eine Stelle bei einer Druckerei bekam. Am Ende seines zweiten Jahres beschloss er, eine eigene Firma zur Vermittlung von Druckaufträgen zu gründen. In seinem dritten Jahr verkaufte er Druckaufträge im Wert von zwei Millionen Dollar und verdiente dabei über 400 000 Dollar. Und sein Erfolg hatte absolut nichts mit Glück zu tun!

Erfolgsmenschen und das Glück

In Amerika gibt es Hunderttausende von Menschen, die aus den unterschiedlichsten Verhältnissen kommen, die verschiedensten Nachteile und Schwierigkeiten überwinden mussten und die es trotzdem geschafft haben, sich ein wundervolles Leben aufzubauen. Die Menschen in ihrer Umgebung schreiben die Tatsache, dass es ihnen so gut geht, oft dem Glück zu. Wenn man aber mit denjenigen spricht, die es geschafft haben, und ihre Geschichten von ihrem Ausgangspunkt bis zu ihrem heutigen Leben verfolgt, dann stellt man fest, dass ihr Erfolg überhaupt nichts mit Glück zu tun hatte. Und genau das Gleiche gilt auch für Ihren eigenen Erfolg!

Probleme und ihre Auslöser

Das Gesetz von Ursache und Wirkung gilt in beide Richtungen. Es besagt auch, dass Sie unerwünschte Wirkungen in Ihrem Leben – zum Beispiel Geldmangel, Übergewicht, Beziehungsprobleme, eine unbefriedigende Stelle oder Karriere – bis zu den Handlungen zurückverfolgen können, durch die Sie sie ausgelöst haben. Wenn Sie dann die Ursachen beseitigen, beseitigen Sie auch die Wirkungen, und manchmal geht das sehr schnell.

Ganz einfach gesagt: Erfolgreiche, glückliche, gesunde, wohlhabende Menschen sind diejenigen, die die Gesetze entdeckt haben, die unser Leben bestimmen, und ihr eigenes Leben so gestaltet haben, dass es in Harmonie mit diesen Gesetzen steht. Dadurch erfahren sie viel mehr Freude und Zufriedenheit und erreichen in wenigen Jahren viel mehr als durchschnittliche Menschen in ihrem ganzen Leben.

Gewinner und Verlierer

Beim Poker lachen die Gewinner und erzählen Witze, während die Verlierer sagen: »Halt den Mund und gib endlich!« In der Welt um Sie herum arbeiten die Gewinner aktiv und fleißig auf ihre Ziele hin, während Durchschnittsmenschen so wenig Einsatz wie möglich zeigen und hoffen, dass dabei etwas Gutes herauskommen wird. Gewinner führen ihren Erfolg immer auf harte Arbeit und Hingabe zurück, mittelmäßige Menschen dagegen schreiben ihre Misserfolge dem Pech zu.

Überträgt man das Gesetz von Ursache und Wirkung auf unseren Zusammenhang, ergibt sich folgende wichtige Erkenntnis:

Unsere Gedanken sind Ursachen, und die Bedingungen, unter denen wir leben, sind Wirkungen.

Die Macht der Gedanken

Ihr Verstand ist die stärkste Kraft in Ihrem Universum. *Ralph Waldo Emerson* hatte Recht, als er sagte: »Jeder Mensch wird das, worüber er die meiste Zeit nachdenkt!« Dass Sie da stehen, wo Sie stehen, und das sind, was Sie sind, ist durch Ihre üblichen Denkweisen bedingt. Ihre Gedanken sind kreativ und erschaffen letztendlich Ihre Realität. Wenn Sie also Ihr Denken verändern, verändern Sie Ihr Leben! Die größten Denker aller Zeiten, von den frühesten Schriften der ersten Theologen, Philosophen und metaphysischen Schulen an, haben alle betont, dass der menschliche Verstand die Macht hat, das Schicksal des Individuums zu gestalten.

Eine andere Fassung des Gesetzes von Ursache und Wirkung ist das *Gesetz von Aktion und Reaktion*, das zuerst von *Newton* formuliert und erläutert wurde.

Das Gesetz von Aktion und Reaktion lautet: »Zu jeder Aktion gibt es eine entsprechende Gegenreaktion.« Anders ausgedrückt: Handlungen haben Konsequenzen.

Erst denken, dann handeln

Das ist sehr wichtig! Am Anfang können Sie über jede Ihrer Handlungen entscheiden, Sie können sie kontrollieren. Wenn Sie aber mit einer bestimmten Handlung begonnen haben, liegen die Folgen oft nicht mehr in Ihrer Hand. Sobald Sie etwas getan oder gesagt haben, verselbstständigen sich die Folgen. Deshalb überlegen sich alle erfolgreichen Menschen sehr genau, was sie sagen und tun, während erfolglose Menschen im Hinblick auf ihre Worte und ihr Verhalten oft gedankenlos oder gar sorglos sind.

Erwünschte und unerwünschte Konsequenzen

Der Schlüssel zu mehr Glück liegt darin, sich bewusst für Handlungen zu entscheiden, die mit größerer Wahrscheinlichkeit die von Ihnen gewünschten Folgen zeitigen werden. Gleichzeitig müssen Sie ebenso bewusst darauf achten, jene Handlungen zu vermeiden, die nicht die von Ihnen gewünschten Folgen bringen und sogar Konsequenzen haben, die Sie nicht wollen.

Beispiel: Verkaufserfolg

Falls Sie im Verkauf arbeiten, werden Ihnen die Handlungen der Kundenakquisition, des Präsentierens, des Aufbaus von guten Beziehungen und des beharrlichen Verfolgens von Hinweisen und Empfehlungen schließlich die gewünschten Folgen bringen: Verkaufserfolge, ein höheres Einkommen, Stolz auf sich selbst und größere berufliche Zufriedenheit. Je mehr dieser Handlungen Sie durchführen, desto mehr positive Folgen werden Sie genießen können. Andererseits werden Sie kaum solche Folgen erleben, wenn Sie diese Handlungen nicht vollziehen.

Eine andere Formulierung des Gesetzes von Ursache und Wirkung ist das *Gesetz vom Säen und Ernten.*

Das Gesetz vom Säen und Ernten besagt:
»Was der Mensch sät, das wird er ernten.«

Sie werden also das herausbekommen, was Sie hineinstecken – das, was Sie heute ernten, ist das Ergebnis dessen, was Sie in der Vergangenheit gesät haben.

Universelle Grundprinzipien

Die Gesetze von Ursache und Wirkung, Aktion und Reaktion, vom Säen und Ernten sind zeitlose Wahrheiten, sie sind Grundprinzipien des Universums, die schon existieren, seit es Menschen auf dieser Erde gibt. Ihr Lebensglück, jeder Erfolg und jede gute Leistung hängen davon ab, dass Sie Ihr Leben nach diesen zeitlosen Prinzipien organisieren. Dann werden Sie Zufriedenheit und Freude in einem Maße erfahren, das der Durchschnittsmensch nur selten erreicht. Und natürlich werden andere dann anfangen zu sagen, dass Sie Glück hätten.

Erfolg und Wahrscheinlichkeit

Nicht nur das universelle Prinzip von Ursache und Wirkung sollte Sie ermutigen, Ihr Leben selbst in die Hand zu nehmen und Ihr wirkliches Erfolgspotenzial auszuschöpfen. Ein sehr wichtiger Faktor bei der Erklärung von Glück ist *das Gesetz der Wahrscheinlichkeit:*

> **»Für jedes Ereignis gibt es eine Wahrscheinlichkeit, mit der es unter bestimmten Umständen eintritt.«**
> **(Gesetz der Wahrscheinlichkeit)**

Dieses Gesetz besagt schlicht und einfach, dass die Ereignisse in Ihrem Leben mit einer logischen, systematischen Regelmäßigkeit geschehen. Wenn Sie beispielsweise eine Münze werfen, wird sie mit 50-prozentiger Wahrscheinlichkeit auf die Vorderseite und mit 50-prozentiger Wahrscheinlichkeit auf die Rückseite fallen. Die Wahrscheinlichkeit, dass sie auf die Vorderseite beziehungsweise auf die Rückseite fällt, ist immer 50 Prozent, ganz egal, wie oft man die Münze wirft. Auch wenn Sie dieselbe Münze 5000-mal werfen, bleibt die Wahrscheinlichkeit jedes Mal 50 Prozent.

Dem Erfolg auf die Sprünge helfen

Wenn Sie mehr Erfolg in Ihrem Leben haben wollen, müssen Sie die Wahrscheinlichkeit, dass der Erfolg eintritt, in allen für Sie wichtigen Bereichen erhöhen. Ich werde Ihnen in diesem Buch Dutzende von Möglichkeiten zeigen, durch die Sie die Wahrscheinlichkeit, das gewünschte Ergebnis zu erzielen, bei praktisch allem, was Sie tun, beeinflussen und steigern können.

Beispiel: Die Wahrscheinlichkeit, ins Schwarze zu treffen

Das möchte ich Ihnen an einem Beispiel verdeutlichen: Nehmen wir an, dass jemand, der zu viel getrunken hat und kaum noch stehen kann, sich in einem nur schwach erleuchteten Raum befindet und dass an der Wand, etwa 10 bis 15 Meter entfernt, eine Zielscheibe hängt. Er hat einen unbegrenzten Vorrat an Pfeilen, die er auf die Scheibe werfen kann. Er fängt nun an zu werfen – in einem abgedunkelten Raum, auf große Entfernung, ohne Erfahrung mit diesem Spiel, mit eher verschwommenem Blick.

Wie groß ist wohl die Wahrscheinlichkeit, dass er die Zielscheibe trifft? Ihre Antwort kann nur lauten, dass sie nicht besonders groß ist. Sie werden aber trotzdem einräumen müssen, dass er die Scheibe, die er kaum

sehen kann, aller Wahrscheinlichkeit nach irgendwann treffen wird, wenn er genug Pfeile in ihre Richtung wirft.
Jetzt kommt die entscheidende Frage: Wie groß ist die Wahrscheinlichkeit, dass dieser Mann das Zentrum der Scheibe trifft? Nun, wenn er genug Pfeile wirft, wenn er lange genug dort steht, im Laufe der Zeit lernt, gut zu zielen, und immer weiter Pfeile wirft, dann wird, dann muss *er irgendwann ins Schwarze treffen.*

Erfolg ist »machbar«!

Das ist eine der wichtigsten Lektionen des Lebens! Es spielt keine Rolle, wer Sie sind, unter welchen Bedingungen Sie anfangen oder in welcher Situation Sie sich befinden – wenn Sie es oft genug versuchen, wenn Sie aus jedem Fehlschlag etwas lernen und immer weiter versuchen, ein Ziel zu treffen, das Ihnen wichtig ist, müssen und werden Sie irgendwann ins Schwarze treffen. Und das ist keine Frage des Glücks, sondern einfach eine Sache der Wahrscheinlichkeit.

Beispiel: Schneller ins Schwarze treffen

Lassen Sie uns nun annehmen, dass Sie den gleichen Mann in stocknüchternem Zustand bei einem professionellen Dartspieler einen Fortgeschrittenenkurs in der Kunst des Pfeilewerfens machen lassen und ihn dann 4 bis 5 Meter von der Scheibe entfernt in einen gut erleuchteten Raum stellen. Sie geben ihm einen großen Vorrat an wunderschönen, sehr treffgenauen Pfeilen, und der Mann wirft jeden Pfeil konzentriert und wohl überlegt und zielt dabei sorgfältig auf das Zentrum. Was würde dann passieren? Nun, Sie haben ja alle Faktoren, die Sie beeinflussen können – Wissen, Geschicklichkeit und Wachheit des Pfeilewerfers, die Beleuchtung, die Deutlichkeit des Ziels und die Entfernung zur Scheibe –, stark verbessert. Dadurch haben Sie die Wahrscheinlichkeit, dass der Mann viel schneller *ins Schwarze trifft als beim ersten Mal, als er in viel größerer Entfernung von der Scheibe in einem abgedunkelten Raum stand, sehr stark erhöht.*

Dieses Beispiel zeigt, dass Sie die Wahrscheinlichkeit, den von Ihnen angestrebten Erfolg zu erreichen, ganz entscheidend erhöhen können, indem Sie jeden einzelnen Schritt, durch den Sie Ihre wichtigsten Ziele erreichen, analysieren und so weit wie möglich verbessern.

Wenn Sie auf irgendeinem Gebiet erfolgreich sein wollen und sich klargemacht und schriftlich festgehalten haben, was Erfolg

Die Erfolgswahrscheinlichkeit steigern

für Sie bedeutet, ist die Wahrscheinlichkeit, dass Sie tatsächlich Erfolg haben, viel größer. Wenn Sie dann noch eine gründliche Selbstanalyse durchführen und daran arbeiten, das Wissen und die Fertigkeiten zu erwerben, die Sie brauchen, um auf diesem Gebiet hervorragende Leistungen zu bringen, steigern Sie die Wahrscheinlichkeit, dass Sie Erfolg haben, weiter. Wenn Sie schließlich auch noch Beziehungen zu den richtigen Menschen aufbauen, sich ein sehr gutes Selbst- und Zeitmanagement angewöhnen, schnell und ohne zu zögern jede Gelegenheit ergreifen, die sich Ihnen bietet, sich von Hindernissen nicht entmutigen lassen und bereit sind, kalkulierte Risiken einzugehen, um Ihr Vorankommen zu beschleunigen, werden Sie alle möglichen Wahrscheinlichkeiten verbessern, die Ihren Erfolg betreffen. Sie werden dann schon in ein oder zwei Jahren eine Erfolgsebene erreichen, die andere, die sich nicht so konzentriert und zielgerichtet verhalten, vielleicht nicht einmal in zehn oder zwanzig Jahren erreichen. Das ist keine Frage des Glücks!

Übung: Erfolgsplanung

Planen Sie Ihren Erfolg! Stellen Sie dazu folgende Selbstanalyse an:

1. Formulieren Sie Ihr Ziel: Auf welchem Gebiet möchten Sie erfolgreich sein?

   ____

2. Welche Fertigkeiten oder Kenntnisse fehlen Ihnen, um dieses Ziel zu erreichen?

   ____

3. Wo könnten Sie diese Fertigkeiten/Kenntnisse erwerben?

   ____

4. Welche Menschen/Institutionen könnten Ihnen auf dem Weg zum Erfolg nützen?

   ____

Wenn Sie Ihre Antworten auf diese Fragen zielstrebig in die Tat umsetzen, wird sich der Erfolg schneller einstellen, als Sie erwarten!

Ein anderer Glücksfaktor ist *das Gesetz des Durchschnitts.* Dieses Gesetz lautet:

> **»Obwohl wir bei einer Kette von Ereignissen nicht vorhersagen können, welches einzelne dieser Ereignisse erfolgreich sein wird, wissen wir aufgrund des Gesetzes des Durchschnitts, dass wir unser Ziel erreichen werden, wenn wir etwas Bestimmtes oft genug tun.«**
> **(Gesetz des Durchschnitts)**

Beispiel: Das perfekte Kleid

Eine Frau trägt bei einer wichtigen Veranstaltung ein wunderschönes Kleid. Es sitzt wie angegossen. Die Farbe passt perfekt zu ihrem Teint und ihrem Haar. Es schmeichelt ihr in jeder nur erdenklichen Weise. Sie sieht fantastisch aus! Eine Freundin fragt sie: »Wo hast du dieses tolle Kleid bloß her?« Sie antwortet: »Ich wollte heute wirklich gut aussehen, also bin ich losgegangen und durch die Geschäfte gezogen, bis ich schließlich das perfekte Kleid gefunden hatte.« Ihre Freundin sagt: »Na, da hast du aber wirklich Glück gehabt!«

Die Wirklichkeit sah ganz anders aus: Die Frau hatte sich zunächst hingesetzt und gründlich über das perfekte Kleid für die anstehende Veranstaltung nachgedacht. Sie hatte sich außerdem in Modezeitschriften informiert und die Modeanzeigen in den Zeitungen studiert. Dann hatte sie in einer Reihe von Geschäften angerufen und sich erkundigt, was dort in welcher Größe vorrätig war. Schließlich war sie in mehrere Geschäfte gegangen, hatte dort Kleider anprobiert und sie mit ihrem Ziel und ihrer Erfahrung verglichen. Nach einer ganzen Weile fand sie in einem Einkaufszentrum am anderen Ende der Stadt schließlich eine Boutique, die genau das richtige Kleid in genau der richtigen Farbe und Größe mit dem für sie genau richtigen Schnitt hatte.

Glück hatte mit der ganzen Sache so gut wie gar nichts zu tun. Diese Frau hatte sich klargemacht, was sie wollte, sich gründlich informiert, das Telefon benutzt, um Zeit zu sparen, und dann verschiedene Geschäfte aufgesucht, bis sie schließlich erfolgreich war. Die Wahrscheinlichkeit dafür, das perfekte Kleid in einem bestimmten Geschäft zu finden, dürfte gering gewesen sein, doch das Gesetz des Durchschnitts besagte, dass sie schließlich genau das finden würde, was sie suchte, wenn sie zielstrebig vorging und es oft genug probierte.

Denken Sie den Erfolg!

Planvolles, zielstrebiges Handeln ist zweifellos ein wesentlicher Motor Ihres Erfolgs. Das heißt jedoch nicht, dass man die Kraft des Mentalen unterschätzen sollte – ganz im Gegenteil: Der vielleicht wichtigste Glücksfaktor ist *das Gesetz der Anziehung*, das schon etwa 3000 Jahre v. Chr. bekannt war.

Das Gesetz der Anziehung besagt: »Sie sind wie ein lebender Magnet: Sie ziehen die Menschen, Umstände, Ideen und Mittel in Ihr Leben, die in Harmonie mit Ihrem Denken stehen.«

»Magnet« für Positives oder Negatives

Wie Sie sehen, ergibt das Gesetz der Anziehung sich unmittelbar aus dem Gesetz von Ursache und Wirkung. Meiner Erfahrung nach erklärt es so gut wie jeden Umstand in Ihrem Leben. Menschen, die ständig darüber nachdenken und sprechen, was sie wollen, scheinen immer mehr von den Dingen, die sie wollen, in ihr Leben zu ziehen. Menschen, die sich beklagen und jammern oder die neidisch, wütend und voller Groll sind, ziehen diese negativen Erfahrungen ebenfalls ständig in ihr Leben.

Denken Sie an das, was Sie wollen!

Das Gesetz der Anziehung ist, wie auch all die anderen Grundgesetze des Universums, an sich neutral. Sie alle bevorzugen niemanden, sie funktionieren gemäß bestimmten unveränderlichen Prinzipien und können sich für Sie sowohl positiv als auch negativ auswirken – das hängt nur von Ihnen ab! Die wichtigste Lebenslektion, die Sie jemals lernen werden, könnte die Entdeckung sein, dass es Ihre Hauptaufgabe ist, nur über die Dinge nachzudenken und zu sprechen, die Sie wollen, und sich dazu zu zwingen, *nicht* über die Dinge nachzudenken und zu sprechen, die Sie nicht wollen. Das klingt einfach, ist aber oft extrem schwierig! Auf dieses Prinzip werde ich im ganzen Buch immer wieder zurückkommen.

Ein weiterer Glücksfaktor, den Sie zu Ihrem Vorteil wenden können, ist *das Gesetz des Glaubens*. Es kann für Sie arbeiten, aber auch gegen Sie – das hängt von Ihnen ab, davon, wie Sie dieses Gesetz anwenden.

Das Gesetz des Glaubens besagt: »Alles, was Sie wirklich glauben, wird Realität.«

William James, ein berühmter Dozent an der Harvard University, schrieb: »Der Glaube schafft die Tatsachen.« Und nicht ohne Grund lautet ein bekanntes Sprichwort: »Der Glaube versetzt Berge.« Immer wieder haben die Menschen erkannt, dass unser Glaube und unsere Überzeugungen eine wichtige Rolle dabei spielen, wie wir die Welt sehen und wie wir denken und uns verhalten.

Glauben Sie an Ihren Erfolg!

Wenn Sie felsenfest davon überzeugt sind, dass es Ihnen bestimmt ist, im Leben großen Erfolg zu haben, werden Sie entsprechend denken und handeln, und der Erfolg wird sich einstellen. Wenn Sie unerschütterlich daran glauben, dass Ihr Leben unter einem guten Stern steht und dass Ihnen immer wieder positive Dinge geschehen, wird Ihr Glaube Realität werden.

Beispiel: Optimist und Pessimist

Kennen Sie die Geschichte von den beiden Schuhverkäufern, die für verschiedene Firmen arbeiten und in ein afrikanisches Land geschickt werden, um dort den Markt für Schuhe zu erkunden? Der eine hasst diesen Auftrag und wünscht sich, nicht nach Afrika gehen zu müssen. Der andere ist von dem Auftrag begeistert und betrachtet ihn als große Chance, in der internationalen Firma voranzukommen.
Beide schicken ein Telegramm an ihre Firmenzentrale. Der erste Verkäufer, der nicht gern nach Afrika gegangen ist, schreibt: »Reine Zeitverschwendung. Kein Markt in diesem Land. Niemand trägt Schuhe!« Der andere Verkäufer, der den Auftrag als echte Chance sieht und glaubt, dass er sie nutzen kann, schreibt in seinem Telegramm: »Großartige Gelegenheit. Unbegrenzte Marktmöglichkeiten. Niemand trägt Schuhe!«

Ein kleines Gedicht lautet: *»Two men looked out through prison bars. One saw the mud, the other saw the stars.«* (»Zwei Männer blickten aus dem Gefängnis in die Ferne. Der eine sah den Schmutz, der andere die Sterne.«) Und Shakespeare schrieb im »Hamlet«: *»... for there is nothing either good or bad, but thinking makes it so.«* (»... denn an sich ist nichts weder gut noch böse; das Denken macht es erst dazu.«) Das, woran Sie glauben, wird tatsächlich zu Ihrer Realität.

Das Gesetz des Denkens, ein Folgesatz des Gesetzes des Glaubens, lautet: »Gedanken vergegenständlichen sich.«

Ihre Gedanken verwirklichen sich schließlich in der Welt um Sie herum. Im Neuen Testament sagt Jesus: »An ihren Früchten werdet ihr sie erkennen.« Wenn man wissen will, woran jemand die meiste Zeit denkt, braucht man sich nur sein Leben anzusehen. Ein glücklicher, gesunder, wohlhabender Mensch mit engen Freunden und einer stabilen Familie wird fast immer positiv über sie denken und unerschütterlich daran glauben, dass sie für ihn richtig und gut sind.

Zukunftsprognosen

Vor einigen Jahren führte die Harvard University eine Untersuchung durch, bei der sie für das folgende Jahr drei Voraussagen machte. Es hat sich herausgestellt, dass diese drei Voraussagen offenbar jedes Jahr eintreffen. Sie lauteten, dass es im kommenden Jahr erstens mehr Veränderungen, zweitens mehr Wettbewerb und drittens mehr günstige Gelegenheiten geben würde als je zuvor. Im Nachwort wurde noch eine vierte Voraussage aufgestellt: dass diejenigen, die sich dem schnellen Tempo der Veränderung und dem zunehmenden Wettbewerb nicht anpassten und die sich bietenden Gelegenheiten nicht ergriffen, auf ihrem Gebiet innerhalb von zwei Jahren den Anschluss verlieren würden.

Reichtum an Chancen

Es gibt heute tatsächlich mehr günstige Gelegenheiten als jemals zuvor, doch sie sind anders als früher. Heute gibt es mehr Chancen für mehr Menschen, ihre Ziele – einschließlich Gesundheit, Lebensglück und finanzieller Unabhängigkeit – zu erreichen, als je zuvor in der ganzen Geschichte der Menschheit.

Unser Zeitalter als Glücksfaktor

Einen der größten Glücksfaktoren erkennen und würdigen erstaunlicherweise nur wenige Menschen: die Tatsache, dass wir heute leben, in der Welt, die in diesem Augenblick existiert. Nie zuvor haben so viele Menschen so viele Chancen gehabt, Gesundheit und Wohlstand zu genießen. Zumindest in der westlichen Welt sind die meisten der großen Krankheiten besiegt worden, es gibt keine größeren Kriege oder Revolutionen, die Inflation ist unter Kontrolle, die Arbeitslosigkeit ist niedrig, und die Möglichkeiten für die kreative Minderheit sind praktisch unbegrenzt. Die ganze Menschheitsgeschichte hindurch haben Männer und Frauen von dem »goldenen Zeitalter« geträumt, das jetzt gekommen ist. Natürlich wird es immer soziale, politische und wirtschaftliche Probleme geben, das ist unvermeidlich. Doch wir können etwas gegen diese Probleme tun. Die gute Nachricht ist, dass Ihnen unbegrenzte Möglichkeiten offen stehen.

Negatives Denken

Kehren wir nun zum Gesetz des Glaubens zurück: Die größten Beschränkungen für jeden Einzelnen sind die Überzeugungen, die als Bremse für sein Potenzial wirken. Sie werden gewöhnlich überhaupt nicht durch die Fakten gestützt, führen aber trotzdem dazu, dass man die eigenen Fähigkeiten unterschätzt. »Ich bin zu alt!« oder »Ich bin zu jung!«, »Ich bin nicht gebildet genug!« oder, wie manche sagen, »Ich bin zu gebildet!«, »Ich habe zu wenig Erfahrung!« oder »Ich habe zu viel Erfahrung!« – diese Überzeugungen sind weit verbreitet. Sehr viele Menschen denken, sie seien nicht intelligent, kreativ oder begabt genug, um das zu bekommen, was sie wollen.

Wünsche und Fähigkeiten

Der folgende Punkt ist sehr wichtig: Niemand von uns kann sich intensiv etwas wünschen, ohne gleichzeitig auch die Fähigkeit zu haben, es zu erreichen. Die Existenz des Wunsches ist gewöhnlich der Beweis dafür, dass Sie die Fähigkeit haben, ihn zu verwirklichen. Sie müssen einfach nur herausfinden, *wie*. Ihre Aufgabe besteht darin, sich zu überlegen, was Sie tun können, um die Wahrscheinlichkeit zu erhöhen, das gewünschte Ziel zu erreichen.

Ein weiterer Glücksfaktor ist das Gesetz der Erwartung. Es lautet: »Alles, was Sie erwarten, wird eintreten.«

Als »Selffulfilling Prophecy« ist dieses Gesetz allgemein bekannt. Man könnte es auch so formulieren: »Sie bekommen nicht das, was Sie wollen, sondern das, was Sie erwarten.« Der stärkste Motivationsfaktor ist eine Einstellung positiver Erwartung, die ruhige, vertrauensvolle Zuversicht, dass einem gute Dinge geschehen werden. Dieses Gesetz können Sie in Ihrem Leben durch eine tägliche Übung umsetzen.

Mentale Übung: Positive Erwartung

Wenn Sie morgens aufstehen, sollten Sie sich als Erstes sagen: »Ich glaube, dass mir heute etwas Wunderbares passieren wird!«

Wiederholen Sie diese Affirmation mehrmals hintereinander, bis Sie ganz von dieser positiven Erwartung erfüllt sind. »Ich glaube, dass mir heute etwas Wunderbares passieren wird!«

Am Ende des Tages sollten Sie dann Bilanz ziehen und sich die Ereignisse der letzten Stunden noch einmal vergegenwärtigen. Sie werden mit Erstaunen feststellen, dass Ihnen tatsächlich viele wunderbare Dinge – kleine wie große – passiert sind. Und ein wesentlicher Grund dafür ist, dass Sie von der Kraft zuversichtlicher Erwartung erfüllt waren.

Eine positive Grundhaltung als Erfolgsformel

Diese Einstellung ist ein Kennzeichen aller erfolgreichen Menschen. Sie erwarten, dass die Zahl ihrer Erfolge größer sein wird als die ihrer Misserfolge, dass sie öfter gewinnen als verlieren werden. Sie erwarten, dass sie aus jeder Erfahrung einen Nutzen ziehen können, und suchen in jeder Situation das Gute. Für sie ist das Glas halb voll, nicht halb leer. Selbst wenn etwas schief läuft, betrachten sie diesen Rückschlag als eine Chance, aus der sie etwas lernen oder die sie in einen Vorteil verwandeln können.

Reiche Menschen denken positiv

Napoleon Hill, der Autor des Bestsellers »Denke nach und werde reich«, kam bei seiner Studie über 500 der reichsten Amerikaner zu dem Schluss, dass diese Einstellung der positiven Erwartung ein Kennzeichen war, das sie alle gemeinsam hatten. Sie hatten es sich zur Gewohnheit gemacht, in jedem Hindernis oder Rückschlag einen mindestens ebenso großen Vorteil oder Nutzen zu suchen. Und sie hatten diesen Vorteil oder Nutzen immer gefunden! Auch Sie müssen diese Einstellung entwickeln.

Beispiel: Existenzgründung

Lassen Sie uns annehmen, dass Sie eine Karriere beginnen oder ein Geschäft gründen und voller Zuversicht erwarten, dass Sie Erfolg haben werden – dass die Leute von Ihnen kaufen oder Sie fördern werden, dass Ihre Bank oder andere Geldgeber Ihnen die Mittel zur Verfügung stellen werden, die Sie brauchen, dass Sie die besten Leute für sich gewinnen werden, die Ihnen helfen können, Ihre beruflichen Träume zu verwirklichen. Diese Einstellung geht Ihnen den ganzen Tag über wie ein strahlendes Licht voran, das jeden beeinflusst, mit dem Sie in Kontakt kommen.

Erwartungen, Einstellungen und Erfolge

Ihre Überzeugungen im Hinblick auf sich selbst und über die Welt beeinflussen Ihre Erwartungen. Ihre Erwartungen wiederum bestimmen Ihre Einstellung. Ihre Einstellung schlägt sich in Ihrem Verhalten und Ihren Beziehungen zu anderen nieder. Und Ihr Verhalten und Ihre Beziehungen zu anderen sind für deren Verhalten und deren Beziehungen zu Ihnen ausschlaggebend. Je zuversichtlicher und positiver Sie sind, je mehr Sie daran glauben, dass Ihnen großer Erfolg bestimmt ist, desto stärker ist die Anziehungskraft und desto mehr werden Sie – wie Eisenspäne, die von einem Magneten angezogen werden – diejenigen Menschen und Umstände in Ihr Leben ziehen, die Sie brauchen, um schnell voranzukommen. Und die Leute werden immer sagen, Sie hätten Glück gehabt.

Die Macht des Unterbewusstseins

Ein weiterer Erfolgsfaktor ist *das Gesetz von der Aktivität des Unterbewusstseins*.

> **»Jedes Ziel, das Sie bewusst verfolgen, wird von Ihrem Unterbewusstsein als Befehl oder Anweisung akzeptiert.« (Gesetz von der Aktivität des Unterbewusstseins)**

Ihr Unterbewusstsein, der Sitz des Gesetzes der Anziehung, fängt dann an, auf die Verwirklichung Ihrer Ziele hinzuarbeiten. Es sorgt dafür, dass alle Ihre Worte und Handlungen in ein Muster passen, das mit Ihrem Selbstkonzept übereinstimmt, mit Ihren vorherrschenden Gedanken und Vorstellungen von sich selbst. Ihr Unterbewusstsein bestimmt Ihre Körpersprache und Ihre Interaktionen mit anderen. Die Befehle, die Sie ihm durch Ihr bewusstes Denken geben, werden Ihren Tonfall, Ihre Energie, Ihre Kreativität, Ihre Begeisterung und Ihre Erwartungen bestimmen.

»Schaltzentrale« Unterbewusstsein

Ihr Unterbewusstsein ist ungeheuer stark. Sobald es auf die Erreichung spezifischer Ziele ausgerichtet ist, wird es Sie in die Lage versetzen, diese Ziele mit einer jetzt kaum vorstellbaren Geschwindigkeit anzustreben. In Ihrem Gehirn gibt es ein dichtes Netzwerk von Schaltzellen, das Fachleute als »Formatio reticularis« bezeichnen. Dieses Netz kann man mit einer Telefonzentrale vergleichen: Es nimmt Anrufe entgegen und leitet sie an Ihr Bewusstsein und an Ihr Unbewusstes weiter. Diese retikuläre »Schaltzentrale« arbeitet auf der Grundlage von Befehlen, die Sie ihr im Hinblick auf das, was Sie sind, was Sie wollen und was Ihnen besonders wichtig ist, gegeben haben.

Beispiel: Steuerung von Wahrnehmung und Verhalten

Wenn Sie zum Beispiel den Entschluss fassen, einen roten Sportwagen zu kaufen, werden Sie plötzlich überall rote Sportwagen sehen. Ihr retikulärer Cortex ist aktiviert worden, und daher ist Ihr Kopf ganz besonders aufnahmebereit für etwas, das Sie unbedingt haben wollen. Wenn Sie beschließen, finanziellen Erfolg zu haben, werden Sie eine selektive Wahrnehmung für Chancen, Ideen, Informationen und Menschen entwickeln, die Ihnen finanziell auf irgendeine Weise helfen können. Sie werden Kontakte zu Menschen knüpfen, die Ihnen Ideen vermitteln und Sie beraten können. Sie werden auf Bücher und Artikel stoßen, in denen Sie die Antworten auf Schlüsselfragen finden. Sie werden mit Verhaltensweisen beginnen, die Sie zu dem von Ihnen angestrebten finanziellen Erfolg führen. Der retikuläre Cortex wird durch die Befehle aktiviert, die Sie aus Ihrem Bewusstsein an Ihr Unterbewusstsein weiterleiten.

Auch *das Gesetz der Affirmation* ist ein Glücksfaktor, den Sie ständig nutzen können.

Gesetz der Affirmation: »Ihr Unterbewusstsein wird alle Ziele, die Sie immer wieder in Form von Ich-Aussagen im Präsens formulieren, als Befehle akzeptieren. Dadurch werden diese Ziele Ihr Leben dann immer stärker bestimmen.«

Wenn Sie zum Beispiel immer wieder sagen: »Ich verdiene 80 000 Mark im Jahr! Ich verdiene 80 000 Mark im Jahr! Ich verdiene 80 000 Mark im Jahr!«, werden Sie diese Aussage immer fester in Ihrem Unterbewusstsein verankern, bis sie von dessen Kräften akzeptiert wird und sich verselbstständigt.

Sie werden feststellen, dass so genannte Glückspilze immer dazu neigen, auf positive Weise von den Dingen, die sie wollen, und den Umständen in ihrem Leben zu sprechen. Ihnen ist klar, dass man das bekommt, über das man spricht – genauso, wie man das wird, über das man nachdenkt. Daher achten sie sehr genau darauf, dass sie über das sprechen, was sie wollen, und nicht über das, was sie nicht wollen.

Konzentrieren Sie sich auf Gewolltes

Unter all den großen, zeitlosen Prinzipien, die Erfolg und Misserfolg erklären, spielt *das Gesetz der Übereinstimmung* eine besondere Rolle. Es ist ohne Zweifel einer der wichtigsten Glücksfaktoren.

Gesetz der Übereinstimmung: »Ihre äußere Welt ist im Wesentlichen ein Spiegelbild Ihrer inneren.«

Was um Sie herum geschieht, ist eine Widerspiegelung oder Manifestation von dem, was in Ihrem Inneren vorgeht.

Ihr Inneres und die Außenwelt

Wenn Sie vor einem Spiegel stehen und darin ein Bild sehen, wissen Sie, dass dieses Bild durch das bestimmt wird, was Sie dem Spiegel präsentieren. Und wenn Sie die einzelnen Aspekte Ihres Lebens betrachten, werden Sie feststellen, dass jeder von ihnen vor allem von dem bestimmt wird, was Sie in Ihrem Inneren sind. Ihre Beziehungen zu anderen werden größtenteils durch Ihren Charakter und Ihre Persönlichkeit geprägt. Ihre Einstellung und die Art, wie andere auf Sie reagieren, werden überwiegend durch Ihre Überzeugungen und Erwartungen im Hinblick auf sich selbst und Ihre Welt bestimmt. Wie viel Wohlstand Sie erreichen, hängt vom Ausmaß Ihrer inneren Vorbereitung und Ihrer Bestrebungen ab. Menschen sind nach außen hin arm, weil sie innerlich arm sind.

Gesundheit als Einstellungsfrage

Ihre tatsächliche, äußere Gesundheit wird dadurch bestimmt, wie Sie im Inneren über verschiedene gesundheitliche Faktoren denken. Menschen, die ständig ans Essen denken, sind meist übergewichtig, träge und nicht gesund. Dagegen sind Menschen, die immer an ihre Gesundheit und Fitness denken, meist schlank, energiegeladen und in guter körperlicher Verfassung. Alles beginnt mit Ihren Gedanken!

Der vielleicht größte Glücksfaktor überhaupt ist das Prinzip, das alle bisherigen Gesetze zusammenfasst: *das Gesetz der mentalen Äquivalenz.*

> **»Ihre wichtigste Aufgabe im Leben ist es, in Ihrem Inneren das mentale Äquivalent von dem zu erschaffen, was Sie in der äußeren Welt haben und sein möchten.« (Gesetz der Äquivalenz)**

Sie müssen in Ihrem Inneren – Gedanke für Gedanke und Gefühl für Gefühl – das Bewusstsein des Erfolgs, der Gesundheit, des Glücks, des Wohlstands und der persönlichen Leistung entwickeln, die Sie in der äußeren Welt erreichen wollen.

Und das Großartige dabei ist: Das Jetzt zählt. Was zählt, sind weder Ihre früheren Gedanken noch Ihre zukünftigen. Nur das, was Sie in diesem Augenblick denken, beeinflusst Ihr Leben. Die Fehler der Vergangenheit und die Beschränkungen, die Sie in der Zukunft zu sehen glauben, spielen keine Rolle. Ihr Potenzial ist unbegrenzt, denn Sie können Ihre Gedanken in diesem Augenblick frei wählen, und die Richtung, die Ihr Leben in Zukunft nehmen wird, hängt nur davon ab, was Sie jetzt denken.

Wenn Sie eine Straße entlangfahren und das Lenkrad Ihres Wagens scharf nach rechts oder links einschlagen, so ist das die Richtung, in die Sie sich von diesem Augenblick an bewegen werden. Sie wird nicht dadurch bestimmt, wie Sie gestern gefahren sind oder wie Sie morgen fahren werden, sondern nur durch den gegenwärtigen Augenblick.

Sie haben die Gegenwart in der Hand!

Sie können nicht die Kontrolle über die ganze Welt haben, über all die verwickelten, unendlich vielen Details des modernen Lebens, über all die Jahre der Vergangenheit oder all die Jahre der Zukunft. Die Kontrolle über den gegenwärtigen Augenblick aber können Sie erlangen, und das ist alles, was Sie tun müssen, um so erfolgreich zu werden, wie Sie es sich nur vorstellen können.

Die Kraft der Suggestion

Auch die Kraft der Suggestion ist ein Glücksfaktor. Ihr mentaler Zustand, jene hochkomplizierte Kombination von Gedanken, Gefühlen, Worten, Bildern, Vorstellungen, Ideen, Erkenntnissen,

Hoffnungen und Ängsten, verändert sich ständig. Diese Veränderung kann bewusst, überlegt und positiv sein, aber auch beliebig, zufällig und negativ. Die Kraft der Suggestion ist der stärkste Einfluss auf alles, was Sie sind und werden. Als Folge all der Hunderte und Tausende von Einflüssen, denen Sie Tag für Tag und Woche für Woche ausgesetzt sind, erzeugen Sie ein Kraftfeld, das Dinge anzieht, die Sie wollen – oder aber Dinge, die Sie nicht wollen.

Kontrollieren Sie Ihr Bewusstsein!

Sie müssen eine bewusste, systematische, entschlossene Kontrolle über die Einflüsse erlangen, die Sie in Ihr Bewusstsein vordringen lassen. Sie müssen Bücher lesen, Audio- und Videoprogramme nutzen, die Sie aufbauen, und den Umgang mit positiven Menschen pflegen. Sie müssen Ihre mentale Integrität wie etwas Heiliges bewachen. Wenn Sie körperlich richtig fit sein wollen, werden Sie nur gesunde Nahrung zu sich nehmen; wenn Sie mental richtig fit sein wollen, dürfen Sie nur gesunde mentale Einflüsse aufnehmen.

Der letzte Glücksfaktor, mit dem ich mich in diesem Kapitel beschäftigen möchte, ist *das Gesetz der Verantwortlichkeit*.

> **»Sie sind zu 100 Prozent für sich selbst verantwortlich, für alles, was Sie sind, und für alles, was Sie werden. Sie sind da, wo Sie sind, und das, was Sie sind, weil Sie es so beschlossen haben.« (Gesetz der Verantwortlichkeit)**

Sie haben Ihr Leben in der Hand

Dieses Gesetz bringt eine große Befreiung. Es bedeutet nämlich, dass Sie Ihr Leben und alles, was Ihnen passiert, selbst in der Hand haben. Da nur Sie selbst die Kontrolle über Ihre Gedanken haben können und Ihre Gedanken Ihr Schicksal bestimmen, können Sie von jetzt an Ihr ganzes Leben selbst bestimmen, indem Sie die Kontrolle über Ihre Gedanken übernehmen.

Planen Sie Ihr Glück!

Glück kann man planen! Erfolg, Misserfolg, Glück oder Unglück im Leben sind keine Zufälle. Man kann sie planen, und zwar auf Grundlage der Gesetze, über die ich in diesem Kapitel gesprochen habe. Wenn Sie sich dazu entschließen, können Sie ein Mensch werden, der außerordentlich viel Glück hat. Sie können mehr von den Gedanken denken, die im Einklang mit dem stehen, was Sie wollen, und mehr von den Dingen tun, die die Wahrscheinlichkeit erhöhen, dass Sie den gewünschten Erfolg haben. Andererseits können Sie damit aufhören, die Dinge zu tun, die Sie zurückhalten, und die Ideen zu akzeptieren, die Ihren Glauben an Ihr eigenes Potenzial einschränken.

Setzen Sie die »Glücksfaktoren« ein

Wenn Sie sich in einem Autohaus ein funkelnagelneues Auto mit einem leistungsfähigen Motor kaufen, damit losfahren und es hervorragend läuft – würden Sie dann von Glück sprechen? Natürlich nicht! Tatsache ist: Wenn Sie sich eine technisch ausgereifte Stereoanlage kaufen, eine von Hand gefertigte Armbanduhr oder ein schönes Auto, dann wissen Sie, dass diese Gegenstände nach bestimmten physikalischen Gesetzen hergestellt worden sind. Dass sie hervorragend laufen, hat nichts mit Glück zu tun. Mit Ihnen ist es genauso. Wenn Sie anfangen, die geschilderten Glücksfaktoren auf Ihr Leben anzuwenden, werden Sie schon bald außergewöhnliche Dinge erreichen. Sie werden an den Menschen in Ihrer Umgebung vorbeiziehen und sich an die Spitze setzen. Sie werden mehr Erfolg haben und mehr erreichen, als Sie sich jemals vorgestellt hätten. Und das alles wird das Ergebnis einer guten, bewussten Planung sein – und nicht Glück!

Kapitel 2
Wissen, was man will

Ohne Ziele keine Erfolge

Klare Ziele als Erfolgsgarant

Der vielleicht wichtigste Glücksfaktor ist, genau zu wissen, was man will, und zwar in jedem Lebensbereich. Der Hauptgrund für großen Erfolg sind klare, spezifische, messbare Ziele, die man aufschreibt und durch ebenfalls schriftlich fixierte Pläne und die Entschlossenheit zur Zielerreichung unterstützt.

Der Hauptgrund für Misserfolg dagegen ist Verschwommenheit, Verwirrung und die Unfähigkeit, genau zu entscheiden, was man will, wie das aussehen wird, wann man es will und wie man es erreichen kann. *Zig Ziglar,* Autor mehrerer Bestseller zum Thema Erfolg, sagt, die meisten Menschen seien »wandelnde Unbestimmtheiten«, keine »sinnvollen Bestimmtheiten«.

> **Tatsache ist: Ein Ziel, das Sie nicht sehen, können Sie auch nicht treffen. Man könnte auch sagen: Wenn Sie nicht wissen, wohin Sie gehen, wird jede Straße Sie dorthin führen.**

Ein Mensch ohne klare Ziele ist wie ein Schiff ohne Ruder, das zum Spielball der Gezeiten und Winde wird. Ein Mensch mit klaren, spezifischen Zielen dagegen ist wie ein Schiff mit Ruder, das geradewegs auf sein Ziel zusegelt.

Ziele unbeirrt verfolgen

Es ist erstaunlich, wie schnell sich Ihre Geschicke ändern werden, wenn Sie sich klare Ziele setzen und sie unbeirrt verfolgen. Ein Freund von mir sagte einmal: »Erfolg sind Ziele, und alles andere ist nur Beiwerk!« Nun, ganz so einfach ist es wohl nicht, aber das ist doch ein wundervoller Ausgangspunkt!

»Es gibt doch Zufälle?«

Ein Buch, das es bis in die Bestsellerliste schaffte, verkündet: »Es gibt doch Zufälle!« Das wird als große Erkenntnis verkauft, und viele Menschen hat dieser Gedanke regelrecht elektrisiert. Tatsache ist aber, dass der Zufall meistens keine Rolle spielt. Ich habe ja schon in Kapitel 1 erläutert, dass es keine echten Zufälle gibt, sondern nur eine Vielzahl unterschiedlicher Wahrscheinlichkeiten dafür, dass bestimmte Ereignisse oder Umstände eintreten. *Das Gesetz des Durchschnitts* bedeutet ja auch: Wenn Sie im Laufe der Jahre genug unterschiedliche Dinge tun, werden einige von ihnen wie herumrollende Billardkugeln aufeinander prallen. Das beruht aber auf einem Gesetz, nicht auf Glück oder auf dem Zufall.

Es gibt zwei ungeheuer wichtige Prinzipien, die Sie lernen müssen. Sie sind entscheidende Glücksfaktoren, und zwar schon seit Anbeginn der Geschichte. Die meisten erfolgreichen Männer und Frauen unserer Zeit setzen sie um. Wenn Sie diese Glücksfaktoren verstehen, werden sie Ihnen die Augen für Potenziale und Chancen öffnen, die Sie bisher nicht verstanden oder gar nicht erkannt haben.

Prinzip der »Serendipität«

Der erste dieser Glücksfaktoren ist *das Prinzip der »Serendipität«.*

Serendipität kann man am besten als »die Fähigkeit, entlang der Straße des Lebens erfreuliche oder wertvolle Entdeckungen zu machen,« beschreiben.

Das Prinzip der Serendipität geht auf ein altes persisches Märchen von den drei Prinzen von Serendip (Sri Lanka) zurück. Diese drei Prinzen stießen auf ihren Reisen immer wieder auf Unglücksfälle und vermeintliche Katastrophen im Leben anderer. Doch die Prinzen veränderten den Geist der unglücklichen Menschen, und die Katastrophe oder Tragödie verwandelte sich dadurch unerwartet in einen großen Erfolg oder etwas Gutes.

Aus dem Märchen der »Drei Prinzen von Serendip«

So kamen die drei Prinzen eines Tages zu einem Bauernhof, auf dem sich ein trauriger Unfall ereignet hatte: Der einzige Sohn des Bauern war von dessen einzigem Pferd abgeworfen worden und hatte sich dabei das Bein gebrochen. Das Pferd war durchgegangen und weggelaufen. Natürlich war der Bauer in großer Sorge, doch die drei Prinzen beruhigten ihn: »Es wird sich alles zum Guten wenden!«

Nun war dieses Land zu jener Zeit in einen Krieg mit einem Nachbarland verwickelt. Am nächsten Morgen kamen Soldaten zu dem Haus, die alle gesunden jungen Männer zwangsweise zur Armee einziehen sollten. Da der einzige Sohn des Bauern sich das Bein gebrochen hatte, brauchte er nicht mitzugehen.

Noch am gleichen Tag kamen außerdem Abgesandte der Regierung, um alle Pferde zu beschlagnahmen, die für die Armee verwendbar waren. Da das einzige Pferd des Bauern jedoch weggelaufen war, konnten sie es nicht mitnehmen. Später verlor die Armee eine große Schlacht, bei der die meisten Männer und Pferde getötet wurden. So erwies sich ein Ereignis, das zunächst ein Unglück zu sein schien, als Rettung des Bauern! Denn als die Abgesandten der Regierung gegangen waren, kam das Pferd von allein zurück, und das Bein des Sohnes heilte schnell.

An einem anderen Tag begegneten die drei Prinzen von Serendip einem reichen Bauern, dessen ganzer Hof von einer Flut weggeschwemmt worden war. Alles, was er in seinem Leben aufgebaut hatte, war zerstört. Natürlich war er sehr niedergeschlagen und wie von Sinnen. Doch die drei Prinzen überzeugten ihn davon, dass sich daraus etwas Gutes ergeben würde.

Als sie über das Land gingen, auf dem die Flut die ganze Krume weggerissen hatte, fanden sie einen Edelstein – und dann noch einen, und noch einen! Die Flut hatte den alten Erdboden über unzähligen Edelsteinen weggespült – und der Bauer wurde reicher, als er es sich in seinen kühnsten Träumen vorgestellt hatte.

Der Schlüssel zum Prinzip der Serendipität liegt in einem weiteren Gesetz des Lebens.

Gesetz der positiven Erwartung: »Je zuversichtlicher Sie erwarten, dass sich aus jeder Situation etwas Gutes ergeben wird, desto größer ist die Wahrscheinlichkeit, dass es tatsächlich so kommt.«

Der entscheidende Punkt beim Prinzip der Serendipität ist, dass es nur dann wirkt, wenn Sie absolut davon überzeugt sind, dass sich alles zum Guten wenden wird. Dann geschehen die verschiedensten positiven Ereignisse, die zwar zunächst wie Rückschläge oder Misserfolge aussehen können, sich aber als genau das erweisen, was Sie brauchten, um Ihr Ziel zu erreichen.

Jede Situation ist eine Chance

Eine wichtige philosophische Grundannahme besagt: Ihre heutige Situation ist genau das, was Sie in diesem Augenblick für Ihr persönliches Wachstum und Ihre Entwicklung brauchen. Jeder Teil Ihres Lebens ist genau so, wie er sein sollte. Jede Situation enthält Möglichkeiten, die Sie zu Ihrem Vorteil wenden können, um die Art von Leben zu erreichen, die Sie für sich wollen.

Beispiel: Die berufliche Krise

Vielleicht arbeiten Sie für einen schwierigen Chef in einer Branche, in der ein harter Wettbewerb herrscht, in der die Gewinnspannen niedrig und die Zukunftsaussichten nicht viel versprechend sind. Wenn Sie sich nicht vorsehen, werden Sie pessimistisch reagieren und sich über Ihre gegenwärtige Situation Sorgen machen. Sobald Sie aber erkennen, dass diese Situation dem Prinzip der Serendipität zufolge genau das ist, was Sie in diesem Augenblick brauchen, können Sie sie auf ihren Vorteil oder Nutzen abklopfen. Sie können sich die folgende Frage stellen: »Wenn ich diese Arbeit nicht tun würde – würde ich überhaupt in diese Branche einsteigen, angesichts dessen, was ich jetzt über meine Arbeit und ihre Zukunft weiß?« Falls Ihre Antwort »Nein!« lautet, könnte Ihre nächste Frage sein: »Was würde ich tun, wenn ich das tun könnte, was ich wirklich tun will?«

Den Blick nach vorn richten

Was es auch sein mag – Sie können Ihre gegenwärtige Erfahrung als Sprungbrett für höhere und bessere Erfahrungen nutzen, statt nur dazusitzen und sich zu wünschen, dass die Lage sich bessert.

Einer der großen Glücksfaktoren ist das Gesetz der Zukunft: »Es spielt keine Rolle, woher Sie kommen – wichtig ist nur, wohin Sie gehen.«

Die Vergangenheit ist tot. Sie dient nur noch dazu, Ihnen Erfahrungen und Erkenntnisse zu vermitteln, auf deren Basis Sie in Zukunft bessere Entscheidungen treffen können. Es kommt nur darauf an, wohin Sie von diesem Augenblick an gehen. Sie können es sich nicht erlauben, verpassten Chancen nachzutrauern. Betrachten Sie die Vergangenheit als eine »versunkene Küste«, als eine Investition in Ihre Zukunft, die Sie leider nicht rückgängig machen können. Wenden Sie dann die Augen von ihr ab; richten Sie den Blick auf den Horizont Ihrer Möglichkeiten und fangen Sie an, sich in diese Richtung zu bewegen.

Ursache und Wirkung – oder Synchronie?

Das zweite Prinzip ist vielleicht der allerwichtigste Glücksfaktor. Es steht mit vielen der anderen Prinzipien und Gesetze, die ich in diesem Buch bespreche, in Zusammenhang und heißt schlicht *»Synchronie«*. Dieses Prinzip geht über das Gesetz von Ursache und Wirkung hinaus und funktioniert auf einer anderen Grundlage. Das Gesetz von Ursache und Wirkung besagt ja, dass jede »Wirkung« in Ihrem Leben bestimmte spezifische Ursachen hat, die Sie zurückverfolgen und identifizieren können. Dagegen besagt *das Prinzip der Synchronie oder Gleichzeitigkeit*, dass in Ihrem Leben auch Dinge geschehen werden, die in keiner direkten Ursache-Wirkung-Beziehung stehen.

> **Dem Prinzip der Synchronie zufolge werden sich in Ihrem Leben oft Dinge ereignen, die nicht durch Kausalität verbunden sind, sondern durch ihre *Bedeutung*.**

Beispiel: Die erträumte Urlaubsreise

Nehmen wir zum Beispiel an, dass Sie eines Morgens nach dem Aufstehen anfangen, mit Ihrer Frau darüber zu sprechen, wie schön ein Urlaub auf Hawaii wäre. Sie wissen aber, dass Sie sich eine solche Reise nicht leisten können und dass Ihnen auch gar nicht mehr genug Urlaub zusteht. Trotzdem hat die Vorstellung, nach Hawaii zu fliegen, für Sie etwas sehr Verlockendes. Weil das so ist, emotionalisieren Sie die Idee von einem Urlaub auf Hawaii. Gedanken, die Sie emotionalisieren, werden von Ihrem Bewusstsein an Ihr Unterbewusstsein weitergeleitet, wo das Gesetz der Anziehung seinen Sitz hat. Das führt dazu, dass Sie positive Schwingungen aussenden, durch die Menschen und Umstände in Ihr Leben gezogen werden, die diesen Gedanken zur Realität machen können.

Sie gehen dann an diesem Tag zur Arbeit und erwähnen nebenbei, wie gern Sie eines Tages mit Ihrer Frau nach Hawaii fliegen würden. Ein paar Stunden später ruft Ihr Chef Sie an und sagt, da Sie in den letzten Monaten so gute Arbeit geleistet hätten und das Geschäft um diese Zeit

ohnehin sehr ruhig laufe, sei es kein Problem, wenn Sie sich ein oder zwei Wochen Urlaub gönnen wollten.
Beim Mittagessen erzählt Ihnen ein Freund, der von Ihren Plänen weiß, von einem neuen Reisebüro, das sehr günstige Reisen anbietet und sicher auch Hawaii im Programm hat. Und als Sie abends nach Hause kommen, finden Sie in der Post einen Brief vom Finanzamt, das Ihnen eine unerwartete Rückzahlung ankündigt.
Was ist da passiert? Sie hatten den sehr klaren, mit starken Gefühlen verbundenen Gedanken, mit Ihrer Frau nach Hawaii zu fliegen. An jenem Tag geschahen drei Ereignisse, die jeweils keine Verbindung zueinander hatten, die es Ihnen aber zusammen ermöglichten, Ihr Ziel in weniger als einem Tag zu erreichen.

Positive Erwartungen und positive Erfahrungen

Solche Dinge geschehen ständig, sobald Sie in die »Zone« der Erfolgsorientierung kommen. Wenn Sie Ihre Gefühle auf das ausrichten, was Sie wollen, Ihre Gedanken klar fassen, Ihre Wünsche intensivieren und Ihrem Leben gegenüber eine Einstellung zuversichtlicher, positiver Erwartung haben, werden die Prinzipien der Serendipität und der Synchronie bald zu wirken beginnen und dazu führen, dass entsprechende Ereignisse eintreten. Und die einzige Beziehung dieser Ereignisse untereinander ist die Bedeutung, die Sie ihnen durch Ihre klare Vorstellung von dem, was Sie wirklich wollen, verleihen.

Wenn Ihre Gedanken jedoch verschwommen und widersprüchlich sind, können diese Prinzipien nicht für Sie arbeiten. Das ist der Hauptgrund dafür, dass so viele Leute unglücklich sind und keinen Erfolg haben. Die meisten Menschen besitzen enorme Kräfte, benutzen sie jedoch nicht, weil sie nicht verstehen, wie sie funktionieren.

Beispiel: Ehrgeizige Zukunftspläne

Ich möchte Ihnen das an einem weiteren Beispiel verdeutlichen. Ein Freund von mir war über seine Arbeit unglücklich. Er sprach mit seiner Frau darüber, wie er auf einem anderen Gebiet einen besseren Job bekommen könnte. Er sagte, er würde gern für eine jüngere Firma arbeiten, in der nach Leistung bezahlt und befördert würde, während die Verdienstmöglichkeiten in seiner bisherigen Firma durch eine starre Gehaltsstruktur eingeschränkt wurden.
Am nächsten Abend wollten die beiden essen gehen. Das Restaurant war aber voll, und ihre Tischreservierung war verloren gegangen. Also ver-

suchten sie es in einem anderen Lokal, wo sie den letzten freien Tisch bekamen. Am Nachbartisch saß ein Freund meines Freundes, den er lange nicht gesehen hatte. Er und seine Frau waren in Begleitung eines weiteren Paares; dem Mann gehörte eine schnell wachsende Firma in dieser Stadt. Die vier hatten gerade darüber gesprochen, wie schwierig es doch sei, ehrgeizige Leute zu finden, die mehr an Chancen als an Sicherheit interessiert waren. Die drei Paare unterhielten sich dann von Tisch zu Tisch und stellten sich gegenseitig vor – und mein Bekannter sagte als Erstes, dass er eine Stelle mit besseren Aufstiegsmöglichkeiten suche.
Der Unternehmer gab ihm seine Visitenkarte und forderte ihn auf, ihn in der folgenden Woche anzurufen. Der junge Mann tat das, wurde zu einem Vorstellungsgespräch eingeladen und bekam die Stelle. Ein Jahr später verdiente er doppelt so viel wie vorher. Er und seine Frau waren in ein schöneres Haus gezogen und hatten ihren Lebensstandard stark verbessert.

»Glück« oder Synchronie?

Die meisten Leute würden sagen, der junge Mann habe Glück gehabt. Sie und ich aber wissen, dass es sich um ein Beispiel für Synchronie handelt. Er war entschlossen, zuversichtlich und optimistisch im Hinblick auf das, was er wollte. Dadurch löste er eine Reihe von Kräften im Universum aus, die nicht nur seine Tischreservierung verloren gehen ließen und ihm einen anderen Tisch besorgten, sondern es auch so arrangierten, dass er genau zur richtigen Zeit neben der richtigen Person saß, die ihm die richtige Chance bieten konnte. Nein, Glück war das nicht!

Der junge Mann hätte an jenem Abend ja auch zu Hause bleiben und die Zeitung lesen oder sich vor den Fernseher setzen können. Dann wäre wahrscheinlich gar nichts geschehen, und er hätte allen erzählen können, dass er in einem schlechten Job gestrandet sei, weil er Pech gehabt habe. Doch er schmiedete sein Glück selbst, genauso, wie er auch sein Pech geschmiedet hätte. Und mit jeder positiven oder negativen Entscheidung, die wir treffen, tun Sie und ich das Gleiche, Tag für Tag!

Der Strategieplan für Ihr Leben

Erfolg durch strategische Ziele

Untersuchungen haben immer wieder ergeben, dass Firmen mit sehr klaren, schriftlich fixierten Strategieplänen viel erfolgreicher sind als Firmen, die »aus dem Bauch heraus« vorgehen. Die Ausarbeitung eines Strategieplans kann zwar einige Zeit in Anspruch nehmen – manchmal viele Stunden oder sogar viele Tage –, doch ein solcher Plan ist ein Programm für die Zukunft der Firma. Und der Zweck jeder Strategieplanung besteht darin, für das in die Firma investierte Kapital einen größeren Ertrag zu bekommen.

Ihr persönlicher Strategieplan

Auch Sie werden viel effektiver und erfolgreicher sein, wenn Sie einen *persönlichen Strategieplan* haben. Dabei geht es aber nicht darum, Ihre Kapitalrendite zu erhöhen, sondern Ihre »Energierendite«. Firmen investieren Geld in den Markt, Sie dagegen verfügen über Zeit und Energie, die Sie in Ihr Leben investieren können. Ihr »Kapital« hat einen mentalen, einen emotionalen und einen körperlichen Aspekt. Ihre Aufgabe ist es, in den Monaten und Jahren, die Sie in Ihr Leben als Erwachsener investieren, den höchstmöglichen Ertrag für die Investition Ihres persönlichen »Kapitals« zu erzielen.

Gleiche Startchancen, unterschiedlicher Erfolg

In allen Branchen und Wirtschaftszweigen gibt es Leute, die im Wesentlichen die gleiche Arbeit tun wie andere, aber viel mehr oder viel weniger verdienen. Es kommt recht häufig vor, dass ich zwei Menschen kennen lerne, die aus dem gleichen Büro heraus unter den gleichen Wettbewerbsbedingungen das gleiche Produkt zum gleichen Preis an die gleichen Leute verkaufen – doch der eine verdient dreimal so viel wie der andere oder sogar vier-, fünf- oder zehnmal so viel. Und es gibt so gut wie keinen Unterschied im Alter, in der Ausbildung, Erfahrung, Intelligenz oder bei irgendeinem anderen Faktor. Trotzdem verdient einer der beiden viel mehr als der andere. Weshalb ist das so?

Der Erfolg des »Tüchtigen«

Einen Teil der Antwort kennen Sie schon: Der erfolgreichere der beiden hat viele, viele kleine Dinge getan, um die Wahrscheinlichkeit zu erhöhen, dass er auf seinem Gebiet Erfolg hat. Der weniger erfolgreiche hat das nicht gemacht. Was man aber nicht gesät hat, kann man auch nicht ernten. Wenn Sie nichts hineinstecken, bekommen Sie auch nichts heraus. Wenn Sie die Aktion nicht auslösen, bekommen Sie die Reaktion nicht.

Zielorientierung und Planung

Die höchstbezahlten Leute in Amerika haben – unabhängig davon, auf welchem Gebiet sie arbeiten – fast alle persönliche Strategiepläne. Diese Leute sind ausgesprochen zielorientiert: Sie wissen genau, was sie wollen. Sie haben schriftliche Pläne und Ideen, um sie umzusetzen.

> **Je genauer Sie wissen, was Sie wollen, und je mehr Sie darauf brennen, es zu erreichen, desto stärker aktivieren Sie die Gesetze des Glaubens, der Erwartung, der Anziehung, der Übereinstimmung und der mentalen Äquivalenz und desto besser wirken die Prinzipien der Serendipität und Synchronie.**

Ihr Leben wird dann eine kontinuierliche Reihe glücklicher Ereignisse und Umstände, die Sie Ihrem Ziel näher bringen und gleichzeitig Ihr Ziel auf Sie zu bewegen.

Ein besonders wichtiger Glücksfaktor ist *das Gesetz der Kontrolle:*

> **»Sie werden umso positivere Gefühle sich selbst gegenüber haben, je stärker Ihr Gefühl ist, dass Sie selbst die Kontrolle über Ihr Leben haben. Und Ihre Gefühle sich selbst gegenüber werden umso negativer sein, je stärker Ihr Empfinden ist, dass Sie von äußeren Kräften oder anderen Menschen kontrolliert werden.« (Gesetz der Kontrolle)**

Es besteht eine direkte Beziehung zwischen hoher Leistung, Zufriedenheit und Glück auf der einen Seite und einem »Gefühl der Kontrolle« über Ihr Leben auf der anderen. Je stärker Sie das Gefühl haben, dass Sie selbst die Kontrolle über das haben, was mit Ihnen passiert, dass Sie der Baumeister Ihrer Zukunft und der Herr über Ihr eigenes Schicksal sind, desto glücklicher, positiver, energiegeladener und konzentrierter werden Sie sein.

Ein Leben »außer Kontrolle«

Wenn Sie jedoch das Gefühl haben, von Ihrem Chef, Ihren Rechnungen, Ihrer Gesundheit, Ihren Beziehungen, Ihrer Erziehung oder irgendeinem anderen Faktor kontrolliert zu werden, werden Sie sich »außer Kontrolle«, ängstlich, negativ und wütend fühlen. Sie werden andere für Ihre Probleme verantwortlich machen, Sie werden erfolgreiche Menschen ablehnen und auf jeden neidisch sein, dem es besser geht als Ihnen. Letztendlich werden Sie selbst die Weichen für Misserfolge stellen, da Sie die negativen Dinge, über die Sie den ganzen Tag nachdenken, immer stärker in Ihr Leben ziehen werden.

Klare Ziele und »Selbst-Kontrolle«

Das Wundervolle an Zielen ist, dass sie Ihnen das Gefühl geben, die Richtung der Veränderungen in Ihrem Leben selbst unter Kontrolle zu haben. Ziele verleihen Ihnen das Gefühl, dass Sie auf dem Fahrersitz sitzen, dass Ihre Hände am Lenkrad liegen und dass Sie bestimmen können, wohin Ihr Leben sich bewegt. Und je stärker Ihr Gefühl ist, jeden einzelnen Teil Ihres Lebens unter Kontrolle zu haben – was durch klare, schriftlich fixierte Ziele geschieht –, desto positiver und optimistischer werden Sie. Je positiver und optimistischer Sie werden und je klarer Ihnen wird, was Sie wollen und wohin Sie sich bewegen, desto stärker aktivieren Sie all die mentalen Gesetze zu Ihrem Vorteil, und desto mehr »Glück« werden Sie haben.

Ein anderer entscheidender Glücksfaktor ist daher das Gesetz der Zielstrebigkeit: »Das Geheimnis des Erfolgs ist unbeirrbare Zielstrebigkeit.«

Gleiche Chancen, unterschiedlicher Erfolg

Zielstrebigkeit ist ein Merkmal aller wirklich erfolgreichen Menschen. Von zwei Menschen mit etwa den gleichen Fähigkeiten und Chancen wird fast immer derjenige erfolgreicher sein, der dazu entschlossener ist, der zielstrebigere der beiden. Es ist Ihre Aufgabe, zu entscheiden, was Sie in den verschiedenen Bereichen Ihres Lebens *wirklich* wollen, und dann alle Energie darauf zu konzentrieren, bis Sie Ihre Ziele erreichen – egal, wie lange das dauert.

Das Gesetz des Zufalls ist das negative Gegenstück zum Gesetz der Kontrolle. Es lautet: »Wer keine Pläne macht, plant den Misserfolg.«

Nach diesem Gesetz leben tatsächlich die meisten Menschen. Sie glauben, dass das Leben eine Kette zufälliger, willkürlicher Chancen ist, wie beim Würfelspiel oder am Roulettetisch. Sie glauben, dass es nicht darauf ankommt, was man weiß, sondern darauf, wen man kennt, und dass man gegen die Mächtigen ohnehin nichts ausrichten kann.

Glück per Lotterie?

Die Menschen, die nach dem Gesetz des Zufalls leben, sind diejenigen, die Lotterielose kaufen, in Spielbanken gehen oder ihr Geld in Risikoanlagen stecken, die schnelle und hohe Gewinne versprechen, über die sie nicht das Geringste wissen. Sie hoffen immer auf eine Glückssträhne, haben aber niemals eine. Diese Menschen sind gewöhnlich besonders neidisch auf die, die erfolgreich nach dem Gesetz der Kontrolle oder nach dem Prinzip der Zielorientierung leben.

Einen persönlichen Strategieplan entwerfen

Wenn Sie Ihren persönlichen Strategieplan aufstellen, sollten Sie innen anfangen und sich dann nach außen vorarbeiten. Fangen Sie beim inneren Kern Ihres Wesens an, bei Ihren Wertvorstellungen und Überzeugungen, und organisieren Sie dann nacheinander alle Aspekte Ihres äußeren Lebens so, dass das, was Sie tun, im Einklang mit diesen Wertvorstellungen und Überzeugungen steht.

Ein anderer Glücksfaktor ist das Gesetz der Klarheit. Es lautet: »Das, was Sie wollen, werden Sie umso schneller erreichen, je klarer Sie sich darüber sind, was es ist.«

Die Fähigkeit, sich unbeirrt immer nur auf eine Sache zu konzentrieren und dabeizubleiben, bis sie vollendet ist, ist ein entscheidender Glücksfaktor. Sie erhöht die Wahrscheinlichkeit, dass in Ihrem Leben Ereignisse eintreten, die Ihnen helfen, Ihre Ziele zu erreichen.

Ziellos = unglücklich

Jeder von uns will glücklich sein. Ich habe jedoch festgestellt, dass fast jeder, der unglücklich ist, zugeben wird, dass er keine Ziele hat, wenn man ihm intensiv genug auf den Zahn fühlt. Wenn jemand anfängt, über irgendeinen Teil seines Lebens zu klagen, können Sie ihn einfach fragen: »Was sind Ihre Ziele?« Menschen mit Zielen sind meiner Erfahrung nach viel interessanter und optimistischer als Menschen, die keine Ziele haben. Menschen ohne Ziele sind oft negativ und unglücklich und klagen ständig über die verschiedensten Dinge – über ihren Job, ihre Ehe, ihre Gesundheit, ihre Beziehungen oder irgendetwas anderes. Wenn man sie aber fragt: »Was würden Sie im Idealfall gern sein oder haben oder tun?«, sind sie verblüfft. Sie haben wirklich überhaupt keine Vorstellung davon. Manchmal sind sie sogar beleidigt, weil man ihnen so eine Frage gestellt hat.

Was ist wichtig in Ihrem Leben?

Lassen Sie uns also anfangen. Wie sehen Ihre Wertvorstellungen aus? An was glauben Sie? Wofür stehen Sie? Und – das ist genauso wichtig! – wofür möchten Sie nicht stehen? Glauben Sie, dass Ehrlichkeit, Aufrichtigkeit, Großzügigkeit, Altruismus, Zuneigung, Liebe, Vergebung und Wahrheit wichtig sind? Sind Integrität, persönliche Untadeligkeit, Kreativität, Freiheit und Selbstverwirklichung für Sie wichtig? Sind Freundschaft, Selbstdisziplin, Arbeit, persönliche Weiterentwicklung und Erfolg Werte, an die Sie glauben? Wie sehen *Ihre* Wertvorstellungen aus?

Grundwerte bestimmen

Die Fähigkeit, sich diese Frage zu stellen und sie auch zu beantworten, ist der wahre Schlüssel zum Erfolg. Sie ist unverzichtbar, um endgültig entscheiden zu können, was genau Sie wollen und wofür genau Sie zu arbeiten bereit sind. Sie brauchen nur drei bis fünf Grundwerte. Und wenn Sie die Werte ausgewählt haben, die für Sie besonders wichtig sind, müssen Sie sie nach ihrer Priorität ordnen.

Wie handeln Sie in Konfliktsituationen?

Woher wissen Sie, was heute Ihre wichtigsten Werte sind? Das ist ganz einfach, denn unsere Werte kommen immer in unseren Handlungen zum Ausdruck. Um herauszufinden, an was Sie wirklich glauben, brauchen Sie sich nur anzusehen, was Sie tun, wenn Sie unter Druck stehen. Wenn wir gezwungen sind, uns zwischen zwei Möglichkeiten zu entscheiden, gehen wir immer in die Richtung, die mit dem zu dieser Zeit für uns wichtigsten Wert im Einklang steht.

Jemand, der sagt: »Mein wichtigster Wert ist meine Familie«, wird sich immer für seine Familie entscheiden, wenn er gezwungen ist, eine Entscheidung zu treffen. Jemand, der glaubt, dass

Gesundheit der wichtigste Wert ist, wird immer so handeln, dass seine eigene Gesundheit und die Gesundheit derjenigen, die ihm besonders am Herzen liegen, erhalten bleibt.

Die folgende Übung hilft Ihnen, Ihre persönlichen Wertvorstellungen zu präzisieren. Denken Sie aber daran, dass es nicht darauf ankommt, was Sie Ihren Worten, Wünschen, Hoffnungen, Absichten oder Plänen zufolge eines Tages tun oder sein wollen. Nur das, was Sie in jedem Augenblick sagen und tun, zeigt wirklich, wie Ihre Grundwerte und -überzeugungen aussehen.

Übung: Ihre persönlichen Grundwerte

Welche Grundwerte sollen Ihr Leben bestimmen? Nutzen Sie bei Ihrer Entscheidung die folgende Liste als Anregung:

Ehrlichkeit	☐	Selbstverwirklichung	☐
Großzügigkeit	☐	Persönliche Weiterentwicklung	☐
Liebe	☐	Arbeit	☐
Freundschaft	☐	Erfolg	☐
Familie	☐		
Unabhängigkeit	☐	____________	☐
Integrität	☐	____________	☐
Kreativität	☐		
Freiheit	☐	____________	☐

Beschränken Sie sich auf drei bis fünf Werte. Wenn Sie sich nicht entscheiden können, überlegen Sie, welche Faktoren für Sie in einer Konfliktsituation den Ausschlag geben würden.

Legen Sie nun die Rangfolge Ihrer persönlichen Werte fest:

1. ____________________
2. ____________________
3. ____________________
4. ____________________
5. ____________________

Ihre Vision, Ihre Mission

Was ist Ihre Vision von sich selbst?

Nachdem Sie Ihre Werte bestimmt haben, ist der nächste Schritt eine Definition Ihrer *»Vision«* und Ihrer *»Mission«*. Ihre Vision ist eine schriftliche Beschreibung des Bildes, das andere irgendwann in der Zukunft von Ihnen haben sollen. Manche Leute schlagen vor, den eigenen Nachruf zu verfassen, den Text, den ein enger Freund am offenen Grab verlesen sollte.

Ihre Vision ist also die Beschreibung der bestmöglichen Person, die Sie selbst Ihrer eigenen Vorstellung nach im Laufe Ihres Lebens werden können.

Sich dem Idealbild annähern

Das Wunderbare an einer schriftlich fixierten Vision ist: Wenn man sie liest und immer wieder durchgeht, beginnt sie, alle mentalen Gesetze zu aktivieren. Nach und nach werden Sie so tatsächlich die Art von Mensch, die Sie sich vorgestellt haben. Sie übernehmen die Verantwortung dafür, Ihren Charakter und Ihr Schicksal selbst zu formen. Sie wissen ja, dass Sie tatsächlich das werden, woran Sie die meiste Zeit denken! Wenn Sie sich als einen absolut hervorragenden Menschen sehen, werden Sie im Laufe der Zeit der Person, die Sie sein wollen, sehr ähnlich werden.

Auch *das Gesetz des Begehrens* ist ein wichtiger Glücksfaktor:

»Die einzige Beschränkung Ihrer Fähigkeiten liegt darin, wie intensiv Sie etwas begehren. Ihr Begehren bestimmt Ihr Schicksal.« (Gesetz des Begehrens)

Wie stark ist Ihr Wunsch?

Ihre Zielstrebigkeit hängt vom Feuer des Begehrens ab. Wer darauf brennt, ein Ziel zu erreichen, das er sich gesetzt hat, wird feststellen, dass er automatisch auf dieses Ziel zugetrieben wird. Das Begehren ist der Brennstoff für den Kessel des Ehrgeizes, es ist die Antriebskraft in Ihrer Persönlichkeit. Dass viele Menschen nur wenig erreichen, liegt vor allem daran, dass sie im Hinblick auf ihre Ziele nicht leidenschaftlich genug sind. Sie *begehren* sie nicht intensiv genug.

Das intensive, brennende Begehren, ein spezifisches persönliches oder berufliches Ziel zu erreichen, können Sie nur dann haben, wenn dieses Ziel ein Ausdruck Ihrer echten Werte ist und im Einklang mit Ihrer Vision steht.

Ihre Mission: Was wollen Sie im Leben anderer erreichen?

Ihre *»Mission«* unterscheidet sich ein wenig von Ihrer Vision – sie ist eine spezifische Aussage über das, was Sie irgendwann in der Zukunft durch Ihr Leben bewirken wollen. Und Sie können durch Ihr Leben nur dann etwas bewirken, wenn Sie darüber nachdenken, wie Sie im Leben anderer Menschen etwas bewirken können. Als *Albert Einstein* einmal nach dem Sinn des menschlichen Lebens gefragt wurde, antwortete er: »Nun, der Sinn des menschlichen Lebens muss es natürlich sein, anderen zu dienen. Welchen Sinn könnte es sonst haben?«

Erreichbarkeit der Mission

Ihre Mission muss etwas sein, das erreichbar ist. Der Telefonkonzern AT&T beispielsweise definierte seine Mission einmal: »In die Reichweite jedes Menschen in Amerika ein Telefon bringen.« Es dauerte fast achtzig Jahre, bis AT&T dieses Ziel erreicht hatte! Eine Mission ist jedenfalls etwas, das erreichbar ist – und messbar. Sie sollte nicht aus vagen Allgemeinplätzen bestehen, die nicht in die Praxis umgesetzt und gemessen werden können.

Beispiel: Eine berufliche Mission

Ihre eigene Mission könnte zum Beispiel so aussehen: »Ich bin ein ausgezeichneter Verkäufer und gehöre zu den besten zehn Prozent in meiner Branche. Ich biete jedem Kunden sowohl qualitativ wie quantitativ den bestmöglichen Service, bin absolut zuverlässig und aufrichtig und verdiene daher über 80 000 Mark im Jahr.« Diese Definition enthält das Niveau, das Sie auf Ihrem Gebiet erreichen wollen, die Art von Arbeit, durch die Sie das schaffen wollen, und ein Kriterium dafür, dass Sie Ihr Ziel erreicht haben.

Ich habe jetzt eine ausgezeichnete Übung für Sie: Nehmen Sie, wenn Sie dieses Kapitel gelesen haben, ein Blatt Papier und fangen Sie an, Ihre »Traumliste« aufzuschreiben. Lassen Sie Ihre Gedanken ganz ungehindert schweifen und entwickeln Sie so Ihre ganz persönliche Vision.

Übung: Meine Vision

Stellen Sie sich vor, dass es keine Grenzen für Sie gibt, dass Sie über mehr Zeit, Geld, Mittel, Intelligenz, Kenntnisse, Erfahrungen und Kontakte verfügen können, als Sie jemals brauchen werden. Stellen Sie sich also vor, dass Ihr Potenzial keinerlei Beschränkungen unterliegen würde.

Was würden Sie unter diesen Umständen in Ihrem Leben tun, sein und haben wollen?

1. Was ich am liebsten tun würde:

   ____

   ____

2. Die Person, die ich am liebsten wäre:

   ____

   ____

3. Was ich am liebsten besitzen würde:

   ____

   ____

Wichtig: Notieren Sie Ihre spontanen Wünsche, ohne sich gleich zu fragen, ob eine Umsetzung überhaupt möglich ist. Tappen Sie nicht in die »Verliererfalle«, vergessen Sie »die Schere im Kopf«. Streichen Sie das Wort »unmöglich« vorläufig aus Ihrem Wortschatz und träumen Sie einfach.

Ihre Jahresziele

Erfolg und Träume

Eines der gemeinsamen Kennzeichen von Spitzenleuten auf allen Gebieten ist, dass sie eine Vision haben. Sie erlauben es sich, zu träumen, und sehen eine Vision von dem, was sein könnte, statt an der Gegenwart zu kleben. Ich habe in ganz Amerika unzählige Männer und Frauen kennen gelernt, die aus kleinsten Verhältnissen in große Höhen aufgestiegen waren. Eines verband sie alle: Träume. Und sie glaubten daran, dass sie die Fähigkeit hatten, ihre Träume zu verwirklichen. Weil sie darauf brannten, ihre Träume Realität werden zu lassen, aktivierten sie all die mentalen Gesetze, über die ich in diesem Buch spreche – und schon nach kurzer Zeit waren sie so erfolgreich, dass jedermann meinte, sie hätten ja wirklich viel Glück.

Wenn Ihre Traumliste fertig ist, nehmen Sie bitte ein zweites Blatt Papier und schreiben Sie oben das heutige Datum hin. Schreiben Sie dann mindestens zehn Ziele auf, die Sie in den nächsten zwölf Monaten erreichen wollen.

Übung: Meine Jahresziele

Name: ______________________________

Datum: ______________________________

In den nächsten zwölf Monaten will ich Folgendes erreichen:

1. ______________________________
2. ______________________________
3. ______________________________

usw.

Die Erfolgsbilanz nach einem Jahr

Das ist eine der wirkungsvollsten Übungen, die ich in meinem ganzen Leben kennen gelernt habe. Als ich vor vielen Jahren anfing, sie einzusetzen, veränderte sie mein Leben. Durch eine Liste mit zehn Zielen, die man in den nächsten zwölf Monaten erreichen will, gehört man automatisch zu einer kleinen Elite: Nur drei Prozent der Amerikaner planen ihr Leben derart zielstrebig.

Legen Sie das Blatt mit Ihren zehn Zielen nun einfach irgendwohin und sehen Sie es sich ein Jahr lang nicht mehr an. Trotzdem wird sich Ihr ganzes Leben verändern! Wenn Sie das Blatt nach einem Jahr wieder hervorholen, werden Sie mit Erstaunen feststellen, dass auf höchst bemerkenswerte Weise etliche der zehn Ziele Wirklichkeit geworden sind. Wahrscheinlich werden Sie hinter der Verwirklichung jedes einzelnen Ziels Beispiele für die Prinzipien der Synchronie und Serendipität entdecken. Sie werden eine erstaunliche Kette miteinander in Verbindung stehender Zufälle erkennen, die niemand vorhersagen oder planen könnte. Aber der entscheidende Punkt ist: Sie werden viele Ihrer zehn Ziele auf eine Art und Weise erreicht haben, die Sie sich jetzt gar nicht vorstellen können. Und dafür brauchen Sie nichts weiter als ein Blatt Papier, einen Stift und etwa zehn Minuten Zeit!

Diese Übung habe ich Zehntausenden von Menschen auf der ganzen Welt empfohlen. Noch nie hat mir später jemand gesagt, sie habe nicht funktioniert. Aber viele Leute haben mir erzählt, dass ihr ganzes Leben sich in nur dreißig Tagen verändert habe. Und je positiver und erfolgreicher sie bereits waren, desto schneller wurden sie aktiv und schrieben ihre zehn Ziele auf.

Prioritäten setzen

Die nächste Übung für Sie sieht nun so aus: Nehmen Sie die Liste mit Ihren zehn Zielen, gehen Sie sie durch und stellen Sie sich dabei die Frage: »Welches Ziel würde die stärksten positiven Auswirkungen auf mein Leben haben, wenn ich es erreiche?« Ziehen Sie einen Kreis um dieses Ziel und schreiben Sie es dann oben auf ein anderes Blatt Papier. Es wird sozusagen Ihr Daseinszweck, bis Sie es erreicht haben.

Das Gesetz der Zielstrebigkeit, ein entscheidender Glücksfaktor, lautet ja: »Das Geheimnis des Erfolgs ist unbeirrbare Zielstrebigkeit.«

Zehn Ziele aufschreiben, das wichtigste Ziel auswählen und es vorübergehend zum Daseinszweck erklären – das tut nur ein einziges Prozent der heute lebenden Amerikaner!

Übung: Mein Hauptziel

Das meiner zehn Ziele, das unmittelbar die positivste Auswirkung auf mein Leben hätte, lautet:

____

Notieren Sie hier alles, was Sie jetzt oder in Zukunft tun könnten, um dieses Ziel zu erreichen:

____

____

____

Durch Zielstrebigkeit zum Erfolg

Das ist eine sehr wichtige Übung. Je mehr Dinge Ihnen einfallen, die Ihnen bei der Erreichung Ihres Ziels helfen, desto eher werden Sie daran glauben, dass Sie es auch wirklich schaffen. Anfängliche Zweifel werden verschwinden und Sie werden Ihr Ziel bald in einem ganz neuen Licht sehen. Sie verankern Ihr Ziel immer fester in Ihrem Unterbewusstsein. Sobald Sie damit beginnen, verschiedene Ideen von Ihrer Liste umzusetzen, erwarten Sie immer stärker, dass Sie Ihr Ziel erreichen. Sie aktivieren das Gesetz der Anziehung und öffnen sich für Menschen und Umstände, die Ihnen helfen können. Sie fangen an, in den Ereignissen und Umständen in Ihrer Umgebung Beispiele für das Prinzip der Synchronie zu sehen. Sie bekommen das Gefühl, mehr Kontrolle über Ihr Leben zu haben. Sie fühlen sich wacher, bewusster und lebendiger. Sie haben mehr Energie und können sich besser konzentrieren. Sie sind klarer und positiver. Und für all das brauchen Sie lediglich ein Blatt Papier und ein paar Minuten Zeit!

Gewinner und Verlierer

Zwischen Gewinnern und Verlierern gibt es viele Unterschiede. Wenn Verlierer solche Ratschläge – wie das Aufschreiben eines Ziels und der Schritte zur Zielerreichung – hören, fragen sie immer: »Was ist, wenn das nicht funktioniert?« Doch das ist die falsche Frage. Die richtige Frage lautet: »Was ist, wenn das funktioniert?« Wenn es tatsächlich nicht funktioniert, hat es Sie nur ein Blatt Papier gekostet. Aber es wird funktionieren – und zwar schneller, als Sie sich vorstellen können!

Beispiel: Konsequentes Umsetzen von Zielen

An einem Samstagvormittag nahm ein Vermögensberater an meinem Seminar in Phoenix (US-Bundesstaat Arizona) teil. Noch am gleichen Nachmittag flog er nach Houston zurück. Am folgenden Donnerstag rief er in meinem Büro an und sprach mit meiner Sekretärin. Dann schrieb er mir einen recht ausführlichen Brief, in dem er schilderte, was er nach dem Seminar getan hatte und was dann passiert war.

Er schrieb, er habe vorher schon oft gehört, wie wichtig Ziele seien, aber nie daran gedacht, sie aufzuschreiben. Er habe beschlossen, meinen Rat zu befolgen, und zehn Ziele für die nächsten zwölf Monate aufgeschrieben. Und innerhalb weniger Tage hatte er bereits einige der zehn Jahresziele, die er sich gesetzt hatte, erreicht! Dabei handelte es sich um Ziele im finanziellen und im familiären Bereich.

In seinem Brief schrieb er: »Ich kann ganz ehrlich sagen, dass ich mit klaren, schriftlich festgehaltenen Zielen in sechs Tagen mehr erreicht habe, als ich für ein ganzes Jahr erwartete. Ich war wirklich erstaunt!«

Ihr Ziel kommt Ihnen entgegen

Das ist eine wahre Geschichte – und nicht etwa ein Einzelfall: Ich habe ganze Aktenordner mit Briefen von Leuten, die mir von ähnlichen Erfahrungen berichtet haben. Letztendlich läuft der ganze Prozess der Zielsetzung auf die spezifischen Handlungen hinaus, die Sie heute und an jedem anderen Tag vollziehen werden, um Ihre Ziele zu erreichen. Wenn Sie Ihre Ziele aufgeschrieben haben, können Sie eine ganze Reihe von wirkungsvollen mentalen Techniken einsetzen, um sich ihnen einerseits schneller anzunähern und sie andererseits schneller ›an sich zu ziehen‹. *Das Gesetz von der beschleunigten Beschleunigung* ist ein entscheidender Glücksfaktor in diesem Bereich.

> **»Alles, auf das Sie sich zubewegen, kommt Ihnen gleichzeitig selbst entgegen – es besteht eine gegenseitige Anziehung.« (Gesetz von der beschleunigten Beschleunigung)**

Dieses Gesetz ist in gewisser Hinsicht ein Untergesetz des Gesetzes der Anziehung, doch es gibt einen wichtigen Unterschied. Wenn Sie anfangen, sich auf Ihr Ziel zuzubewegen, werden Sie frustriert darüber sein, wie langsam das zu gehen scheint. Und je größer Ihr Ziel ist, desto weiter entfernt wird es Ihnen erscheinen. Sie werden lange auf Ihr Ziel hinarbeiten müssen, bevor Sie überhaupt einen Fortschritt sehen. Doch all das gehört zum Prozess der Zielerreichung.

Die 80/20-Regel

Für das Gesetz von der beschleunigten Beschleunigung gilt die 80/20-Regel. In den ersten 80 Prozent der Zeit, in der Sie auf Ihr Ziel hinarbeiten, werden Sie nur etwa 20 Prozent der Entfernung überwinden. Wenn Sie sich aber nicht beirren lassen, werden Sie die restlichen 80 Prozent Ihres Ziels in den letzten 20 Prozent der aufgewendeten Zeit erreichen. Viele Menschen arbeiten Wochen, Monate und sogar Jahre auf ein großes Ziel hin und sehen nur sehr wenig Fortschritte. Dann verlieren sie den Mut und geben auf. Sie haben nicht erkannt, dass sie schon alle erforderlichen Grundlagen gelegt und den Wendepunkt fast erreicht hatten, nach dem alles sehr viel schneller gegangen wäre.

Das Gesetz von der beschleunigten Beschleunigung gilt für fast alle großen Ziele, die Sie sich setzen. Um solche Ziele fest in Ihrem Unterbewusstsein zu verankern, machen Sie folgende Übung.

Mentale Übung: Ziele verankern

Nehmen Sie Karteikarten im Format DIN A6 und schreiben Sie Ihre wichtigsten Ziele in Form von Ich-Aussagen darauf. Benutzen Sie dabei das Präsens, nehmen Sie also das Erreichen des Ziels schon vorweg. Sie könnten zum Beispiel schreiben: »Ich wiege 72 Kilo.« »Ich verdiene 80 000 Mark im Jahr.« »Ich spreche gut und fließend Spanisch.«

Tragen Sie Ihre »Zielekarten« immer bei sich und lesen Sie sie jeden Morgen und jeden Abend, nach dem Aufstehen und vor dem Zubettgehen, immer wieder. Visualisieren Sie dabei jedes einzelne Ziel, stellen Sie sich vor, dass Sie es bereits erreicht haben. Sie müssen ein klares mentales Bild des erreichten Ziels schaffen. Und jetzt kommt der entscheidende Punkt: Kombinieren Sie das mentale Bild Ihres Ziels mit dem Gefühl, das Sie hätten, wenn Ihr Ziel bereits Wirklichkeit geworden wäre.

Wie Topverkäufer an die Spitze kamen

Viele Spitzenverkäufer haben mir erzählt, dass sie sich bei dieser Übung früher vorstellten, dass sie bereits der Topverkäufer ihrer

Firma wären und den Preis beim Kongress der amerikanischen Verkäufer gewinnen würden. Sie stellten sich vor, dass sie auf die Bühne gingen und den Preis vom Präsidenten entgegennahmen. Sie hörten das Publikum. Sie beschworen das Gefühl des Stolzes und der Genugtuung herauf, das sie empfinden würden, wenn sie diesen Preis erhielten. Und im Laufe der Zeit wurden die meisten dieser Leute tatsächlich die Spitzenverkäufer ihrer Firmen!

Ein weiterer sehr wirksamer Glücksfaktor wird durch *das Prinzip der Aufmerksamkeit* oder *das Gesetz der Konzentration* beschrieben.

Das Gesetz der Konzentration lautet: »Alles, womit Sie sich intensiv beschäftigen, wächst in Ihrer Welt und nimmt zu.«

Je mehr Sie über ein von Ihnen angestrebtes Ziel nachdenken, je mehr Sie darüber sprechen, es visualisieren und emotionalisieren, desto stärker arbeiten Ihre mentalen Kräfte daran, Sie diesem Ziel anzunähern. Sie erschaffen um sich herum ein Energiefeld, das dazu führt, dass sich in Ihrem Leben wunderbare Dinge ereignen. Sie ziehen erstaunliche Chancen und Möglichkeiten an, die andere für Glück halten.

Zum »talentierten Zehntel« gehören

Dass Sie dieses Buch lesen, macht Sie bereits zu einem Mitglied des »talentierten oberen Zehntels« der Gesellschaft. Sie gehören zur Elite. Sie sind einer der Menschen, die ständig lernen und wachsen – das beweist schon die Tatsache, dass Sie bei diesem Buch so weit gekommen sind. Sie gehören zum Kreis der Gewinner. Und es spielt keine Rolle, wo Sie heute im Leben stehen oder wie viel Sie verdienen – entscheidend ist nur, wohin Sie gehen. Dass Sie sich so intensiv mit Ihrem Leben und Ihrer Zukunft beschäftigen, ist das sicherste Zeichen dafür, wo Sie in ein paar Jahren stehen werden. Wenn Sie einfach nur in der Richtung weitergehen, die Sie bereits eingeschlagen haben, werden Sie Außergewöhnliches vollbringen, und nichts wird Sie aufhalten können. Sie werden in Ihrem persönlichen Umfeld als einer der Menschen betrachtet werden, die besonders viel »Glück haben«.

Kapitel 3
Wissen ist Macht!

Die Wissensrevolution

Gewinnen oder verlieren

Heute findet ein Rennen statt. Auch Sie nehmen daran teil, und die einzige Frage ist, ob Sie gewinnen oder verlieren werden. Das liegt nur an Ihnen! Sie haben den Vorteil, dass die weitaus meisten Menschen nicht erkennen, dass sie sich in einem Rennen befinden, und entweder nicht wissen, wie sie sich behaupten sollen, oder nicht begreifen, wie wichtig es ist zu gewinnen.

Menschheitsgeschichte im Zeitraffer

Die Menschheit hat 6000 Jahre gebraucht, um vom Zeitalter des Ackerbaus in das Industriezeitalter vorzudringen, das offiziell um 1815 begann. 1950 arbeitete die Mehrheit der Beschäftigten in den hoch entwickelten Ländern auf der ganzen Welt in Fabriken. Doch 1960 war das Industriezeitalter vorbei, und das Zeitalter der Dienstleistungen hatte begonnen. Nun arbeiteten mehr Menschen in Serviceberufen als in der Produktion. Ende der Siebzigerjahre begann dann das Informationszeitalter, und jetzt, an der Schwelle zum 21. Jahrhundert, befinden wir uns bereits im Zeitalter der Kommunikation. Heute sind mehr Menschen in den Bereichen der Kommunikation und der Information, der Unterhaltung oder der Bildung beschäftigt als in irgendeinem anderen Wirtschaftszweig.

Beschleunigter Wandel

Ist das nicht erstaunlich? Das Zeitalter des Ackerbaus dauerte 6000 Jahre, das Industriezeitalter 150, das Zeitalter der Dienstleistungen 20, und nach weiteren 20 Jahren ist auch das Informationszeitalter schon wieder vorbei! Wir haben uns von der Muskelkraft zur Denkkraft bewegt, von grober Körperkraft zur Kraft des Gehirns, der *»Brainpower«*. Für den Rest Ihres Lebens wird »Wissen« die entscheidende Größe für Ihre Weiterentwicklung bei der Arbeit und im Leben überhaupt sein.

Revolution in der Informationstechnologie

Dem Mooreschen Gesetz zufolge verdoppelt sich die Leistungsfähigkeit der Informationsverarbeitung alle 18 Monate; gleichzeitig sinken die Kosten um die Hälfte. Das bedeutet: Wenn der Preis eines Mercedes mit den Kosten der Rechnerkapazität Schritt gehalten hätte, würde ein neuer Wagen heute nur vier Mark kosten, mit einem Liter Benzin 250 Kilometer fahren und eine Geschwindigkeit von 800 Kilometern pro Stunde erreichen. Tatsächlich enthält ein Luxuswagen heute mehr Computersysteme als Apollo 13, die fortschrittlichste Mondrakete der damaligen Zeit; bei neuen Autos wird inzwischen mehr Geld für die Elektronik ausgegeben als für Stahl. Wir sind in das Informationszeitalter eingetreten, in dem Wissen die wichtigste Wertquelle ist, und zwar so schnell, dass die meisten großen Institutionen in unserer Gesellschaft es noch gar nicht gemerkt haben oder zumindest weit hinterherhinken.

Beispiel: Verkennung des Produktionsfaktors »Wissen«

Ein Freund von mir hat eine Firma, die ihren Umsatz innerhalb von fünf Jahren von einer Million Dollar auf zehn Millionen gesteigert und den Gewinn im gleichen Zeitraum verdreifacht hatte. Dann sperrte die Bank ihm die Kredite und klassifizierte die Firma als risikoreiches Unternehmen. Weshalb? Weil sie einen sehr hohen Umsatz hatte, ihr Anlagevermögen, Ausstattung, Gebäude, Computer und so weiter, aber nicht mit der gleichen Geschwindigkeit zugenommen hatte.

Die Geldinstitute sind heute völlig verblüfft darüber, dass eine Hundert-Millionen-Dollar-Fabrik durch eine technische Veränderung in nur 18 Monaten veraltet sein kann. Brainpower – *»Gehirnkapital« oder Wissen – kann dagegen fast ohne jede Investition in Ausrüstung und Anlagen auf unendlich viele verschiedene Weisen und in den verschiedensten Richtungen genutzt werden, um Reichtum zu schaffen. Wenn heute ein Geldinstitut nach Sicherheiten fragt, kann es die Tatsache nicht messen, dass die wertvollsten Kapitalanlagen der Firma sich zwischen den Ohren der dort Beschäftigten befinden. Wenn die ganze Firma morgen bis auf die Grundmauern niederbrennen würde, könnte das »Wissenskapital«*

auf die andere Straßenseite gehen und schon nach wenigen Stunden dort neu anfangen. Noch vor wenigen Jahrzehnten war ein abgebranntes Unternehmen aus dem Geschäft, und das konnte zum Ruin einer ganzen Stadt führen. Das ist heute nicht mehr möglich.

»Winning Edge« – der entscheidende Vorsprung

Sie haben bestimmt schon vom *»Winning Edge«-Konzept* gehört. Dieses in den USA sehr populäre Konzept des »entscheidenden Vorsprungs« ist eine der wichtigsten Ideen des 20. Jahrhunderts.

> **Das »Winning Edge«-Konzept besagt: »Kleine Unterschiede im Wissen und in den Fähigkeiten können enorme Unterschiede bei den Ergebnissen bewirken.«**

Eine einzige kleine Information, die Sie haben, die Ihren Konkurrenten jedoch fehlt, kann ausreichen, damit Sie bei einer Transaktion den entscheidenden Vorsprung erlangen.

Beispiele: Der Lohn des Siegers

Wenn ein Pferd in einem Rennen läuft und um Nasenlänge siegt, gewinnt es zehnmal so viel wie das Pferd, das als zweites die Ziellinie überquert. Bedeutet das, dass das erste Pferd zehnmal so schnell ist? Doppelt so schnell? Ein Zehntel schneller? Nein, das Pferd ist nur um eine Nasenlänge voraus – doch diese Nasenlänge bringt ihm das zehnfache Preisgeld.
Wenn eine Firma auf einem hart umkämpften Markt den Zuschlag für einen Verkauf oder eine Transaktion bekommt, ist sie oft nur um eine Winzigkeit besser als andere Firmen, die nicht zum Zug kommen. Doch die Firma, die gewinnt, bekommt 100 Prozent des Verkaufs, 100 Prozent des Gewinns, und der Verkäufer erhält 100 Prozent der Provision. Dazu muss dieser Verkäufer längst nicht um 100 Prozent besser sein als die anderen, die leer ausgegangen sind.

Wissensexplosion und Arbeitsmarkt

Heute wird viel über die Unsicherheit auf dem Arbeitsmarkt gesprochen. Zu Zehntausenden werden Leute entlassen, und das wird sich fortsetzen. Bis zum Ende Ihres Arbeitslebens wird es jedes Jahr zu massiven Entlassungen kommen. Der Grund dafür ist, dass das Wissen – das den Wert des Einzelnen für seine Firma bestimmt – sich alle zwei bis drei Jahre verdoppelt. Wenn Sie das ganze Wissen der Menschheitsgeschichte nehmen und daraus einen großen Stapel bilden würden, würde es in spätestens drei Jahren einen mindestens genauso großen Stapel neuen Wissens geben.

Mit der Entwicklung Schritt halten

Und Wissen vervielfacht sich selbst. Jede neue Erkenntnis kann mit anderen kombiniert und wieder kombiniert werden, sodass noch mehr Wissen entsteht. Daher nimmt das Wissen exponentiell zu, es wächst immer schneller. Am Anfang des 21. Jahrhunderts wird es sich jedes Jahr verdoppeln. Das bedeutet, dass auch Ihr Wissen sich heute alle zwei bis drei Jahre verdoppeln muss, wenn Sie weiter Ihr gegenwärtiges Einkommen in Ihrer derzeitigen Branche verdienen wollen. Wenn Ihr Wissen nicht mit der gleichen Geschwindigkeit wächst wie das allgemeine Wissen in Ihrer Branche, ist die Gefahr sehr groß, dass Ihr Wert sinkt.

Neues Wissen ist gefragt

Dass Menschen entlassen werden, liegt unter anderem daran, dass die Firmen neue Formen des Wissens und Leute mit mehr Wissen in neuen, stärker spezialisierten Bereichen brauchen. Während der Telefonkonzern AT&T die Entlassung Zehntausender Mitarbeiter bekannt gibt, kündigt das gleiche Unternehmen die Einstellung Zehntausender von Leuten für andere Positionen und andere Aufgaben an.

Ein sehr wichtiger Glücksfaktor ist auch *das Gesetz der integrativen Komplexität:*

> **»In jeder Gruppe von Individuen wird derjenige aufsteigen und schließlich über alle anderen in dieser Gruppe dominieren, der die größte Menge von Informationen integrieren kann.«**
> **(Gesetz der integrativen Komplexität)**

Anders ausgedrückt besagt dieses Gesetz, dass derjenige, dessen Wissen und Erfahrung am größten sind, unter gegebenen Umständen umso mehr Muster erkennen und entsprechend handeln kann. An die Spitze einer Firma wird daher in der Regel der aufsteigen, der bestimmte Handlungs- und Ereignismuster am besten identifizieren kann, denn sein Urteil und sein Beitrag werden am wertvollsten für das Unternehmen sein.

Ganz einfach gesagt: Spitzenverkäufer bleiben fast immer Spitzenverkäufer. Warum? Weil sie viele Wochen, Monate und Jahre lang daran gearbeitet haben, immer mehr Wissen zu erwerben und immer besser darin zu werden, unter immer größerem Konkurrenzdruck Produkte an immer anspruchsvollere Kunden zu verkaufen. Das führt dazu, dass Spitzenverkäufer sich (ähnlich wie Läufer) einen kleinen Vorsprung erarbeiten und ihn dann während des Rennens kontinuierlich ausbauen – konkret: dass sie bei immer komplizierteren und vielfältigeren Verkäufen immer mehr Muster kennen lernen und dadurch immer mehr verkaufen. Der Spruch »Nichts ist erfolgreicher als der Erfolg!« gilt für praktisch alle Bereiche, in denen Konkurrenz herrscht.

Beispiel: Einmal erfolgreich, immer erfolgreich

In manchen Bereichen veraltet das Wissen sehr viel schneller als in anderen. So kann es zehn oder zwanzig Jahre dauern, bis das Wissen eines Historikers oder Bibliothekars überholt ist. Dagegen kann das Wissen eines Börsenmaklers – über Preise, Marktpositionen, Zinssätze, die wirtschaftliche Dynamik und so weiter – schon in ein paar Wochen völlig veralten. Oder, um ein weiteres Beispiel zu nennen: Ein einziges wichtiges politisches Ereignis kann die Meinungsumfragen so stark beeinflussen, dass das ganze angesammelte Wissen darüber, wie eine bestimmte Wahl verlaufen wird, sich über Nacht als veraltet erweist.

Die unterschiedliche ›Halbwertszeit‹ des Wissens

Ein wichtiger Glücksfaktor ist die Regel, dass die Zukunft den Kompetenten gehört – also weder den Wohlmeinenden noch den Aufrichtigen oder den Ehrgeizigen, sondern denjenigen, die in dem, was sie tun, sehr, sehr gut sind.

Einer verbreiteten Redeweise zufolge werden die Reichen immer reicher und die Armen immer ärmer. Heute ist es aber nicht mehr so, dass diejenigen, die »mehr haben«, mit denen konkurrieren, die »weniger haben«. Vielmehr konkurrieren diejenigen, die »mehr wissen«, mit denen, die »weniger wissen«. Die größten Einkommensunterschiede in den Vereinigten Staaten bestehen zwischen denen, die ihr Wissen und ihre Fertigkeiten kontinuierlich erweitert haben, und denen, die das versäumt haben.

»Wissend und unwissend« statt »reich und arm«

Ein anderer wichtiger Glücksfaktor besteht darin, dass man mehr lernen muss, um mehr zu verdienen.

Mit dem gegenwärtigen Stand Ihres Wissens und Ihrer Fertigkeiten haben Sie das Maximum erreicht. Wenn Sie Ihr Einkommen und Ihr Verdienstpotenzial erhöhen wollen, müssen Sie sich neue, wertvolle Informationen und Ideen aneignen, die Sie auf dem Markt anwenden können, um für jemand anderen Werte zu schaffen. »Wissen ist Macht!« – das hört man oft. Tatsächlich ist aber nur angewendetes Wissen Macht. Nur Wissen, das man einsetzen kann, um Ergebnisse zu erzielen, für die andere bezahlen wollen, ist auf dem heutigen Markt Macht.

Welches Wissen zählt?

Der Wert des Wissens

Wie bestimmt man nun den Wert konkreter Informationen, konkreten Wissens? Das ist ganz einfach: Wertvolles Wissen verbessert Ihre Fähigkeit, für andere Ergebnisse zu erzielen. An den Universitäten wird jede Menge Wissen gelehrt, das zwar durchaus richtig, in der realen Welt aber völlig nutzlos ist. Hochschulabsolventen sind immer schockiert, wenn sie feststellen, dass sie vier oder fünf Jahre damit verbracht haben, etwas zu lernen, für das sich außer ihnen selbst niemand wirklich interessiert. Kein Arbeitgeber ist bereit, ihnen etwas dafür zu zahlen, dass sie ein abgeschlossenes Archäologie- oder Tibetologiestudium haben. Deshalb arbeiten ganze 80 Prozent der amerikanischen College-Absolventen zwei Jahre nach dem College-Abschluss außerhalb ihres Studienfachs.

Erfolgsrezept Lernen

Ich habe ja schon erwähnt, dass ich unter sehr schlechten Umständen ins Leben gestartet bin. Einen Vorteil hatte ich aber: Ich las gern, und es machte mir immer mehr Spaß, zu lesen und zu lernen. Im Laufe der Jahre habe ich festgestellt, dass praktisch alle erfolgreichen Amerikaner, die mit nichts angefangen haben und auf ihrem Gebiet an die Spitze gelangt sind, durch ihre beharrliche Arbeit an ihrer persönlichen Weiterentwicklung erfolgreich waren.

Das Gesetz der Selbstentwicklung lautet: »Man kann alles lernen, was man braucht, um jedes Ziel zu erreichen, das man sich setzen kann.«

Das ist eines der großen Erfolgsgesetze. Es bedeutet, dass es keine Grenzen für das gibt, was Sie erreichen können. Wenn Sie sich ein klares Ziel gesetzt haben, werden Sie erkennen, welches Wissen Sie dafür brauchen. Und wenn Sie sich dieses Wissen aneignen, werden Sie Ihr Ziel auf jeden Fall erreichen. Entscheidend für Ihr Glück ist nichts weiter als der brennende Wille zum Erfolg! Halten Sie einen Moment inne und überlegen Sie mithilfe der folgenden Übung, welches Wissen Sie brauchen:

Übung: Wissensbilanz

1. Ziele, die ich erreichen möchte, sind:

___

___

___

2. Zur Erreichung dieser Ziele brauche ich folgende Kenntnisse/Fertigkeiten:

___

___

___

3. Dieses Wissen kann ich mir aneignen durch:

___

___

___

Denken Sie hierbei an Kurse, Seminare, Audioprogramme. Überlegen Sie, welche Institutionen und Menschen Ihnen weiterhelfen könnten. Weitere Anregungen hierzu finden Sie auch im letzten Abschnitt dieses Kapitels (»So erobern Sie das richtige Wissen!«).

Startkapital Wissen

Heute kann ein Einwanderer, der ohne Gepäck in die USA einreist, die Fähigkeit im Kopf haben, ein Hundert-Millionen-Dollar-Unternehmen aufzubauen, und trotzdem sagen: »Nichts zu verzollen!« Er kann mit nichts weiter als seinem Wissenskapital einreisen und einer der erfolgreichsten Menschen in unserer Gesellschaft werden.

Beispiel: In 15 Jahren zum milliardenschweren Unternehmen

Vor gar nicht langer Zeit saß ich in Palo Alto, das in der Nähe von Silicon Valley liegt, mit einer Gruppe von Geschäftsleuten zusammen. Der Chinese neben mir war vor 15 Jahren aus Taiwan gekommen – er hatte ein Stipendium für ein Ingenieurstudium an der Stanford University erhalten. Er erzählte mir, er habe sich dann entschlossen zu bleiben. Ich erkundigte mich, was er denn heute mache, und er sagte, er habe eine Elektronikfirma.

Ich dachte natürlich sofort an Unterhaltungselektronik, eine Branche mit hohem Umsatz, aber niedrigen Gewinnspannen, und fragte ihn, wie das Geschäft denn laufe. Er antwortete, es laufe recht gut, er hoffe aber, in Zukunft noch mehr Erfolg zu haben. Ich fragte ihn, wie groß seine Firma sei, und er sagte, sie habe gerade die Schwelle von einer Milliarde Dollar Umsatz überschritten und habe über 2000 Beschäftigte. Mit »Elektronikfirma« meinte er eine Firma, die Computerteile produzierte und die großen Computerhersteller in den USA und im Ausland belieferte. Er war vor weniger als 15 Jahren nach Amerika gekommen, hatte eine Ausbildung erhalten, seine Fertigkeiten immer weiter verbessert, eine Firma gegründet und ein Ein-Milliarden-Dollar-Unternehmen aufgebaut – und das alles nur mit »Brainpower« und Beharrlichkeit!

Steve Jobs gelang das Gleiche mit Apple, und in der größten Erfolgsgeschichte unserer Zeit gründete *Bill Gates* Microsoft auf der Grundlage einer Idee, die Paul Allen und er während ihres Studiums hatten, machte es zum erfolgreichsten Software-Unternehmen und sich selbst zum Milliardär. Und auch er schaffte das allein durch »Brainpower«.

Erfolg im Computerzeitalter

Um im Informationszeitalter Erfolg zu haben, muss man aber keineswegs ein Computergenie mit hohen akademischen Weihen sein. 90 Prozent aller Vermögen werden noch immer durch den Verkauf traditioneller Produkte und Serviceleistungen auf etablierten Märkten an gewöhnliche Kunden gemacht. Um reich zu werden, braucht man nur eine Idee, die zu zehn Prozent neu ist.

Eine neue Erkenntnis und der Wille und die Fähigkeit, sie auf dem Markt durchzusetzen – dadurch kann man in unserer Wirtschaft großen Erfolg haben! *Abraham Lincoln* schrieb einmal: »Ich werde lernen und mich vorbereiten, und eines Tages wird meine Chance kommen.«

> **»Glück bedeutet, dass gute Vorbereitung und eine Chance zusammenkommen« – das ist einer der großen Glücksfaktoren.**

Es ist erstaunlich, wie viele Leute einfach nur dasitzen und auf das Glück warten. Glück kommt aber nicht von allein, sondern man muss ihm auf die Sprünge helfen – indem man sich so gründlich auf seine Chance vorbereitet, dass man sie ergreifen kann, wenn sie sich bietet.

Bereiten Sie sich vor!

Earl Nightingale, Erfolgsautor und Persönlichkeitstrainer, sagte einmal: »Wenn Ihre Chance kommt und Sie nicht auf sie vorbereitet sind, werden Sie nur dumm dastehen.« Wenn Sie aber für die Vorbereitung sorgen, werden Sie nach dem Gesetz der Anziehung »passende« Chancen geradezu in Ihr Leben ziehen und so Erfolg haben.

Talente lohnen sich immer

Auch *das Gesetz der Talente* ist ein entscheidender Glücksfaktor. Mit den Worten von *Jim Rohn,* einem der erfolgreichsten Business-Autoren der Vereinigten Staaten, lautet es:

> **»Wenn Sie Ihre Talente entwickeln, werden sie Ihnen den Weg bereiten.« (Gesetz der Talente)**

Sie werden niemals ein nützliches Talent oder eine nützliche Fähigkeit entwickeln, ohne dass sich früher oder später eine Gelegenheit bietet, dieses Talent oder diese Fähigkeit nutzbringend einzusetzen. Erstaunlich, aber wahr: Sie werden die Menschen, Umstände, Chancen und Mittel förmlich »anziehen«, die Sie für den Einsatz eines hart erarbeiteten Talentes brauchen.

Außer Beharrlichkeit und klaren Zielen ist auch die Menge der Ideen, die Sie produzieren, entscheidend für Ihren Erfolg. Nichts anderes beschreibt *das Gesetz der Vielfältigkeit:*

»Ihr Erfolg wird durch die Zahl und die Qualität der Ideen bestimmt, die Sie erzeugen können, um Ihre gegenwärtigen Umstände zu verbessern.« (Gesetz der Vielfältigkeit)

Nur gut umgesetzte Ideen sind wertvoll

Ideen sind die Schlüssel zur Zukunft, sie sind der Rahm des Wissens, der an die Oberfläche steigt. Denken Sie aber daran, dass Ideen an sich keinen Wert haben. Erst Ihre Fähigkeit, eine Idee nutzbringend umzusetzen, verleiht dieser Idee einen Wert. Ich bin immer wieder erstaunt, wenn Leute mir schreiben oder mich anrufen und versuchen, mir eine neue Idee zu verkaufen. Auf meine Frage, wie diese Idee aussieht, antworten sie, das könnten sie mir erst sagen, wenn ich ihnen dafür Geld gezahlt hätte. Ich versuche dann, ihnen zu erklären, dass ihre Ideen an sich keinen Wert haben – und darüber sind sie immer verblüfft!

1 Prozent der Ideen »funktioniert«

99 von 100 Ideen funktionieren nicht. Und die eine Idee, die funktioniert, hat nur dann einen Wert, wenn sie immer wieder mit anderen Ideen und Ressourcen kombiniert wird, sodass schließlich irgendjemand bereit ist, dafür zu bezahlen.

Vorsprung durch Wissenserwerb

Im Hinblick auf das Wissen haben Sie einen entscheidenden Vorteil. Die meisten Menschen lassen sich nämlich treiben; sie erkennen nicht, dass ihr Wissen begrenzt ist und jeden Tag mehr veraltet. Sie verbringen ihre Zeit am Arbeitsplatz und zu Hause vor allem damit, mit anderen zu plaudern; sie hängen vor dem Fernseher und machen sich das Leben überhaupt so einfach wie möglich. Doch die kleine, intelligente Minderheit, die erkennt, dass wir uns in einem Rennen um nützliches Wissen befinden, hat den entscheidenden Vorsprung.

Ausbildung zahlt sich aus!

Ein paar neue Statistiken dürften interessant für Sie sein: Dem amerikanischen Arbeitsministerium zufolge verdient jemand mit High-School-Abschluss im Laufe seines Erwerbslebens etwa 600 000 Dollar. Jemand mit einem abgeschlossenen zweijährigen Fachhochschulstudium dagegen wird etwa 1 000 000 Dollar verdienen, also 400 000 Dollar mehr als ein High-School-Absolvent oder 200 000 Dollar mehr für jedes zusätzliche Ausbildungsjahr. Das ist aber noch nicht alles! Ein Universitätsabsolvent, der nach vier Jahren sein Diplom erworben hat, verdient im Laufe seines

Lebens durchschnittlich etwa 1 400 000 Dollar. Jemand mit Magistertitel, das heißt, mit ungefähr fünf oder sechs Jahren Studium, verdient in seinem Leben etwa 2 000 000 Dollar, jemand mit Doktortitel durchschnittlich 3 000 000 Dollar.

Gefragt: praxisnahes Wissen

Jedes weitere Ausbildungsjahr nach der High School erhöht das jährliche Einkommen also um 8 bis 25 Prozent, je nachdem, wie gesucht die Studienfächer sind. Fachhochschulabsolventen verdienen oft mehr als Leute, die zur Universität gehen, sich also vor allem mit akademischen Fächern beschäftigen. Das liegt einfach daran, dass Menschen, die praxisnah lernen, ihr Wissen schneller zum Nutzen ihres Arbeitgebers einsetzen können.

Investitionen in sich selbst sind die ertragreichsten Investitionen, die man machen kann.

Als Ergebnis eines einzigen zusätzlichen Studien- oder Fortbildungsjahres können Sie im Jahr 10 oder 20 Prozent mehr verdienen, wenn Sie die richtigen Fächer oder Kurse wählen.

Wissen als Fundament des Erfolgs

Wenn man wissen will, wie hoch ein Bürogebäude werden wird, braucht man sich nur anzusehen, wie tief für das Fundament gegraben wird. Nachdem ein Gebäude aber fertig ist, haben die Besitzer nicht mehr die Möglichkeit, es um zehn oder zwanzig Etagen aufzustocken, indem sie das Fundament tiefer eingraben. Dafür ist es zu spät. Das Prinzip lässt sich auf Ihre Ausbildung übertragen: Wie hoch Sie im Leben aufsteigen werden, hängt von der Tiefe Ihres intellektuellen Fundaments ab. Und das Wunderbare ist: Sie können Ihr persönliches Lebensgebäude immer weiter erhöhen, indem Sie Ihr Wissen und Ihre Fähigkeiten kontinuierlich vergrößern. Dabei gibt es keine Grenzen!

So erobern Sie das richtige Wissen!

Wir ziehen das Glück durch die Qualität unseres Denkens an. Die Qualität Ihres Denkens hängt davon ab, dass Sie kontinuierlich weiterlernen. Je mehr Sie Ihren Verstand mit neuem Wissen tränken, mit neuen Erkenntnissen, neuen Ideen und neuen Informationen, desto mehr wird er angeregt und magnetisiert, sodass er die verschiedensten Chancen und Möglichkeiten in Ihr Leben zieht, die Ihnen helfen, Ihre Ziele zu erreichen und ein großartiges Leben zu führen.

Lesen als Motor des Wissens

Der Schlüssel zur Erweiterung des Wissens ist das Lesen. Vielleicht sind nicht alle, die viel lesen, Spitzenleute, doch alle Spitzenleute lesen viel. Die am höchsten bezahlten Amerikaner lesen durchschnittlich zwei bis drei Stunden am Tag, die am schlechtesten bezahlten Amerikaner dagegen lesen überhaupt nicht. Es lässt sich nicht leugnen: Die Statistiken sind schockierend! Nach Angaben des Verbands der amerikanischen Buchhändler haben 80 Prozent der amerikanischen Familien im letzten Jahr kein einziges Buch gekauft oder gelesen. 70 Prozent der erwachsenen Amerikaner haben in den letzten fünf Jahren keine Buchhandlung betreten. 58 Prozent der Erwachsenen – auch 42 Prozent der Universitätsabsolventen! – lesen nach Abschluss der Schule beziehungsweise Universität nie mehr ein Buch! Die Entwicklung in Europa nimmt inzwischen eine ähnliche Richtung. Ein Freund von mir sagt immer:

> **Wer nicht die richtigen Leute kennen lernt und die richtigen Bücher liest, der wird in fünf Jahren noch an der gleichen Stelle stehen wie heute.**

Ich würde gern noch hinzufügen, dass man außerdem Audiokassetten hören, Kurse absolvieren und Informationen aus anderen Quellen aufnehmen muss.

Das »Zeitalter des Buches«

1996 wurden in der amerikanischen Filmindustrie 5,4 Milliarden Dollar ausgegeben, mehr als in irgendeinem Jahr vorher. In jeder Zeitung und der Hälfte aller Zeitschriften werden Sie Filmstars sehen und Berichte über die Filmindustrie finden. Sie ist auch ein allgegenwärtiges Thema der Nachrichten und der Unterhaltung in Fernsehen und Radio. Die Amerikaner sind praktisch von einer Filmkultur umgeben. Wahrscheinlich wissen Sie aber nicht, dass die Amerikaner im vergangenen Jahr über 25 Milliarden Dollar für Bücher ausgegeben haben. Unser Zeitalter des Wissens ist deshalb völlig zu Recht auch als »Zeitalter des Buches« bezeichnet worden.

Erfolgsmenschen und Bücher

Was ist das Erste, das Sie im Haus eines Reichen sehen? Eine Bibliothek! Je reicher der Betreffende ist und je größer sein Haus ist, desto wahrscheinlicher ist es, dass er eine große, gut ausgestattete Bibliothek besitzt. Und was sehen Sie als Erstes, wenn Sie in die Wohnung eines Armen gehen? Genau – den Fernseher, der so groß ist, wie er es sich nur leisten kann! Sind die Reichen erst reich geworden und haben sich dann die Bücher gekauft? Oder haben sie sich die Bücher gekauft, sie gelesen und sind dann reich geworden? Ich glaube, die Antwort ist klar – zuerst war die Henne da, nicht das Ei.

Beispiel: Aufstieg durch Bildung

Ich hatte einen Freund, der die High School abschloss, ohne lesen zu lernen. Sein Problem war, dass er trotz aller Bemühungen nur schlecht bezahlte Jobs bekam – Gräben ausheben, Bäume pflanzen und Flure putzen. Er stammte aus einer guten Familie und einer guten Gegend, konnte aber dennoch nur Jobs ohne jede Aufstiegsmöglichkeit ergattern. Und seinen Freunden von der High School, die auch alle kaum lesen konnten, ging es genauso.

Nachdem er anderthalb Jahre lang diese frustrierenden Arbeiten gemacht hatte, kam er zu mir und bat mich um Rat. Ich sagte ihm, dass er sich fortbilden müsse. Er entgegnete, dass er nicht gern lese. Es ermüde ihn, lange Absätze zu lesen. Ich riet ihm, Abendkurse zu besuchen, um besser lesen zu lernen. Das wollte er eigentlich nicht, doch sein Leben als ungelernter Arbeiter gefiel ihm noch weniger.

Also besuchte er zwei Jahre lang Abendkurse und lernte dort, gut und viel zu lesen. Danach ging er auf ein technisches Institut, und nach drei Jahren harter Arbeit hatte er schließlich seinen Abschluss in biomedizinischer Technik in der Tasche. Er wurde dann sofort von einer großen Firma für Krankenhausbedarf eingestellt, um medizinische Geräte an Krankenhäuser und Arztpraxen zu verkaufen. Fünf Jahre später verdiente er im Jahr über 50 000 Dollar. Er hatte ein Haus und ein Auto und führte ein großartiges Leben. Und später erzählte er mir, dass der Rat, lesen zu lernen und seine Bildung zu verbessern, der Wendepunkt in seiner Karriere gewesen sei.

Was sollten Sie lesen?

Ich möchte Ihnen nun ein paar sehr wichtige Tipps geben, wie Sie Ihr Wissen durch Lesen vergrößern können. Sie haben nicht nur mir selbst zum Erfolg verholfen, sondern auch Tausenden von anderen Menschen, die heute hoch bezahlte Spitzenleute in ihren Wirtschaftszweigen sind. Sie sollten vor allem Bücher lesen, die von Männern und Frauen geschrieben wurden, die aktiv im jeweiligen Bereich arbeiten. Diese Bücher stammen von Fachleuten, die ihren Beruf tatsächlich ausüben. Von Büchern, die von Universitätsprofessoren und Managementberatern geschrieben wurden, sollten Sie dagegen die Finger lassen. Diesen Leuten fehlt einfach das tiefe Verständnis, das man nur erwerben kann, wenn man jahrelang Tag für Tag auf einem bestimmten Gebiet tätig ist.

Das Wunderbare ist, dass Sie Bücher kaufen können, die voller Ideen sind, die jemand anderes im Laufe von zwanzig Jahren entwickelt und aufgeschrieben hat. Für den Preis eines Buchs können Sie Wissen erwerben, das den Autor selbst Jahre und Tausende von Dollar gekostet hat.

Denken Sie daran: Um Ihr Leben von Grund auf zu verändern, brauchen Sie nur eine einzige gute Idee!

Wichtig ist außerdem: Jedes Problem, dem Sie sich jemals gegenübersehen könnten, ist vorher bereits von jemand anderem gelöst worden. Und die Lösung, die der Betreffende für Ihr Problem gefunden hat, ist in einem Buch oder einer Zeitschrift abgedruckt worden und steht Ihnen zur Verfügung, wenn es Ihnen gelingt, sie zu finden.

Erfolgreiche Menschen sind »Ideensammler«

Wenn es irgendwo dort draußen eine Idee gibt, die Ihnen helfen kann, die Ihnen Tausende von Dollar und Monate oder gar Jahre harter Arbeit ersparen kann, und Sie haben diese Idee nicht, ist es, als würde sie gar nicht existieren. Deshalb bombardieren erfolgreiche Menschen ihren Verstand kontinuierlich mit neuen Informationen und Ideen.

Denken Sie daran, dass Sie 100 Ideen ausgesetzt sein können, bevor Sie auf die eine Idee stoßen, die Sie in jenem Augenblick brauchen, um Ihr Leben und Ihre Arbeit entscheidend zu verändern.

Es gilt also die Regel, dass eine große Zahl von Ideen nötig ist, um die ein oder zwei wichtigen Erkenntnisse zu finden, die Sie für Ihren Erfolg brauchen.

Bauen Sie sich eine Bibliothek auf. Kaufen Sie sich Ihre eigenen Bücher. Es hat keinen Sinn, sich Bücher zu leihen, da man sie dann ja zurückbringen muss. Wenn Sie sich ein Buch kaufen, sollten Sie die entscheidenden Punkte mit einem farbigen Stift markieren. Sie müssen Ihre Bücher in Besitz nehmen!

Eine eigene Bibliothek

Als ich damit anfing, mir Bücher zu kaufen und die wichtigen Stellen zu markieren, habe ich festgestellt, dass ich meist ein paar Stunden brauchte, um ein Buch zum ersten Mal zu lesen, dass ich die wichtigen Punkte danach aber in weniger als einer Stunde noch einmal lesen konnte. Heute lese ich Bücher sehr schnell und diktiere dann die wertvollsten Ideen, damit sie getippt werden können und ich sie später noch einmal durchsehen kann.

»Ökonomisch« lesen

Schnell-Lesen ist eine Fertigkeit, die man mit ein wenig Übung lernen kann. Inzwischen gibt es zu diesem Thema sehr gute Audioprogramme. Mein (bislang nicht übersetztes) Audioprogramm *Accelerated Learning Techniques* enthält eine vollständige Beschreibung des Schnell-Lese-Prozesses. Hier möchte ich Ihnen eine einfache Methode vorstellen, durch die Sie das Tempo, mit dem Sie Bücher lesen, verdoppeln oder sogar verdreifachen können. Sie beruht auf der O-P-I-R-Methode. Die vier Buchstaben stehen für *overview* (Gesamtüberblick), *preview* (detaillierter Überblick), *inview* (Einblick) und *review* (Rückblick). Diese einfache Methode sieht folgendermaßen aus:

Tipps für schnelleres Lesen

Bevor Sie sich in ein Buch stürzen, sollten Sie sich immer einen Gesamtüberblick verschaffen. Lesen Sie den Text auf den Buchdeckeln. Lesen Sie die Biografie des Autors und vergewissern Sie sich, dass er wirklich weiß, wovon er spricht. Lesen Sie das Inhaltsverzeichnis und fragen Sie sich, ob diese Ideen von Interesse für Sie sind. Überfliegen Sie den Anhang und das Register, um zu sehen, welche Informationsquellen der Autor benutzt hat. Falls Sie im Hinblick auf das Buch ein gutes Gefühl haben und glauben, dass es für Sie von Wert sein wird, sollten Sie zur nächsten Phase übergehen.

Lese-Schritt 1: Gesamtüberblick

Die zweite Phase ist der detaillierte Überblick. Blättern Sie das Buch Seite für Seite durch. Lesen Sie die Überschriften der Kapitel und Unterkapitel. Sehen Sie sich die Abbildungen, Diagram-

Lese-Schritt 2: Detaillierter Überblick

me und Tabellen an. Lesen Sie die ersten Zeilen möglichst vieler Absätze und auch ein paar ganze Absätze, um ein Gefühl für den Stil des Autors zu bekommen. Können Sie das Buch entspannt lesen? Gefällt Ihnen die Ausdrucksweise des Autors?

Das Lesen eines Buchs kostet Sie etliche Stunden Zeit. Eine der besten Möglichkeiten, Zeit zu sparen, besteht darin, dass Sie sich *vorher* darüber klar werden, ob ein Buch Ihnen genügend Informationen bietet, um diesen Aufwand zu rechtfertigen.

Falls Sie nach den beiden ersten Phasen zu dem Schluss kommen, dass Sie das Buch lesen wollen, sollten Sie sich fragen: »Warum?« Durch diese Frage zwingen Sie sich, darüber nachzudenken, welchen Nutzen Sie aus dem Buch ziehen und wie Sie es auf Ihr Leben anwenden können. Das nennt man *»zweckbestimmtes Lesen«*. Je relevanter die neuen Informationen sind und je besser Sie sie anwenden können, desto größer ist die Wahrscheinlichkeit, dass Sie sich an sie erinnern, wenn Sie das Buch gelesen haben.

Lese-Schritt 3: Einblick

Die dritte Phase ist der Einblick. Wenn Sie ein Sachbuch lesen, sollten Sie mit dem Kapitel anfangen, das Sie am meisten interessiert, und dann aufhören, falls Sie nicht weiterlesen möchten. Manchmal wird ein hervorragendes Buch nur ein oder zwei Kapitel enthalten, die im Augenblick für Sie und Ihr Leben relevant sind.

Sie werden feststellen, dass Sie Informationen, die nicht sofort hilfreich für Sie sind, ohnehin schnell wieder vergessen. Daher ist es sinnvoll, solche Informationen gar nicht erst zu lesen.

In dieser Phase sollten Sie so viele Anmerkungen machen wie möglich. Unterstreichen Sie Schlüsselwörter. Benutzen Sie auf dem Rand Ausrufezeichen, Sternchen und Anführungsstriche. Umkreisen Sie Schlüsselideen. Sorgen Sie dafür, dass es Ihnen leicht fallen wird, die Fakten zu finden, die Sie für besonders wichtig gehalten haben, wenn Sie das Buch später wieder einmal zur Hand nehmen.

Die letzte Phase der OPIR-Methode ist der Rückblick. Auch bei schneller Auffassungsgabe müssen Sie die entscheidenden Punkte drei- bis viermal durchgehen, damit sie Ihnen im Gedächtnis bleiben. Wenn Sie aber einmal entsprechende Markierungen in einem Buch angebracht haben, können Sie es in nur einer Stunde erneut durchgehen und das Wesentliche wieder erfassen.

Lese-Schritt 4: Rückblick

Wo bekommt man die besten berufsbezogenen Bücher? Das ist einfach. Verfolgen Sie die Rezensionen im Wirtschaftsteil der großen Tageszeitungen. Schauen Sie sich hin und wieder in der entsprechenden Abteilung gut sortierter Buchhandlungen um. Wichtige Neuerscheinungen finden Sie häufig auch im Bahnhofsbuchhandel, sodass Sie kurze Wartezeiten auf Geschäftsreisen nutzen können, um sich dort ein oder zwei Bücher genauer anzusehen. Lassen Sie sich die Kataloge von Verlagen schicken, die regelmäßig zu Ihrem Fachgebiet veröffentlichen, oder schauen Sie auf den Websites der Verlage nach, was es Neues gibt.

Die Zusammenstellung der eigenen Bibliothek

Um Ihr Wissen zu erweitern, müssen Sie außerdem die wichtigsten Zeitschriften abonnieren. Neben der Branchenpresse betrifft dies wichtige Tageszeitungen wie die *Frankfurter Allgemeine* oder das *Handelsblatt*, aber auch populärere Wirtschaftsmagazine wie *Wirtschaftswoche* und *manager magazin*. Falls Sie im Verkauf arbeiten, sollten Sie Zeitschriften wie *SalesProfi* und *Absatzwirtschaft* kennen, für Führungskräfte ist *Executive Excellence* von Interesse, ein Newsletter, den ich mit herausgebe und der seit einem Jahr auch in Deutschland sehr erfolgreich ist.

Welche Zeitschriften sind ein Muss?

Was Sie lesen sollten, können Sie am besten herausfinden, indem Sie die auf Ihrem Gebiet erfolgreichsten Leute fragen, was *sie* lesen. Welche Bücher würden sie besonders empfehlen? Welche Zeitschriften lesen sie am liebsten und regelmäßig? Wenn Sie das lesen, was die Allerbesten lesen, werden Sie aufgrund des Gesetzes von Ursache und Wirkung bald das wissen, was die Allerbesten wissen, und sich auf Ihrem Gebiet den entscheidenden Vorsprung verschaffen.

Was lesen die Profis?

Auch bei Zeitschriften sollten Sie systematisch vorgehen, um Zeit zu sparen. Lesen Sie das Inhaltsverzeichnis. Kreuzen Sie die Artikel an, die für Sie wichtig sein könnten, und trennen Sie sie he-

Zeitschriften optimal nutzen

raus. Werfen Sie den Rest der Zeitschrift weg. Heften Sie die herausgetrennten Artikel in einem Ordner ab und legen Sie diesen Ordner in Ihren Aktenkoffer. Immer, wenn Sie ein paar Minuten Zeit haben, sollten Sie den Ordner herausnehmen und die Artikel mit einem roten Stift oder einem Textmarker durchgehen.

Formen des Lesens

Es gibt zwei Formen des Lesens: »Erhaltungslesen« und »Wachstumslesen«. Stoff für Erhaltungslesen sind die aktuellen Zeitschriften und Publikationen, durch die Sie auf Ihrem Gebiet auf dem Laufenden bleiben. Stoff für Wachstumslesen dagegen sind die Bücher, die Sie lesen, um Ihr Wissen und Verständnis auf Ihrem Gebiet zu vergrößern. Sie ermöglichen es Ihnen, zu wachsen, statt nur mitzuhalten.

Das Auto als »Lernort«

Hören Sie sich im Auto und beim Sport Audiokassetten an. Der durchschnittliche Autobesitzer fährt 20 000 bis 40 000 Kilometer pro Jahr. Das bedeutet, dass er etwa 500 bis 1000 Stunden im Auto verbringt. Nutzen Sie diese Zeit gut! Machen Sie aus Ihrem Auto eine Lernfabrik, eine »Universität auf Rädern«! Denken Sie daran, dass Sie nicht im Urlaub sind, wenn Sie tagsüber hinter dem Lenkrad sitzen. Sie sollten sich nicht den Luxus leisten, unterwegs Radio oder Musik zu hören. Das ist Arbeitszeit! Sie müssen Ihren Verstand voll beschäftigen, indem Sie ihn mit neuen Ideen und Konzepten wie denen, die ich hier vorstelle, bombardieren.

Seminare optimal nutzen

Um Ihr Wissen kontinuierlich zu erweitern, sollten Sie so viele Kurse und Seminare wie möglich besuchen. Denken Sie daran, dass der Verlierer immer fragt: »Was kostet das?«, während der Gewinner immer fragt: »Wie viel ist das wert?« Wählen Sie Kurse, die von Experten gehalten werden, von Leuten, die tagsüber einem entsprechenden Beruf nachgehen, also von Praktikern. Ebenso wichtig: Besuchen Sie diejenigen Kurse, die Ihnen gegenwärtig am meisten nützen würden.

Je schneller Sie eine neue Information praktisch umsetzen können, desto größer ist die Wahrscheinlichkeit, dass Sie sie auch aufnehmen und für den Rest Ihres Lebens behalten.

Denken Sie daran, dass Sie nur eine einzige gute Idee brauchen, um sich einen Vorsprung gegenüber Ihren Mitbewerbern zu verschaffen. Und viele Kurse und Seminare, die heute angeboten werden, bieten eine Fülle guter Ideen. Sie werden meist von erfahrenen Fachleuten gehalten, die Ihnen in wenigen Stunden viele wertvolle Informationen geben können.

Viele Menschen haben ihr Einkommen durch den Besuch eines einzigen Seminars verdoppelt oder gar verdreifacht. Auch Sie können es sich nicht leisten, den Prozess des kontinuierlichen Lernens zu vernachlässigen. Sie müssen neue Ideen wie ein Schwamm aufsaugen!

Messen und Tagungen

Besuchen Sie Messen, Ausstellungen und Tagungen, vor allem diejenigen, die für Ihr Gebiet relevant oder darauf zugeschnitten sind. Ich habe im Laufe der Jahre auf unzähligen Tagungen und Verbandstreffen gesprochen und dabei festgestellt, dass die am höchsten bezahlten Leute der verschiedenen Branchen immer bei solchen Veranstaltungen anzutreffen sind; sie gehen durch die Ausstellungshallen und sitzen bei den wichtigsten Vorträgen immer in den ersten Reihen.

Wenn auch Sie ein Spitzenmann oder eine Spitzenfrau werden wollen, müssen Sie sich andere Spitzenleute zum Vorbild nehmen.

Jede Veränderung in Ihrem Leben, jede Verbesserung wird angestoßen durch eine neue Idee. Es ist Ihre Aufgabe, die Wahrscheinlichkeit zu erhöhen, dass Sie zur richtigen Zeit auf die richtige Idee oder Erkenntnis stoßen. Dazu müssen Sie sich bewusst in das Kreuzfeuer der Ideen und Erkenntnisse Ihres Arbeitsgebietes stürzen.

Nutzen Sie das Wissen anderer!

Damit Sie im Informationszeitalter auf Ihrem Gebiet an die Spitze kommen, abschließend noch ein wichtiger Tipp: Holen Sie sich konsequent bei anderen Rat und Hilfe. Bitten Sie kompetente Leute, Ihnen Bücher, Audioprogramme und Kurse zu empfehlen, fragen Sie sie um Rat bei Problemen. Ein einziger guter Ratschlag von jemandem, der eine ähnliche Erfahrung gemacht hat, kann Ihnen Wochen und Monate harter Arbeit und sehr, sehr viel Geld ersparen. *Benjamin Franklin* sagte einmal, es gebe zwei Möglichkeiten, um sich Wissen anzueignen: Wir könnten es kaufen, oder wir könnten es uns leihen. Wenn wir es kaufen, müssen wir den vollen Preis in Form von Zeit und Geld zahlen. Wenn wir es uns aber leihen, bekommen wir es von anderen, die schon den vollen Preis gezahlt haben.

Wenn Sie Ihren Verstand kontinuierlich mit neuen Informationen und Ideen bombardieren, aktivieren Sie all die mentalen Gesetze, über die ich bereits gesprochen habe, und lösen alle Glücksfaktoren aus, die ich bisher vorgestellt habe.

Ihr Ziel ist es, einer der bestinformierten und kenntnisreichsten Menschen auf Ihrem Gebiet zu werden. Wenn Ihnen das gelingt, werden Sie zu den höchstbezahlten Leuten in Ihrer Branche gehören. Sie werden schnell aufsteigen, immer wieder befördert werden und das ganze Ansehen, die Anerkennung und den Wohlstand genießen, der mit einer solchen Karriere verbunden ist. Und wenn andere sagen, Sie hätten nur Glück gehabt, können Sie erwidern: »Je mehr ich lerne, desto mehr Glück habe ich!«

Kapitel 4
Wahre Meisterschaft

Das Geheimnis der Spitzenleistungen

Sie haben in diesem Augenblick die Fähigkeit, alle Ihre früheren Leistungen zu übertreffen. Sie tragen alle Begabungen in sich, die Sie brauchen, um viel mehr zu sein, zu haben und zu tun als in Ihrem bisherigen Leben. Sie können jede Fertigkeit erlernen, die Sie brauchen, um hervorragende Arbeit zu leisten, um jedes Ziel zu erreichen.

Hervorragende Leistungen sind keine »Glückssache«

Wenn ein Musikvirtuose ein klassisches Stück perfekt beherrscht oder wenn die drei Tenöre – Pavarotti, Domingo und Carreras – hinreißend singen, schreibt diese Leistungen niemand dem »Glück« zu. Wenn ein Kunstschreiner ein wundervolles, elegantes Möbelstück herstellt oder ein Künstler ein Kunstwerk erschafft, bei dem jede Einzelheit stimmt, tut niemand diese Leistung als »Glückssache« ab. Wenn wir sehen, dass jemand irgendetwas auf hervorragende Weise tut, erkennen und würdigen wir ein Meisterwerk. Wir wissen, dass einer so hervorragenden Leistung viele Wochen, Monate und sogar Jahre harter Arbeit und sorgfältiger Vorbereitung vorausgehen.

Beispiele: Die Basis für Spitzenleistungen

Mein Freund Og Mandino *hat mir einmal erzählt, dass viele Leute sagen, seine Bücher seien leicht zu lesen. Er erklärte mir, dass sie deshalb leicht zu lesen seien, weil es so harte Arbeit sei, sie zu verfassen. Er schreibe einzelne Absätze bis zu 15-mal um, bis er mit ihnen zufrieden sei.*

Mein guter Freund Nido Qubein, einer der besten Berufsredner in Amerika, investiert oft hundert Stunden Zeit in die Planung, Vorbereitung und Einübung einer einstündigen Rede, die er nur ein einziges Mal vor Publikum halten wird.
Wenn jemand, der im Verkauf arbeitet, seinen Markt und seine Chancen sorgfältig analysiert, Termine vereinbart und zuverlässig einhält, eine gute Beziehung zum Kunden aufbaut, sein Produkt oder seine Dienstleistung hervorragend präsentiert und dann mit dem Auftrag in der Tasche weggeht, kann niemand diese Leistung dem Glück zuschreiben. Das richtige Wort dafür ist »Meisterschaft«!

Neid und die »Glücksthese«

Heutzutage gibt es sehr viel Groll und Unmut gegenüber großen Leistungen. Angesichts massiver Konkurrenzkämpfe dauert es viele Jahre, bis jemand auf seinem Gebiet sehr, sehr gut ist und den Lohn für seine Leistungen ernten kann. Viele der Leute, die selbst nicht zu solchen Anstrengungen bereit sind, reagieren mit Neid auf das, was andere als Ergebnis ihrer harten Arbeit ernten. Sie behaupten dann, die Erfolgreichen hätten lediglich »Glück gehabt«, während sie selbst leider »kein Glück gehabt« hätten.

Doch Sie wissen, dass das nicht stimmt. Wir leben in einem Universum, das von Gesetzen beherrscht wird, nicht vom Chaos.

Es gibt für alles einen Grund. Und großer Erfolg – gleich, auf welchem Gebiet – ist vor allem das Ergebnis höherer Maßstäbe und besserer Leistungen.

Das ist schon die ganze Menschheitsgeschichte hindurch so gewesen und trifft heute auf jeder Ebene unseres Wirtschaftssystems noch mehr zu. Tatsache ist, dass der Markt nur für außergewöhnliche Leistungen einen außergewöhnlichen Lohn zahlt. Er zahlt einen durchschnittlichen Lohn für durchschnittliche Leistungen und einen unter dem Durchschnitt liegenden Lohn, Arbeitslosigkeit und Unsicherheit für Leistungen, die unter dem Durchschnitt liegen.

»Zivilisationskrankheiten«

In Amerika und den meisten Industrieländern unserer heutigen Welt grassieren zwei geistige Krankheiten: die »Etwas für nichts«-Krankheit und die »Schnelle Abhilfe«-Krankheit. Jede von ihnen kann verhindern, dass Sie Erfolg haben, und beide zusammen können sich katastrophal auswirken.

»Etwas für nichts«-Erwartungen

Unter der »Etwas für nichts«-Krankheit leiden Menschen, die glauben, mehr bekommen zu können, als sie hineinstecken. Sie glauben, dass sie eine Mark investieren und zwei Mark herausbekommen können. Sie sind ständig auf der Suche nach Möglichkeiten, sich zu bereichern, ohne den vollen Preis zu zahlen. Menschen mit der »Etwas für nichts«-Krankheit versuchen, die Grundgesetze des Universums außer Kraft zu setzen, die Gesetze vom Säen und Ernten, von Aktion und Reaktion, von Ursache und Wirkung.

Eines der großen Erfolgsprinzipien besagt, dass man nie auf Erfolg hoffen darf, wenn man versucht, universelle Gesetze außer Kraft zu setzen.

Wenn man gegen solche Gesetze verstößt, ist das so, als versuche man, das Gesetz der Schwerkraft aufzuheben. Sie kennen doch bestimmt die Geschichte von dem Mann, der von einem dreißig Stockwerke hohen Gebäude springt, um Selbstmord zu begehen. Als er am fünfzehnten Stock vorbeikommt, steckt jemand den Kopf aus dem Fenster und ruft: »Wie geht es denn?« Der auf die Erde zu stürzende Mann ruft zurück: »So weit, so gut!« Jeder, der versucht, mehr herauszubekommen, als er investiert hat, ist in der gleichen Situation. Kurzfristig mag alles gut gehen, doch tatsächlich steht ihm ein böses Erwachen bevor. Sorgen Sie dafür, dass Ihnen das nicht passiert!

Die »Schnelle Abhilfe«-Krankheit

Die zweite geistige Krankheit ist die »Schnelle Abhilfe«-Krankheit. Sie befällt Menschen, die nach schnellen, einfachen Wegen suchen, um wichtige Fertigkeiten zu entwickeln, die viele Monate und Jahre harter Arbeit erfordern können. Oder sie suchen nach einer Möglichkeit, ein Problem, das sich im Laufe ihres Lebens allmählich entwickelt hat, über Nacht zu lösen. Diese Leute fallen immer auf die neueste Methode, schnell reich zu werden, herein. Sie kaufen Lotterielose und beteiligen sich an Kettenspielen, sie erwerben Risikoanleihen und investieren in Dinge, von denen sie nicht die geringste Ahnung haben, die aber große und schnelle Gewinne versprechen. Oft verschwenden sie auf der Suche nach dem schnellen, leichten Erfolg viele Jahre harter Arbeit und ihre ganzen Ersparnisse.

Das Gesetz des Dienstes ist ein wichtiger Glücksfaktor. Es lautet: »Ihr Lohn wird immer gleich dem Wert Ihres Dienstes für andere sein.«

Das Universum befindet sich immer im Gleichgewicht. Sie werden stets herausbekommen, was Sie hineingesteckt haben. Wenn Sie einen höheren Lohn bekommen wollen, müssen Sie sich darauf konzentrieren, anderen mehr und bessere Dienste zu erweisen. Eine der besten Fragen, die Sie sich jeden Morgen stellen sollten, ist: »Wie kann ich heute den Wert meiner Dienste für meine Kunden erhöhen?«

Stellen Sie Ihre Kunden zufrieden!

Ihre Kunden verlassen sich darauf, dass Sie Ihre Arbeit tun. Von ihrer Zufriedenheit hängen Ihr Erfolg, Ihre Anerkennung und Ihre Fortschritte im finanziellen Bereich ab. Wer sind Ihre Kunden? Nun, Ihr Hauptkunde ist Ihr Chef. Es ist Ihre wichtigste Aufgabe, Ihren Chef dadurch zufrieden zu stellen, dass Sie immer das tun, was er gerade als Ihre wichtigste Aufgabe ansieht. Falls Sie im Management arbeiten, sind auch Ihre Mitarbeiter Ihre Kunden. Es ist Ihre Aufgabe, sie so zufrieden zu stellen, dass sie ihrerseits hervorragende Arbeit dabei leisten, die Menschen, denen sie Dienste erweisen sollen, zufrieden zu stellen. Falls Sie im Verkauf arbeiten oder Unternehmer sind, könnten die Leute auf dem Markt, die Ihre Produkte kaufen oder Ihre Dienstleistungen nutzen, Ihre wichtigsten Kunden sein.

Jeder große Erfolg, jedes große Vermögen stammt daher, dass der Betreffende seine Kunden *besser* mit dem bedient hat, was sie wollten und für das sie zu zahlen bereit waren, als irgendjemand anders es gekonnt hätte.

Der Ausspruch »Man bekommt nicht das, was man will, sondern das, was man verdient« trifft tatsächlich zu. Ihr Hauptziel im Leben sollte es sein, alles Notwendige zu tun, um tatsächlich die Vorteile und Belohnungen zu erhalten, die Sie sich wünschen. Jeder Versuch, etwas zu bekommen, was Sie nicht wirklich und wahrhaftig verdienen, ist von vornherein zum Scheitern verurteilt und führt letztendlich nur zu Frustration.

»Verdienen« kommt von »Dienst erweisen«

Der Stamm des Verbs *verdienen* ist ja mit dem Substantiv *Dienst* verwandt. Viele Menschen haben das unbestimmte, ungute Gefühl, dass sie es nicht verdienen, erfolgreich und wohlhabend zu sein. Tatsache ist aber, dass Sie alle Annehmlichkeiten verdienen, die das Leben Ihnen bietet, solange Sie sie auf ehrliche Weise durch den *Dienst* an anderen *verdienen*.

Es ist Ihre Aufgabe, die Ursachen zu schaffen – die Wirkungen werden sich dann von selbst einstellen.

Es ist Ihre Aufgabe, bei dem, was Sie tun, hervorragende Leistungen zu erbringen – dann werden Sie Ihren Lohn bekommen, und zwar als Ergebnis universeller Gesetze, nicht durch Glück.

Hohe Ziele und überdurchschnittliche Leistungen

Ehrgeizige Ziele setzen, zielstrebig und hartnäckig handeln

Der österreichische Managementautor *Peter Drucker* hat einmal geschrieben, selbst wenn jemand am Küchentisch eine neue Firma gründe, müsse sein Ziel die Marktführerschaft auf seinem Gebiet sein – sonst habe es keinen Zweck, überhaupt damit anzufangen. Wenn Sie lediglich die schnelle Mark verdienen oder von den Zinsen leben wollen, werden Sie nie besonders erfolgreich sein und schließlich vielleicht sogar vor dem Ruin stehen. Wenn es aber Ihr Ziel ist, eine Firma aufzubauen, die auf einem hart umkämpften Markt ein außergewöhnlich gutes Produkt oder eine außergewöhnlich gute Dienstleistung anbietet, und wenn Sie sich mit ungeheurer Zielstrebigkeit auf dieses Ziel konzentrieren, werden Sie Erfolge vorweisen können, die in Ihrer Branche vorher noch nie da gewesen sind. Wie Steve Jobs und Stephen Wozniak, die in einer Garage den ersten Apple-Computer entwarfen, können Sie dann sogar eine Weltfirma aufbauen.

Auch dann, wenn Sie keine große Firma aufbauen, ist es auf lange Sicht die beste Erfolgsgarantie, sich dem, was Sie tun, mit Ihrer ganzen Kraft zu widmen.

Es muss Ihr Ziel sein, beruflich zu den obersten zehn Prozent auf Ihrem Gebiet zu gehören, einer der Besten zu werden.

Ein niedrigeres Ziel ist Ihrer nicht würdig. Sie müssen dazu entschlossen sein, alle Hindernisse zu überwinden, alle Probleme zu lösen und jeden Preis zu zahlen, um auf Ihrem Gebiet an die Spitze zu gelangen.

Durch einen einfachen Test können Sie herausfinden, ob Sie auf dem richtigen Gebiet arbeiten: indem Sie Ihre Einstellung gegenüber herausragender Arbeit in diesem Bereich untersuchen, insbesondere Ihre Einstellung gegenüber den zur Zeit Allerbesten auf Ihrem Gebiet.

Mentale Übung: Ihre Einstellung zu Ihrem Arbeitsgebiet

Welche Leistungen in Ihrem Arbeitsbereich betrachten Sie als außergewöhnlich?

____

____

____

Welche Menschen zählen Sie zu den Spitzenreitern auf Ihrem Gebiet?

____

____

____

Wie würden Sie Ihre Einstellung zu diesen Leistungen und Menschen beschreiben?

Bewunderung	☐	Gleichgültigkeit	☐
Respekt	☐	Neid	☐
Ansporn	☐	Resignation	☐

Alle wirklich erfolgreichen Menschen empfinden tief in ihrem Innern Bewunderung und Achtung für diejenigen, die auf ihrem Gebiet die besten Leistungen bringen. Und da wir uns immer in die Richtung dessen bewegen, was wir ganz im Innern bewundern, sind die Spitzenleute auf allen Gebieten an die Spitze gelangt, weil sie diejenigen bewunderten, die vor ihnen zu den Topleuten zählten.

Die Spitzenleute als Vorbilder

Heute gibt es aber viele Berufstätige, denen es gar nicht darum geht, auf ihrem Gebiet an die Spitze zu kommen. Sie sind damit zufrieden, zur großen Masse zu gehören – wie durchschnittliche Läufer bei einem Marathonlauf. Sie halten sich eigentlich nicht für befähigt zu gewinnen, und es spielt für sie auch keine große Rolle. Sicherheit ist ihnen wichtiger als Erfolg. Und am schlimmsten ist es, wenn sie noch einen Schritt weitergehen und beginnen, an den erfolgreichen Leuten herumzumäkeln. Sie beklagen sich hinter deren Rücken über sie und weisen ständig auf ihre Fehler und Unzulänglichkeiten hin. Diese Einstellung vereitelt jeden Erfolg! Wer die Spitzenleute in einem Wirtschaftszweig kritisiert, wird niemals selbst an die Spitze gelangen.

Mitläufer und Neider

Auch *das Gesetz der Fähigkeit* ist ein wichtiger Glücksfaktor. Es besagt:

> **»Wenn man sich ein klares, eindeutiges Ziel setzen kann, dessen Erreichung man intensiv wünscht, hat man auch die Fähigkeit in sich, alles Notwendige zu tun, um dieses Ziel zu erreichen.« (Gesetz der Fähigkeit)**

Es ist ein seltsamer Aspekt von Glück und Erfolg, dass man sich etwas nicht längere Zeit wünschen kann, ohne die Fähigkeit zu haben oder zu entwickeln, es zu erreichen, wenn man lange und hart genug daran arbeitet.

Ziele und Fähigkeiten

> **Das Gesetz der Übung lautet: »Was man immer und immer wieder übt, wird schließlich eine neue Gewohnheit oder Fertigkeit.«**

Bear Bryant, der große Football-Trainer an der Universität von Alabama, sagte einmal: »Erfolg ist nicht das Ergebnis des Willens zu gewinnen. Den hat jeder. Großer Erfolg beruht auf der Bereitschaft, sich darauf vorzubereiten zu gewinnen.« Der einzige wirkliche Maßstab dafür, wie hoch Sie fliegen und wie weit Sie gehen können, steckt in der folgenden Frage: »Wie intensiv wollen Sie es?« Wenn Sie ein bestimmtes Fertigkeits- und Fähigkeitsniveau intensiv genug erreichen wollen und bereit sind, den Preis in Form von Anstrengungen und Opfern zu zahlen, dann müssen und werden Sie es schließlich tatsächlich erreichen.

In kleinen Schritten zum großen Erfolg

Alle außergewöhnlichen Leistungen sind das Ergebnis Tausender nicht außergewöhnlicher Leistungen, die niemand sieht oder anerkennt. Alle großen Leistungen sind das Ergebnis Hunderter, vielleicht sogar Tausender Stunden sorgfältiger Bemühungen, Vorbereitung und Übung, von denen kaum jemand etwas weiß. Wenn Sie diese Zeit und Mühe investieren, werden Sie das, was Sie sich wünschen, erreichen. Wenn Sie vorbehaltlos auf dieses Gesetz vertrauen, wird es funktionieren. Und je länger Sie warten müssen, desto größer wird schließlich Ihr Lohn sein.

Longfellow, der bedeutende amerikanische Dichter, schrieb einmal: *»Those heights by great men, won and kept, were not achieved by sudden flight. But they, while their companions slept, were toiling upward in the night.«* (Etwa: »Jene Höhen, die große Männer erklommen und verteidigten, wurden nicht dadurch erreicht, dass ihnen plötzlich Flügel wuchsen. Sie sind das Ergebnis harter Arbeit im Verborgenen, nachts, während die anderen schliefen.«) Heute würden wir sagen, dass erfolgreiche Menschen diejenigen sind, die hart an sich gearbeitet haben, während die anderen vor dem Fernseher hingen.

Wo stehen Sie jetzt?

Und woher wissen Sie, wie stark Sie schon auf den Erfolg vorbereitet sind? Das ist ganz einfach: Sehen Sie sich um! Die Gesetze vom Säen und Ernten, von Ursache und Wirkung, das Gesetz der Übereinstimmung und sogar das der mentalen Äquivalenz besagen alle, dass Ihre äußere Welt ein Spiegelbild Ihrer inneren sein wird. Die äußere Welt des bereits Erreichten wird also ein genaues Abbild Ihrer inneren Vorbereitung sein. Wenn Sie irgendwann mit Ihrer äußeren Welt der Ergebnisse und Erfolge nicht zufrieden sein sollten, brauchen Sie lediglich an sich selbst zu arbeiten und Ihre innere Welt entsprechend zu verändern.

In zweiten Kapitel habe ich Sie aufgefordert, zehn Ziele aufzuschreiben, die Sie in den nächsten zwölf Monaten erreichen wollen. Sie sollten dann eines dieser zehn Ziele auswählen, und zwar dasjenige, dessen Erreichung die positivsten Auswirkungen auf all Ihre anderen Ziele haben würde. Diese Übung möchte ich jetzt noch um einen weiteren Schritt ergänzen.

Was müssen Sie können?

Übung: Das Hauptziel konsequent anstreben

Sie haben sich für Ihren »Daseinszweck« entschieden – Ihr wichtigstes Einzelziel lautet:

Stellen Sie sich nun die folgende Frage: »Was muss ich absolut hervorragend können, um dieses Ziel zu erreichen?«

»An welchen Fertigkeiten, Fähigkeiten und Talenten muss ich arbeiten, um das wichtigste Ziel auf meiner Liste zu verdienen?« Notieren Sie Ihre Ideen:

Sie brauchen nicht nur eine Liste mit Zielen, sondern auch eine Liste mit Fertigkeiten. Schreiben Sie alle Fertigkeiten auf, die Sie haben müssen, um die Art von Leben zu genießen, die Sie sich am meisten wünschen.

Die »kritischen Erfolgsfaktoren«

An der Harvard University wurde ein wichtiges Konzept entwickelt: die *»kritischen Erfolgsfaktoren«*. Das sind diejenigen Fertigkeiten, die Sie unbedingt und absolut beherrschen müssen, wenn Sie auf Ihrem Gebiet erfolgreich sein wollen.

Es gibt nur selten mehr als fünf bis sieben kritische Erfolgsfaktoren. Und diese fünf bis sieben Faktoren kann man in allen Lebensbereichen ermitteln.

Wenn Sie im Verkauf oder im Management arbeiten, wenn Sie ein guter Vater oder eine gute Mutter sein wollen – immer gibt es fünf bis sieben entscheidende Erfolgsfaktoren. Auch wenn Sie selbstständig sind, wird es wahrscheinlich nicht mehr als fünf bis sieben Faktoren geben. In manchen Fällen sind sogar nur ein oder zwei Faktoren unbedingt und absolut für Erfolg oder Scheitern ausschlaggebend.

Erkennen Sie Ihre Erfolgsfaktoren!

Ihre stärkste, wirkungsvollste Fähigkeit ist die Fähigkeit zu denken. *Thomas Alva Edison* schrieb einmal: »Es gibt nichts, was der Durchschnittsmensch nicht auf sich nehmen wird, um der harten Arbeit des Denkens zu entgehen.« Damit Sie auf Ihrem Gebiet Hervorragendes leisten können, müssen Sie denken. Sie müssen die individuellen Fertigkeiten identifizieren, die Sie brauchen, um an die Spitze zu gelangen. Und der zentrale Punkt dabei ist:

Ihr schwächster kritischer Erfolgsfaktor bestimmt, wie gut Sie all Ihre anderen Fertigkeiten nutzen können!

Beispiele: Der schwächste Faktor und der Erfolg

Ich möchte Ihnen dazu einige einfache Beispiele geben: Wenn Sie in jeder Phase des Verkaufsprozesses absolut hervorragend sind außer bei der Akquisition neuer Kunden, wird diese Schwäche bestimmen, wie groß

Ihr Erfolg als Verkäufer und wie hoch Ihr Einkommen ist. Wenn Sie bei allen kritischen Erfolgsfaktoren außer beim Erzielen eines erfolgreichen Abschlusses hervorragend sind, wird diese eine Schwäche entscheidend für Ihren Umsatz sein. Wenn Sie Manager sind und jede Ihrer Aufgaben absolut beherrschen – außer zu delegieren, werden Sie auf Ihrem Gebiet niemals besonders erfolgreich sein. Auch wenn Sie auf allen Gebieten Ihrer Arbeit absolut hervorragend sind außer bei der Auswahl von wichtigen Mitarbeitern, wird diese eine Schwäche Sie bei jedem Schritt auf Ihrem Weg an die Spitze behindern.

Erkennen Sie Ihre Schwächen!

Natürlich fällt es niemandem leicht, offen und ehrlich zuzugeben, dass er in einem bestimmten Bereich nicht besonders gut ist. Und gerade die Bereiche, in denen wir schwach sind, mögen wir oft nicht besonders (so mögen die meisten Leute, die im Verkauf arbeiten, die Akquisition neuer Kunden nicht). Weil wir bestimmte Bereiche nicht mögen, meiden wir sie, so weit es geht – und werden darin immer schwächer. Bald fangen wir an, uns alle möglichen Erklärungen und Rechtfertigungen für unsere schlechte Leistung auszudenken. Wir machen den Markt verantwortlich, das Produkt und die Dienstleistungen, das Management, die Werbung und die Konkurrenz … . Wenn Sie sich nicht vorsehen, werden Sie schließlich allem und jedem in Ihrem Umfeld die Schuld geben – nur nicht sich selbst und Ihrer Schwäche bei jener speziellen Fertigkeit.

Einer der großen Glücksfaktoren ist zugleich eine der Schlüsselfragen für Erfolg:

Welche einzelne Fertigkeit hätte die stärksten positiven Auswirkungen auf Ihre Karriere, wenn Sie sie kontinuierlich entwickeln und immer wieder auf hervorragende Weise einsetzen würden?

Feedback als Erfolgsbasis

Wahrscheinlich werden Sie die Antwort auf diese Frage schon kennen, sobald Sie sie hören. Welche Fertigkeit ist das in Ihrem Fall? Falls Sie es nicht genau sagen können, sollten Sie die Menschen in Ihrem Umfeld danach fragen. Denken Sie daran: *»Feedback ist das Frühstück der Champions!«* Es ist praktisch unmöglich für Sie, besser zu werden, wenn Sie kein ehrliches, rückhaltloses Feedback von anderen bekommen, die Ihre Arbeit von außen sehen und Ihnen sagen, was sie sehen. Falls Sie im Verkauf arbeiten, können Sie Ihren Verkaufsleiter fragen, ob es eine Fertigkeit gibt, in der Sie schwach sind. Sie können ihn oder jemand anderen bitten, Sie bei Ihren Terminen zu begleiten und still dabeizusitzen, um Sie bei der Arbeit zu beobachten. Wir selbst können uns nun einmal längst nicht so klar sehen wie andere.

Konstruktive Kritik ertragen

Wenn wir wachsen wollen, müssen wir bereit sein, uns konstruktiver Kritik zu öffnen. Die meisten von uns sind im Hinblick auf ihre Schwächen einfach blind. Wenn uns jemand auf eine Schwäche hinweist, neigen wir dazu, wütend auf ihn loszugehen. Wir erklären, dass das nicht stimme! Wir behaupten beharrlich, dass wir in jenem Bereich schon gut oder zumindest besser als irgendein Dritter seien. Doch Sie müssen sich anders verhalten. Sie brauchen konstruktives Feedback, damit Sie immer besser werden können. Es ist Ihr Ziel, der Beste zu werden – auch, wenn das manchmal auf Kosten Ihres Selbstwertgefühls oder Ihres Stolzes geht. Lassen Sie es nicht zu, dass Eitelkeit oder eine schwache Selbstachtung verhindern, dass Sie erfahren, was Sie wissen müssten, um im Leben voranzukommen.

Schlüssel-Ergebnisbereiche

Eine Erweiterung des Konzepts der kritischen Erfolgsfaktoren sind die *»Schlüssel-Ergebnisbereiche«*. Ihre beruflichen Schlüssel-Ergebnisbereiche sind die spezifischen Ergebnisse, zu deren Erzielung man Sie eingestellt hat. Von Ihrer Leistung in diesen Bereichen hängen Ihre Bezahlung, Ihre Beförderung und Ihr Ansehen ab. Ohne die Fähigkeit, Ihre Schlüssel-Ergebnisbereiche klar zu identifizieren und sie nach ihrer Priorität zu ordnen, werden Sie es auf Ihrem Gebiet niemals zur Meisterschaft bringen.

Ihre Kernaufgaben im Beruf

Alle Leute, die wirklich »Glück haben«, sind sehr, sehr gut in ein oder zwei Dingen, die bei ihrer Arbeit den entscheidenden Unterschied ausmachen.

Einen Schlüssel-Ergebnisbereich kann man als ein bestimmtes Ergebnis definieren, für das man ganz allein verantwortlich ist.

Dieses Ergebnis ist messbar, und Sie haben die Kontrolle darüber. Wenn Sie es nicht erreichen, wird es unerreicht bleiben. Ein

Schlüssel-Ergebnisbereich ist zugleich ein Output Ihrer Arbeit und ein Input für die Arbeit von jemand anderem. Er ist für das Funktionieren der Firma unerlässlich. Wenn Sie beispielsweise im Verkauf arbeiten, besteht einer der Schlüssel-Ergebnisbereiche darin, einen erfolgreichen Abschluss zu erzielen. Wenn Ihnen das gelungen ist, wird der gesamte Auftrag ein Input für die Auftragsannahme, das Rechnungswesen, die Produktion, den Vertrieb und die Expedition. Wenn Sie den Auftrag nicht hereinholen, geht er Ihrer Firma ganz verloren; wenn Sie ihn aber hereinholen und Ihre Arbeit gut machen, beeinflussen Sie das Verhalten und die Leistung einer ganzen Reihe anderer Leute.

Selbst Maßstäbe setzen

Bei allen Schlüssel-Ergebnisbereichen gibt es irgendeinen Leistungsmaßstab. Es ist Ihre Aufgabe, in jedem Ihrer Schlüssel-Ergebnisbereiche durch hervorragende Leistungen Maßstäbe zu setzen. Daher müssen Sie sich unbedingt darüber im Klaren sein, was das wichtigste Ergebnis ist, das man von Ihnen als Beitrag zur Firma erwartet. Dann können Sie die Bereiche bestimmen, in denen Sie unbedingt und absolut hervorragend sein müssen.

Wofür werden Sie bezahlt?

Sie können Ihre Schlüssel-Ergebnisbereiche auch definieren, indem Sie sich die Frage stellen: »Für welche spezifischen Ergebnisse bekomme ich das meiste Geld?« Was ist der *genaue* Grund dafür, dass Sie auf der Gehaltsliste stehen?

Indem Sie Ihre Schlüssel-Ergebnisbereiche ermitteln und der Priorität nach ordnen, legen Sie selbst das Gleis für Ihre weitere Karriere.

Es ist Ihre Aufgabe, genug Disziplin aufzubringen, um in den ein oder zwei Dingen, nach denen andere Sie beurteilen und bewerten, wirklich sehr, sehr gut zu werden. Ihr gesamter beruflicher Erfolg wird auf hervorragenden Leistungen in den Schlüssel-Ergebnisbereichen basieren. Alle Ihre beruflichen Probleme werden durch ungenügende Leistungen in einem oder mehreren dieser Bereiche bedingt sein. Ermitteln Sie deshalb Ihre zentralen Ergebnisbereiche mithilfe der folgenden Übung.

Übung: Die Schlüssel-Ergebnisbereiche ermitteln

Schreiben Sie alle Leistungen auf, für die man Sie Ihrer Meinung nach eingestellt hat:

1. ______________________________

2. ______________________________

3. ______________________________

usw.

Gehen Sie dann mit dieser Liste zu Ihrem Chef und bitten Sie ihn, die einzelnen Leistungen ihrer Wichtigkeit nach zu ordnen. Fragen Sie ihn, was in seinen Augen die wichtigste Aufgabe ist, für die Sie eingestellt worden sind. Was ist die zweitwichtigste? Die unwichtigste?

Ihr Operationsplan für den Berufsalltag

Benutzen Sie diese Liste von nun an als Operationsplan. Bringen Sie sie durch Gespräche mit Ihrem Chef kontinuierlich auf den neuesten Stand. Achten Sie darauf, dass Sie kontinuierlich und konsequent an der Sache arbeiten, die nach Ansicht Ihres Chefs und Ihrer Firma der wertvollste Beitrag ist, den Sie leisten können. Und nehmen Sie sich dann fest vor, das sehr, sehr gut zu machen und immer noch besser zu werden.

Das Gesetz der Verbesserung in kleinen Schritten ist ein Schlüsselfaktor für das Glück aller erfolgreichen Menschen:

> **»Besser wird man durch einen kleinen Schritt nach dem anderen; hervorragende Leistungen und Meisterschaft auf einem bestimmten Gebiet sind ein langer, mühsamer Prozess kleiner Fortschritte, die für sich genommen jeweils kaum wahrnehmbar sein können.«**

Verbessern Sie sich ständig!

Als ich aufwuchs, hatte ich sehr wenig Selbstachtung und furchtbare Minderwertigkeitsgefühle. Ich hielt es damals nicht für möglich, dass ich auf irgendeinem Gebiet gut sein könnte. Ich bewunderte die Menschen, die in ihrem Bereich an der Spitze standen, und fühlte mich gleichzeitig minderwertig und unterlegen. Sie erschienen mir wie von einem anderen Stern, und ich kam zu dem Schluss, dass sie mit weit mehr Intelligenz, Fertigkeiten und Fähigkeiten gesegnet sein müssten als ich. Viele Jahre hindurch unterschätzte ich mich und gab mich mit einer mittelmäßigen Leistung zufrieden.

Entscheidend: der Glaube an sich selbst

Doch dann hatte ich eine Offenbarung: Mir wurde klar, dass jeder von uns die Fähigkeit hat, bei irgendetwas hervorragend zu sein. Und diese hervorragenden Leistungen sind eine Reise – man kann nicht über Nacht von der Mittelmäßigkeit zu Spitzenleistungen springen. Das ist vielmehr ein langer, langsamer Prozess, mit dem jeder anfangen und bei dem jeder schließlich das Ziel erreichen kann. Und der entscheidende Punkt ist: Jeder, der heute auf Ihrem Gebiet an der Spitze steht, war einmal ganz unten. Jeder, der die oberste Sprosse der Erfolgsleiter erklommen hat, stand einmal auf der untersten und kletterte dann Sprosse um Sprosse nach oben. Auch Sie können das schaffen, wenn Sie sich dazu entschließen.

Denken Sie daran, dass es keine Rolle spielt, woher Sie kommen – wichtig ist nur, wohin Sie gehen. Und Sie können alles lernen, was Sie brauchen, um jedes Ziel zu erreichen, das Sie sich setzen können.

Kaizen oder kontinuierliche Verbesserung

In den Fünfziger- und Sechzigerjahren revolutionierten die Japaner ihre durch den Krieg gebeutelte Wirtschaft durch das »Kaizen-Prinzip«. Das japanische Wort *Kaizen* bedeutet »kontinuierliche Verbesserung«. Im Grunde machten die Japaner das, wodurch schon der Schweizer Arzt *Emile Coué* erstaunliche Heilungserfolge erzielt hatte. Coué brachte seinen Patienten bei, zu sagen: »Es geht mir jeden Tag in jeder Hinsicht immer besser!« Die Japaner wendeten die gleiche Idee erfolgreich auf ihre Industrie an.

Optimierung des eigenen Arbeitsbereiches

Jeder, der bei einer japanischen Firma arbeitet, wird dazu aufgefordert, ständig nach Verbesserungsmöglichkeiten Ausschau zu halten. Von dort, wo Sie jetzt stehen, haben Sie wahrscheinlich die verschiedensten Möglichkeiten in Ihrem Blickfeld, Ihre Arbeit schneller und effizienter zu machen. Es ist Ihre Aufgabe, ständig nach neuen Ideen für Verbesserungen Ausschau zu halten – vor allem nach Möglichkeiten, dem Kunden einen besseren Service zu bieten – und diese Ideen dann auch in die Praxis umzusetzen.

Reichtum = Folge besonderer Produktivität

Heute spricht man viel über die »Reichen«, doch das ist das falsche Wort. Statt von den »Reichen« sollte man eigentlich von den »Produktiven« sprechen. Ein hohes Gehalt bekommt man nämlich nicht, weil man »reich« ist, sondern weil man besonders produktiv ist. Wir könnten diese Leute auch als »effizient«, »effektiv«, »hervorragend« oder »ungewöhnlich wertvoll« bezeichnen. Wir ziehen Reichtum an, indem wir ein Mensch werden, der Reichtum verdient. Und wenn man Ihnen eines Tages für das, was Sie tun, viel Geld bezahlt, wird das das Ergebnis von guter Planung sein – nicht etwa von Zufall oder Glück!

Mehr Gehalt durch Spitzenleistungen

Wollen Sie eine Gehaltserhöhung? Es ist leicht, eine zu bekommen – Sie brauchen lediglich bei dem, was Sie tun, sehr gut zu werden. Je besser Sie bei Ihrer Arbeit werden, desto größer ist die Wahrscheinlichkeit, dass man Ihnen mehr zahlen wird, damit Sie bei Ihrer Firma bleiben. Und falls Ihre jetzige Firma nicht bereit ist, Ihnen mehr zu zahlen, wird irgendeine andere Firma Ihnen mehr bieten. Dass eine andere Firma Sie abwirbt, weil Sie den Ruf haben, Ihre Arbeit hervorragend zu tun, ist sogar eine der besten Möglichkeiten, eine Gehaltserhöhung zu bekommen. Und das können Sie mir glauben: Jeder weiß, wer in den einzelnen Firmen die Spitzenleistungen bringt!

Headhunting: Hilfestellung für Ihre Karriere

Im Laufe der Jahre habe ich immer wieder mit Headhuntern und Personalberatern gearbeitet. An diese Leute wenden sich ständig Unternehmen, die gute Leute suchen. Sie führen Akten über die besten Leute in verschiedenen Firmen und halten diese Unterlagen immer auf dem neuesten Stand. Wenn jemand einen Spitzenmanager oder einen Spitzenverkäufer sucht, sehen sie in ihren Akten nach und fragen ihre Kontaktleute, wer die Spitzenleute auf dem derzeitigen Markt sind. Dann treten sie an die Betreffenden heran und versuchen, sie für ihre Klienten abzuwerben, indem sie ihnen mehr Geld bieten.

Jobangebote als Erfolgsindiz

Manchmal stelle ich meinem Publikum eine sehr schmerzhafte Frage: »Wie vielen von Ihnen ist in den letzten 30 Tagen ein Job angeboten worden?« Meist heben etwa 10 bis 15 Prozent der Zuhörer die Hand. Ich weise dann darauf hin, dass die Spitzenleute auf allen Gebieten ständig Angebote erhalten. Es ist, als hätten sie ein Magnetfeld aufgebaut, das neue und bessere Arbeitschancen anzieht. Headhunter, Personalberater und sogar Arbeitgeber rufen sie bei der Arbeit und auch zu Hause an. Ständig treten Leute an sie heran und versuchen, sie abzuwerben, indem sie ihnen mehr Geld und mehr Chancen bieten. Und in diesem Rennen müssen Sie mitlaufen, wenn Sie in unserer vom Konkurrenzkampf geprägten Wirtschaft Ihr Potenzial ganz ausschöpfen wollen.

Kleine Unterschiede – große Wirkung

Der Unterschied zwischen jemandem, der 25 000 Dollar im Jahr verdient, und jemand anderem, der 250 000 Dollar verdient, besteht nicht darin, dass die Fertigkeiten und Fähigkeiten, die Intelligenz oder die Arbeitszeit des einen die des anderen um das Zehnfache übersteigen. Oft resultieren enorme Unterschiede beim Einkommen und bei anderen Vorteilen aus einem ganz kleinen Unterschied bei der Leistung in den Bereichen der kritischen Erfolgsfaktoren.

Der Wille zum Erfolg

Welcher von beiden wären Sie gern, der hoch bezahlte Spitzenmann oder der viel schlechter bezahlte Mann, der die schlechtere Leistung liefert? Auch wenn die Antwort klar zu sein scheint, ist sie gar nicht so offensichtlich, wie Sie glauben. Wenn ich diese Frage stelle, sehe ich in den Gesichtern meiner Zuhörer oft Verwirrung. Und erst wenn ich sie viel lauter wiederhole, wachen plötzlich alle auf und sagen, dass sie lieber die am höchsten als die am schlechtesten bezahlte Person wären. Und dabei steckt einer der großen Glücksfaktoren in der Kraft der Entschlossenheit:

> **Menschen haben Erfolg, weil sie die klare, unzweideutige, unumstößliche Entscheidung getroffen haben, erfolgreich zu sein. Andere haben keinen Erfolg, weil sie diese Entscheidung niemals getroffen haben.**

Wenn Sie auf dem von Ihnen gewählten Gebiet große Leistungen bringen wollen, müssen Sie an sich selbst und an Ihrer Zukunft arbeiten. Die weitaus meisten Menschen schlendern durchs Leben. Sie wollen, dass die Dinge besser werden, und sie hoffen darauf, doch sie haben niemals einen klaren, eindeutigen Entschluss gefasst, selbst dafür zu sorgen.

Wendepunkt: die schriftliche Verpflichtung zum Erfolg

Im Laufe der Jahre habe ich mit Tausenden erfolgreicher Menschen gesprochen. Für jeden von ihnen war der Wendepunkt gekommen, als er eine klare, schriftlich festgehaltene Entscheidung getroffen hatte, auf seinem Gebiet der Beste zu werden. Und sobald Sie selbst diese Entscheidung für sich treffen, kommen all die mentalen Gesetze ins Spiel und fangen an, für Sie zu arbeiten. Sie beginnen, Ideen und Chancen für Ihre persönliche und berufliche Verbesserung anzuziehen. Sie kommen in Kontakt mit Menschen, die Ihnen durch Ratschläge und Empfehlungen weiterhelfen können. Auf Ihrem Schreibtisch und in Ihrem Briefkasten landen Bücher, Artikel und Kassetten, die Ihnen dabei helfen, besser zu werden. Sie finden Einladungen zu Seminaren und Kursen in Ihrer Post. Und je besser Sie werden, desto mehr Chancen bieten sich Ihnen, Ihre neuen Fertigkeiten und Fähigkeiten zu nutzen.

Einer der großen Erfolgsfaktoren ist die Macht der Liebe. *Das Gesetz der Liebe* lautet:

> **»Alles, was wir im Leben tun, tun wir entweder, um Liebe zu bekommen oder um das Fehlen von Liebe auszugleichen.« (Gesetz der Liebe)**

Liebe zur Sache und Erfolg

Daraus kann man ein Untergesetz ableiten: »Um wirklich erfolgreich und glücklich zu werden, müssen wir uns mit ganzem Herzen dem widmen, was wir am liebsten tun.« Wenn man das gewählte Gebiet nicht wirklich liebt und gerne dort arbeitet, wird man kaum entschlossen genug sein, sich auf die Reise zu hervorragenden Leistungen zu begeben, und wird selten beharrlich genug sein, sie nicht vorzeitig abzubrechen.

Um dem auf die Spur zu kommen, was Sie am liebsten tun würden, sollten Sie sich folgende Frage stellen: Wenn Sie morgen eine Million Mark gewinnen würden und beruflich alles tun könnten, was Sie wollen – was würden Sie dann machen wollen? Anders ausgedrückt: Wenn Sie die nötige Zeit und das nötige Geld hätten und sich eine Arbeit aussuchen könnten – was würden Sie dann am liebsten machen?

Etwas für andere tun

Die wirklich erfolgreichen Leute in der heutigen, von Konkurrenzkämpfen geprägten Welt sind Männer und Frauen, die sich mit ganzem Herzen einer Sache widmen, die ihnen sehr wichtig ist, die ihrer Ansicht nach etwas in der Welt verändert. Es liegt in der menschlichen Natur, dass wir nur dann wirklich glücklich und erfolgreich sind, wenn wir das Gefühl haben, etwas zu tun, das anderen auf irgendeine Weise nützt. Dieser nach außen gerichtete Blick, die Einstellung, dass es darum geht, etwas für andere zu tun, ist ein gemeinsames Kennzeichen aller hoch bezahlten und Spitzenleistungen vollbringenden Menschen in unserer Gesellschaft.

Was wollen Sie im Leben anderer bewirken? Wem wollen Sie nützen, wen wollen Sie reicher machen, und wie wollen Sie das tun?

Welche Aktivitäten gegenüber anderen geben Ihnen die höchste Selbstachtung, den größten Stolz? Durch welche Leistungen haben Sie in der Vergangenheit am stärksten das Gefühl bekommen, wichtig zu sein? Was tun Sie lieber als alles andere?

Was reizt Sie besonders?

Jemand hat einmal gesagt, das Leben sei die Beschäftigung mit der Aufmerksamkeit. Unser Leben verläuft meist in Richtung jener Dinge, die unsere Aufmerksamkeit besonders auf sich ziehen. Eine Möglichkeit, die für Sie richtige berufliche Tätigkeit herauszufinden, besteht darin, in Ihre Vergangenheit zu blicken. Machen Sie einfach die folgende Übung.

Übung: Wo liegen Ihre beruflichen Stärken?

Um herauszufinden, welche berufliche Tätigkeit Ihnen besonders liegen würde, stellen Sie sich die folgenden Fragen:

1. Auf welche Fertigkeiten und Fähigkeiten sind Ihre bisherigen Erfolge vor allem zurückzuführen?
2. Welche Dinge haben Sie immer recht leicht gefunden, obwohl sie anderen oft schwer fielen?
3. Welche Fächer haben Sie in der Schule am meisten fasziniert?
4. Welche Tätigkeiten haben Ihnen besonders viel Spaß gemacht?

Denken Sie auch über Ihre derzeitige Arbeit nach:

1. Welcher Teil bringt Ihnen die größte Freude und Zufriedenheit?
2. Bei welcher Aktivität sind Sie am besten und leisten den wertvollsten Beitrag?
3. Für welchen Teil Ihrer Arbeit würden Sie sich entscheiden, wenn Sie den ganzen Tag lang, von morgens bis abends, immer das Gleiche tun könnten oder müssten?

Lebenslanges Lernen und neue Karrieren

Da die Welt sich heute so schnell verändert, werden Sie im Laufe Ihres Erwerbslebens wahrscheinlich eine ganze Reihe von Jobs und Karrieren haben. Sie dürften sich alle paar Jahre verändern, entweder innerhalb Ihrer Firma, durch Firmenwechsel oder sogar durch den Wechsel in eine andere Branche. Ihre derzeitigen Fertigkeiten und Ihr jetziges Wissen werden veralten, Sie werden sich neues Wissen aneignen und neue Fertigkeiten entwickeln müssen, um mit den Veränderungen Schritt zu halten.

Eine wichtige Frage, die Sie sich stellen müssen, lautet: »Was wird mein nächster Job sein?« Dann können Sie noch einen Schritt weiter gehen und sich fragen: »Was wird meine nächste Karriere sein?« Und die wichtigste Frage überhaupt ist: »Was muss ich absolut hervorragend tun können, um mir einen hohen, noch zunehmenden Lebensstandard zu sichern?«

Schaffen Sie sich Ihre eigene Zukunft

Wer nicht für seine Zukunft plant, hat keine! Und die beste Methode, die Zukunft vorauszusagen, besteht darin, sie sich selbst zu erschaffen. Da Sie in Zukunft ohnehin öfter die Stelle wechseln müssen, können Sie jetzt anfangen, Ihren idealen Job oder Ihre ideale Position zu definieren. Sie können sich überlegen, was Sie wirklich gern tun. Dann können Sie einen Plan entwickeln, um bei dem, was Sie am liebsten tun, wirklich hervorragend zu werden. Und denken Sie daran: Sie müssen das selbst tun, denn es wird niemand anders für Sie machen.

Arbeit an sich selbst: Die Mühe lohnt sich!

Manche Menschen glauben, dass sie viele Monate oder gar Jahre brauchen würden, um in einem ihrer kritischen Erfolgsfaktoren hervorragende Fähigkeiten zu erlangen. Deshalb verlieren sie den Mut und geben auf, bevor sie überhaupt angefangen haben. Oft kann man eine Fertigkeit in einem schwachen Bereich aber schon in wenigen Monaten oder sogar Wochen deutlich verbessern. Sie werden diese Fertigkeit von da an auf einem immer höheren Level beherrschen, und Sie können sie viel besser mit all Ihren anderen Fertigkeiten kombinieren. Im Laufe der Zeit werden Sie die zusätzlichen Anstrengungen und Opfer vergessen, die Sie auf sich genommen haben. Die Vorteile werden Sie jedoch immer genießen können.

Auch *das Gesetz der Verbesserung* ist ein ganz wichtiger Glücksfaktor. Es lautet:

> **»Ihr Leben wird nur dann besser werden, wenn Sie selbst besser werden.« (Gesetz der Verbesserung)**

Dieses Gesetz ist sehr einfach. Zusammen mit dem Gesetz der Übereinstimmung besagt es, dass jeder Teil Ihres Lebens nur dann besser werden kann, wenn Sie selbst dazu beitragen. Wenn Sie wollen, dass Ihre Verkaufszahlen besser werden, müssen Sie ein besserer Verkäufer werden. Wenn Sie wollen, dass Ihre Mitarbeiter besser werden, müssen Sie ein besserer Manager werden. Wenn Sie wollen, dass Ihre Kinder besser werden, müssen Sie ein besserer Vater oder eine bessere Mutter werden. Sie können jeden Teil Ihrer äußeren Welt verbessern, wenn Sie gewissenhaft daran arbeiten, Ihre Fertigkeiten, Ihre Fähigkeiten und Ihre Einstellung in diesem Bereich zu verbessern.

Planvoll und hartnäckig zum Erfolg

Wenn Sie die ein oder zwei kritischen Fertigkeiten ermittelt haben, die Sie entwickeln müssen, sollten Sie sie schriftlich festhalten, einen Plan für ihre Erreichung machen und an die Arbeit gehen. Dann müssen Sie weitermachen, egal, wie lange es dauert. Sie werden Geduld brauchen, aber Rom wurde ja auch nicht an einem Tag erbaut.

So werden Sie den verdienten Lohn bekommen, und die Anerkennung und Bewunderung aller Menschen in Ihrer Umgebung werden Ihnen gewiss sein. Die Leute werden zu Ihnen sagen, dass Sie doch großes Glück gehabt hätten, weil Sie gerade dieses Gebiet gewählt oder gerade jene Fertigkeit gewählt haben. Sie aber werden wissen, dass Glück nichts damit zu tun hatte!

Kapitel 5
Die Macht der Persönlichkeit

Sympathische Menschen kommen weiter

Schneller zum Ziel

Wenn jemand schneller vorankommt als andere, heißt es oft, er habe Glück. Immer wenn jemand auf seinem Gebiet bis zur Spitze vordringt, führen diejenigen, die das nicht schaffen, seinen Erfolg auf glückliche Zufälle zurück. Sie wissen es inzwischen besser und sollten die Gesetze des Glücks, über die ich in diesem Buch spreche, vor allem deshalb einsetzen, weil Sie dann viel schneller und leichter das erreichen, was Sie wollen, als wenn Sie Ihr ganzes Leben in herkömmlicher Weise dafür arbeiten würden.

Seien Sie sympathisch!

Einer der stärksten, wirkungsvollsten aller Glücksfaktoren, derjenige, der über Ihr ganzes Leben entscheidet, liegt vielleicht in Ihrer Persönlichkeit, in Ihrer Einstellung gegenüber der Welt und allen Menschen, die Sie kennen. *Das Gesetz des Mögens* lautet:

> **»Je mehr Menschen Sie mögen, desto mehr werden diese von Ihnen beeinflusst und desto mehr werden sie Ihnen dabei helfen, Ihre Ziele zu erreichen.« (Gesetz des Mögens)**

Auf allen Gebieten sind die beliebtesten Leute meist auch die erfolgreichsten. Bei fast allem, was wir tun, besteht ein enger Zusammenhang zwischen Erfolg und einer positiven mentalen Einstellung. Wenn Sie ein wirklich positiver, optimistischer Mensch werden, wird man Ihnen Türen öffnen, die den meisten anderen verschlossen bleiben.

Ratio oder Emotion?

Wir Menschen sind vor allem emotionale Wesen. Wir treffen unsere Entscheidungen mit dem Herzen und rechtfertigen sie dann mit dem Kopf. Wir werden in allen Situationen, besonders bei der Interaktion mit anderen, fast ganz von unseren Gefühlen beherrscht. Wie hoch wir steigen, hängt nicht von unseren Fähigkeiten ab, sondern von unserer Einstellung. Wenn Sie einen kontinuierlichen Strom von günstigen Umständen erfahren wollen, müssen Sie eine Einstellung entwickeln, die Wärme und Zuversicht ausstrahlt und überall, wo Sie hingehen, Menschen anzieht.

Einstellung und Ausstrahlung

Der Persönlichkeitstrainer und überaus erfolgreiche Redner *Earl Nightingale* hat das Wort »Einstellung« als wichtigstes Wort in allen Sprachen bezeichnet. Ihre Einstellung ist die emotionale Art und Weise, in der Sie Menschen oder Situationen gegenübertreten. Sie ist das, was andere schon im ersten Augenblick an Ihnen wahrnehmen. Sie strahlen diese Einstellung aus, und zwar durch Ihren Gesichtsausdruck, Ihren Tonfall und Ihre Körpersprache. Die Menschen in Ihrer Umgebung werden sofort dadurch beeinflusst und reagieren fast augenblicklich. Wenn Sie ein positiver, angenehmer und liebenswerter Mensch sind, antworten die Leute darauf, indem sie ebenfalls positiv, angenehm und liebenswert reagieren.

Beispiele: Wer ist angenehmer?

Stellen Sie sich vor, dass zwei Menschen kurz nacheinander bei derselben Firma vorsprechen. Der eine ist freundlich und optimistisch, der andere unglücklich und unsicher. Welcher der beiden wird wohl zum möglichen Kunden vorgelassen? Wenn Sie selbst beim Kauf eines Produkts oder einer Dienstleistung oder bei anderen Geschäften die Wahl zwischen einem positiven und einem negativen Menschen hätten, für welchen würden Sie sich dann entscheiden?

Schlüsselqualifikation: mit anderen auskommen

Die Fähigkeit, gut mit anderen auszukommen und zusammenzuarbeiten und ein gutes Teammitglied zu sein, ist einer der Faktoren, auf den die wichtigsten Arbeitgeber besonders viel Wert legen. Immer wieder haben Untersuchungen ergeben, dass die

Unfähigkeit, mit anderen auszukommen, der häufigste Entlassungsgrund ist. Auch in einer Rezession trennen die Firmen sich zuerst von den negativen Leuten. Die positiven, die mit allen gut auskommen, müssen – wenn überhaupt – erst als Letzte gehen. Und wenn sie schließlich doch entlassen werden, sind sie die Ersten, die wieder eingestellt werden, entweder von ihrem vorherigen Arbeitgeber oder von jemand anderem.

Wer gemocht wird, kommt weiter

Eine der besten Methoden, sich ein großartiges Leben zu sichern, besteht darin, von allen, mit denen Sie bei der Arbeit zu tun haben, gemocht und geschätzt zu werden. Dann werden Sie mehr Chancen und mehr Geld bekommen, Sie werden häufiger befördert werden, und man wird Ihnen mehr Verantwortung übertragen. Aufgrund Ihrer positiven mentalen Einstellung werden die Menschen um Sie herum – über Ihnen, unter Ihnen und auf der gleichen Ebene – sich wünschen, dass Sie Erfolg haben, und deshalb werden sie alles tun, was in ihrer Macht steht, um Ihnen zu helfen.

> **Menschen mit einer positiven Einstellung können in zwei oder drei Jahren mehr Fortschritte machen als Menschen mit einer negativen Einstellung in zehn oder zwanzig Jahren.**

Welches Bild wollen Sie vermitteln?

Wir alle kaufen gern von Leuten, in deren Gegenwart wir uns wohl fühlen, und wir alle arbeiten gern mit solchen Leuten zusammen. Deshalb ist es ungeheuer wichtig, dass Sie Ihre Gedanken und Gefühle voll im Griff haben und immer darauf achten, dass Ihre Einstellung mit dem Bild in Einklang steht, das Sie den Menschen in Ihrer Umgebung von sich vermitteln wollen.

Das Gesetz der Selbstachtung ist ein ganz wichtiger Glücksfaktor. Es lautet:

> **»Je mehr Sie sich selbst mögen, achten und schätzen, desto mehr werden Sie auch andere Menschen mögen, achten und schätzen, und desto mehr werden die anderen wiederum Sie mögen, achten und schätzen.« (Gesetz der Selbstachtung)**

Das ist eine Variante des Gesetzes der Übereinstimmung, das ja besagt, dass Ihre äußere Welt ein genaues Spiegelbild Ihrer inneren Welt sein wird.

Eine positive Einstellung

Mentale Fitness

Mentale Fitness ist körperlicher Fitness sehr ähnlich. Man kann mental fit werden, indem man jeden Tag mit seinem Verstand arbeitet, genauso, wie man körperlich fit werden kann, indem man regelmäßig ins Fitnessstudio geht. Man kann mehr Selbstachtung, mehr Selbstvertrauen und eine positive Persönlichkeit aufbauen, indem man sich auf Erfolg programmiert. Wenn man körperlich besonders fit und energiegeladen bleiben will, isst man jeden Tag gesunde, nahrhafte Kost. Wenn man fröhlich, optimistisch und beschwingt bleiben will, muss man seinem Kopf jeden Tag die richtige mentale »Nahrung« zuführen. Über viele Bestandteile Ihres mentalen Fitnessprogramms habe ich ja schon gesprochen. Einige davon möchte ich hier noch einmal durchgehen.

Übernehmen Sie die Verantwortung für Ihr Leben!

Um die negativen Gefühle wie Wut, Neid, Groll und Selbstmitleid auszuschalten, entscheiden Sie sich bewusst dafür, die volle Verantwortung für alles, was Sie sind, und für alles, was Sie sein werden, zu übernehmen. Sie versuchen nicht, sich Ausreden auszudenken oder die Schuld auf jemand anderen zu schieben. Sie betrachten sich selbst als die schöpferische Hauptkraft in Ihrem Leben. Sie erkennen, dass Sie aufgrund Ihrer eigenen früheren Entscheidungen da stehen, wo Sie stehen, und das sind, was Sie sind – denn Sie sind derjenige, der diese Entscheidungen getroffen hat.

Sie nehmen Ihr zukünftiges Leben selbst in die Hand, indem Sie sich als Herr der Veränderungen sehen, nicht als deren Opfer.

Sie beklagen sich nie und versuchen auch nie, etwas zu erklären. Falls irgendein Teil Ihres Lebens Ihnen nicht zusagt, werden Sie aktiv und tun etwas dagegen. Sie lassen aber nicht zu, dass negative Gefühle Ihre Persönlichkeit beeinflussen oder Ihren Blick trüben.

Zielstrebigkeit und Eigenverantwortung

Sie haben sich in allen wichtigen Bereichen Ihres Lebens klare, eindeutige Ziele gesetzt und sie aufgeschrieben. Sie haben sich die Zeit genommen, schriftliche Aktionspläne für die Erreichung Ihrer Ziele zu entwickeln. Sie arbeiten jeden Tag an Ihren Hauptzielen. Sie sind durchdrungen von einem Gefühl der Vorwärtsbewegung und des Vorankommens, das Sie mit Energie, Begeisterung und Erregung erfüllt. Sie sind so damit beschäftigt, an den Dingen zu arbeiten, die wichtig für Sie sind, dass Sie gar keine Zeit haben, über die Dinge in Ihrem Leben nachzugrübeln, die vielleicht nicht perfekt sind. Dass Sie die volle Verantwortung übernommen und einen klaren schriftlichen Plan für Ihr Leben aufgestellt haben, gibt Ihnen ein Fundament, auf dem Sie so hoch bauen können, wie Sie wollen.

Ein Leben im Zeichen des Erfolgs

Sie haben erkannt, dass Wissen und Fertigkeiten die Schlüssel für die Zukunft sind. Sie wissen, dass persönliche Meisterschaft auf Ihrem Gebiet für Erfolg, gute Leistungen und das, was man Glück nennt, unverzichtbar ist. Sie haben einen Plan für Ihre persönliche und berufliche Entwicklung, zu dem es gehört, jede Gelegenheit zu ergreifen, um Ihr Wissen, Ihr Bewusstsein und Ihre Fähigkeiten zu erweitern. Je besser Sie in dem werden, was Sie tun müssen, um Ihre Ziele zu erreichen, desto stärker und positiver fühlen Sie sich. Sie wissen, dass Erfolg weder Zufall noch »Glück« ist. Sie sind entschlossen, ständig über die Dinge nachzudenken, die Sie haben *wollen*, und *nicht* über die Dinge, die Sie nicht haben wollen.

Mentale Programmierung

Es gibt mehrere sehr wirksame und bewährte Techniken zur mentalen Programmierung, die Sie den ganzen Tag über benutzen können, um Ihre positive Einstellung aufzubauen und anschließend zu verstärken. Die erste dieser Techniken beruht auf dem *Gesetz der Affirmation*, über das ich schon gesprochen habe. Es lautet:

> **»Alle starken Affirmationen, die Sie bewusst und beständig an sich selbst richten, wird Ihr Unterbewusstsein bald als Befehle akzeptieren.« (Gesetz der Affirmation)**

Sie wissen ja, dass alles, was Ihr Unterbewusstsein akzeptiert, über kurz oder lang in der Welt um Sie herum Realität wird (Gesetz von der Aktivität des Unterbewusstseins). Ihr Gespür für Menschen, Ideen und Chancen, die Ihnen bei der zunehmend rascheren Aktivierung Ihres eigenen Potenzials helfen können, wird immer mehr geschärft.

Ganze 95 Prozent unserer Gefühle werden durch die Art bestimmt, wie wir mit uns selbst sprechen. *Dr. Martin Seligman* von der Universität von Pennsylvania nennt das den »Erklärungsstil«.

Ihre Gefühle im Hinblick auf Ihre Welt und auf das, was um Sie herum vorgeht, hängen größtenteils davon ab, wie Sie mit sich selbst sprechen und sich die Dinge erklären.

Wenn wir uns nicht bewusst dazu zwingen, über die Dinge nachzudenken und zu reden, die wir haben wollen, neigt unser Verstand von Natur aus dazu, sich eher mit den Dingen zu beschäftigen, über die wir beunruhigt oder wütend sind. Deshalb müssen Sie das Steuer Ihres eigenen Lebens fest in den Händen halten und Ihre Gedanken darauf konzentrieren, wohin Sie sich bewegen – sonst werden Sie im Graben der Depressionen und der Negativität landen, in dem sich die meisten Menschen wiederfinden.

Positive Selbstgespräche steigern Ihr Potenzial

Positive Selbstgespräche, positive Affirmationen sind der Schlüssel. Durch positive Affirmationen wird Ihr Potenzial grenzenlos. Durch positive Selbstgespräche können Sie sich zu dem Menschen machen, der Sie sein wollen, sodass Sie die Ziele erreichen können, die Sie sich gesetzt haben. Sie können Selbstachtung aufbauen, indem Sie sich immer wieder sagen: »Ich mag mich! Ich mag mich! Ich mag mich!«

»Eigenliebe« als Basis der Sympathie

Wenn Sie das zum ersten Mal tun, werden Sie sich dabei wahrscheinlich etwas merkwürdig vorkommen. Psychologen sprechen in diesem Zusammenhang von *»kognitiver Dissonanz«*. Sie beruht darauf, dass neue, positive Botschaften auf eine alte, negative Botschaft prallen, die man aufgrund früherer Erfahrungen akzeptiert hat. Wenn Sie die positive Affirmation »Ich mag mich!« aber oft genug wiederholen, wird Ihr Unterbewusstsein schließlich akzeptieren, dass Sie sich wirklich mögen und akzeptieren, und Ihre Persönlichkeit wird sich entsprechend ändern. Und Sie wissen ja: Je mehr Sie sich selbst mögen, desto mehr mögen Sie auch andere. Und je mehr Sie andere mögen, desto mehr mögen die anderen Sie und wollen mit Ihnen zusammenarbeiten. Doch den Anfang müssen Sie machen! Machen Sie deshalb die folgende kleine Übung.

Mentale Übung: Positive Affirmation

Sagen Sie sich immer wieder: »Ich bin der (die) Beste! Ich mag mich! Ich bin der Beste!« Immer, wenn Sie an sich selbst und an Ihre Arbeit denken, müssen Sie sich dies mit starken, positiven Worten sagen. Zuerst wird Ihnen das etwas merkwürdig vorkommen, doch nach einer Weile wird dieses Gefühl nachlassen. Beginnen Sie jeden Tag damit, dass Sie sich sagen: »Ich fühle mich glücklich! Ich fühle mich gesund! Ich fühle mich großartig!«
Wenn Sie gefragt werden, wie die Dinge stehen, sollten Sie immer positiv antworten. Sagen Sie: »Prima!« Oder: »Alles läuft ganz hervorragend!«
Sprechen Sie so über sich selbst und Ihr Leben, wie Sie es sich wünschen, nicht so, wie es im Augenblick ist. Denken Sie daran: Bevor Sie etwas tatsächlich genießen können, müssen Sie erst Ihr Unterbewusstsein davon überzeugen, dass Sie es schon haben.

Steuern Sie Ihr Unterbewusstsein!

Ihr Unterbewusstsein, das die Kontrolle über Ihre Einstellung, Ihre Persönlichkeit, Ihre Körpersprache, Ihre Gefühle und das Ausmaß Ihrer Begeisterung, Erregung und Energie hat, kann nicht selbst denken oder entscheiden. Es nimmt lediglich Anweisungen entgegen. Man kann sich das so vorstellen, dass Ihr Bewusstsein der Gärtner ist und Ihr Unterbewusstsein der Garten. Sie können Blumen pflanzen oder auch Unkraut – beides wird wachsen. Wenn Sie aber keine Blumen pflanzen, wird Ihr Garten allmählich von Unkraut überwuchert werden.

Einer der stärksten Glücksfaktoren liegt im *Gesetz der Ersetzung*. Mir haben schon viele Menschen erzählt, dass sich ihr ganzes Leben änderte, nachdem sie dieses einfache Gesetz verstanden hatten.

»Unser Bewusstsein kann immer nur einen Gedanken aufnehmen und wir können diesen Gedanken auswählen. Sie können also jederzeit einen negativen Gedanken durch einen positiven ersetzen, wenn Sie das wollen.« (Gesetz der Ersetzung)

Wie Sie sich in irgendeinem Augenblick fühlen, wie Sie denken, handeln oder reagieren, ist das Ergebnis einer Wahl, die Sie getroffen haben. Wenn Sie glücklich oder unglücklich sind, wütend oder heiter, begeistert oder niedergeschlagen, haben Sie sich *entschlossen*, sich so zu fühlen. Es ist immer eine Frage der Wahl, und die Entscheidung liegt immer bei Ihnen!

Konzentrieren Sie sich auf positive Botschaften!

Durch positive Affirmationen können Sie dafür sorgen, dass Ihr Verstand auf positive Botschaften konzentriert bleibt, die Ihr Leben und Ihre ganze Einstellung sich selbst und anderen gegenüber verbessern. Sie können das Gesetz der Ersetzung auch benutzen, um negative Gedanken auszuschalten, indem Sie stattdessen an Ihre Ziele denken.

Verbannen Sie negative Gedanken!

Der Sufi-Meister *Izrat Khan* hat einmal geschrieben: »Das Leben ist eine kontinuierliche Folge von Problemen.« In diesem Augenblick, während Sie dieses Buch lesen, ist Ihr Leben voll ganz verschiedener großer und kleiner Probleme. Und wenn Sie sich nicht vorsehen, werden diese Probleme in Ihr Bewusstsein strömen, es ganz ausfüllen und Sie ständig beschäftigen. Je mehr Sie aber über Ihre Probleme nachdenken, desto negativer, deprimierter und wütender werden Sie. Dieser ganz natürlichen Neigung können Sie jedoch entgegenwirken, indem Sie an Ihre Ziele denken. Immer, wenn etwas passiert, das Sie wütend macht, können Sie den negativen Gedanken dadurch ausschalten, dass Sie an Ihr Ziel denken. Wiederholen Sie dieses Ziel in einer einfachen Ich-Aussage – sagen Sie »Ich will ...«. Benutzen Sie diese Selbstgespräche, um Ihren Verstand von den Dingen fern zu halten, die Sie *nicht* wollen.

Richten Sie den Blick nach vorn!

Sie können das Gesetz der Ersetzung auch noch auf andere Weise benutzen, um sich eine positive, optimistische Einstellung zu bewahren: indem Sie nicht an die Vergangenheit denken, sondern an die Zukunft. Immer, wenn Sie irgendein Problem haben, sollten Sie sich dazu zwingen, damit aufzuhören, über dieses Problem nachzudenken, es immer wieder durchzukauen und einen Schuldigen zu suchen, und stattdessen über eine Lösung und Ihre nächsten Schritte nachdenken. Sobald Sie anfangen, über Lösungen und Ihre nächsten Schritte nachzudenken, wird Ihr Kopf sehr schnell ruhig, klar und positiv.

Sorgen richten sich auf Vergangenes

Negatives Denken beinhaltet fast immer, dass Sie sich mit einem Ereignis oder einem Umstand aus der Vergangenheit beschäftigen. Positives Denken resultiert daraus, dass Sie über Ihre Ziele und die konkreten Maßnahmen nachdenken, die Sie jetzt ergreifen könnten, um sich schneller auf diese Ziele zuzubewegen. Eines der besten Mittel gegen Sorgen oder eine negative Einstellung besteht darin, sich so intensiv mit etwas anderem, Wichtigem zu beschäftigen, dass Sie gar keine Zeit mehr für Ihre Sorgen haben.

Positive Visualisierung

Ein anderer Schlüsselfaktor der mentalen Programmierung ist positive Visualisierung. Dabei füttert man den Verstand mit einem kontinuierlichen Strom positiver Bilder, die im Einklang mit der Art von Mensch stehen, die man sein will, und in Übereinstimmung mit dem Leben sind, das man führen will.

Jede Verbesserung in Ihrem Leben muss mit einer Verbesserung bei Ihren mentalen Bildern beginnen.

Wenn man unglückliche Menschen danach fragt, worüber sie die meiste Zeit nachdenken, wird die Antwort keine Überraschung sein: über ihre Probleme, ihre Rechnungen, ihre negativen Beziehungen und all die Rückschläge und Hindernisse in ihrem Leben. Wenn man dagegen mit erfolgreichen, glücklichen Menschen spricht, stellt sich heraus, dass sie die meiste Zeit über das nachdenken, was sie sein, haben und tun wollen.

Mentale Bilder als Befehle ans Unterbewusstsein

Ihre mentalen Bilder sind wie Ihre Affirmationen. Ihr Unterbewusstsein akzeptiert sie als Befehle und geht dann daran, sie Realität werden zu lassen. Das Problem der meisten Menschen ist, dass sie am Morgen darüber nachdenken, wie viel Geld sie verdienen wollen, und am Nachmittag darüber, wie wenig Geld sie haben. Abends gehen sie dann nach Hause und machen sich

Sorgen wegen ihrer Rechnungen. Sie schicken ihrem Unterbewusstsein also ständig widersprüchliche Botschaften. Das ist so, als ob man einem Taxifahrer an jeder Ecke andere Anweisungen geben würde, und deshalb gelangen sie nie irgendwohin.

Um Glück zu haben, müssen Sie das Gesetz der Anziehung vollständig aktivieren und so aus allen Richtungen Menschen und Umstände anziehen, die Ihnen helfen können, schneller voranzukommen.

Wenn Sie an das denken, was Sie haben wollen, und das, was Sie nicht haben wollen, aus Ihren Gedanken fern halten, werden Sie immer mehr Glück haben.

Ich habe es im Laufe der Jahre als sehr hilfreich empfunden, mir Zeitschriften zu kaufen, die voller Bilder von den Dingen waren, die ich in meinem Leben haben wollte. Als meine Frau und ich darüber sprachen, in was für einem Haus wir wohnen wollten, kauften wir uns alle Zeitschriften, in denen schöne Häuser beschrieben wurden. An den Wochenenden sahen wir uns Häuser in teuren Gegenden an, gingen durch alle Zimmer und dachten über das nach, was uns gefiel. Auf unseren Spaziergängen sprachen wir ununterbrochen darüber, wie unser Traumhaus aussehen würde. Wir stellten mit großer Sorgfalt Listen zusammen und diskutierten unsere Bedürfnisse, die damaligen ebenso wie die zukünftigen. Es wird Sie nicht überraschen, dass wir schon nach recht kurzer Zeit ein Haus fanden, das in jeder Hinsicht perfekt für uns war. Doch mit Glück hatte das nichts zu tun!

Die Kraft der Emotionen

Triebfeder: Gefühle

Neben den Prozessen der Affirmation und der Visualisierung dürfte es am wichtigsten sein, dass Sie Ihre Worte und mentalen Bilder ständig emotionalisieren. Die Glücksformel lautet:

Gedanke x Gefühl = Wirklichkeit.
Das bedeutet: Je stärker Sie ein Ziel, eine Affirmation oder ein Bild emotionalisieren können, desto mehr

Energie hat dieser Befehl und desto schneller arbeitet Ihr Unterbewusstsein daran.

Wenn wir ein intensives, brennendes Verlangen nach irgendetwas verspüren, erzeugen wir offenbar ein Gefühl der Erregung und Begeisterung, das uns vorantreibt und alle Hindernisse überwinden lässt. Je mehr Sie etwas wirklich wollen und je mehr Sie es durch Affirmationen und Visualisierung aus Ihrem Bewusstsein in Ihr Unterbewusstsein übertragen, desto mehr Energie und Kraft haben Sie. Dann werden Ihnen bald alle möglichen Dinge passieren, die andere als Glück bezeichnen.

Gefühle und Handlungen

Einer der wichtigsten Glücksfaktoren ist *das Gesetz der Umkehrbarkeit*. Es begleitet die Menschheit schon seit Jahrtausenden, und im Laufe der Geschichte wurde es von vielen der großen Gelehrten vermittelt. 1905 wurde es von *William James*, einem berühmten Dozenten an der Harvard University, wiederentdeckt. Es lautet:

»Wie Gefühle Handlungen erzeugen, die mit ihnen im Einklang stehen, so erzeugen Handlungen Gefühle, die mit ihnen im Einklang stehen.« (Gesetz der Umkehrbarkeit)

Das bedeutet, dass Sie durch entsprechende Handlungen dafür sorgen können, dass Sie sich so fühlen, wie Sie sich fühlen wollen. Sie können Ihr Unterbewusstsein programmieren, indem Sie so tun, als ob Sie die Eigenschaften und Merkmale, die Sie sich am meisten wünschen, bereits hätten.

Beispiele: Positive Handlungen erzeugen positive Gefühle

Nehmen wir zum Beispiel an, dass Sie morgens aufwachen und sich nicht gerade auf den kommenden Tag freuen. Vielleicht haben Sie keine große Lust dazu, neue Kunden zu besuchen oder zur Bank zu gehen. Wenn Sie aber bewusst so tun, als wären Sie in jeder Hinsicht positiv und zuversichtlich, werden Sie schon nach wenigen Minuten anfangen, sich tatsächlich glücklich, optimistisch und tatkräftig zu fühlen. Ihre Handlungen werden also die Gefühle erzeugen, die mit ihnen im Einklang stehen. Wie oft sagen die Trainer von Footballmannschaften, die nach dem zweiten Viertel zurückliegen, ihren Spielern in der Pause wohl aufmunternde Worte? Wahrscheinlich jedes Mal. Danach stürmen sie auf das Spielfeld zurück, als könnten sie die ganze Welt erobern. Und sehr oft gibt diese neue Zuversicht und Begeisterung dem Spiel eine Wende und bringt der Mannschaft den Sieg!

Werden Sie Ihr eigener Cheerleader!

Sie können Ihr eigener Cheerleader werden, indem Sie positiv zu sich selbst sprechen und dann so handeln, als ob Sie schon der Mensch wären, der Sie sein wollen. Tun Sie so, als ob, bis Sie es wirklich erreicht haben! Handeln Sie so, als ob Sie eine Rolle ausprobierten – die Rolle eines hervorragenden, positiven, warmen, fröhlichen, glücklichen und liebenswerten Menschen. Sie müssen so sprechen, gehen und handeln, als ob Sie diese Person schon wären. Behandeln Sie alle Leute so, als ob Sie gerade einen Preis als Bester in Ihrer Branche bekommen hätten. Je länger Sie diese Rolle spielen, desto stärker programmieren Sie die entsprechenden Verhaltensformen und Einstellungen in Ihr Unterbewusstsein, in dem sie schließlich fest verankert sind.

Auch *Empathie* ist ein großer Glücksfaktor. *Steven Covey,* Bestseller-Autor und Kapazität auf dem Gebiet des Selbstmanagements, sagt:

> **»Versuchen Sie zuerst, zu verstehen, und dann, verstanden zu werden.« Interessieren Sie sich für Ihre Mitmenschen, und Schüchternheit oder Unsicherheit werden rasch verschwinden.**

Die meisten Menschen sind so sehr mit sich selbst und den Einzelheiten ihres eigenen Lebens beschäftigt, dass sie anderen kaum Aufmerksamkeit widmen. Wenn Sie anderen Fragen stellen und ihren Antworten aufmerksam zuhören, bauen Sie Empathie auf, sodass man Sie mag und mit Ihnen zusammenarbeiten will.

Eine Erweiterung des Empathieprinzips ist *das Gesetz der emotionalen Wechselbeziehungen.* Es lautet einfach:

> **»Wenn Sie Dinge tun und sagen, durch die andere sich gut fühlen, haben diese den unbewussten Wunsch, es Ihnen zurückzuzahlen, sodass auch Sie selbst sich gut fühlen.« (Gesetz der emotionalen Wechselbeziehungen)**

Mein Freund *Cavett Robert*, der große Berufsredner, hat mir erzählt, dass er als junger Mann immer zum Podium rannte und sich sagte: »Da bin ich!« Als er dann reifer wurde, änderte sich seine Einstellung seinen Zuhörern gegenüber völlig. Nun schritt er zum Podium und sagte sich: »Da seid ihr ja.«

Wichtig für jeden: Wertschätzung

Was wollen die Menschen im Hinblick auf emotionale Wechselbeziehungen und Empathie wirklich? Nun, da Sie selbst ein Mensch sind, wissen Sie aus eigener Erfahrung, wie Sie im Umgang mit anderen große Erfolge erzielen können: Wir alle wollen uns wichtig fühlen. Wir wollen das Gefühl haben, dass man uns schätzt. Wir wollen, dass die Leute uns mögen und achten und uns nett behandeln. Wir wollen, dass sie Dinge tun, durch die unsere Selbstachtung steigt, sodass wir uns noch mehr mögen und achten.

Die Menschen, die wir am meisten mögen, sind diejenigen, in deren Gegenwart wir uns selbst am besten fühlen.

Und genau das ist der Schlüssel zu hervorragenden zwischenmenschlichen Beziehungen. Sie sollten sich immer überlegen, was Sie zu dem anderen sagen können, damit er sich besser fühlt.

Vorsicht mit Kritik

Sie dürfen nie jemanden verdammen oder kritisieren oder sich über ihn beklagen! Wenn Sie nichts Nettes sagen können, sollten Sie gar nichts sagen. Auch wenn es ein Problem gibt oder wenn Sie Kritik anbringen müssen, ist es besser, den Betreffenden zunächst um Hilfe zu bitten. Wenn Sie versuchen, das tief sitzende, unterbewusste Bedürfnis anderer nach Anerkennung, Bewunderung, Achtung und Aufmerksamkeit zu befriedigen, werden diese ihrerseits unbewusst dazu motiviert, Ihnen bei der Erreichung Ihrer Ziele zu helfen. Der entscheidende Punkt ist, dass Sie aufhören müssen, ständig nur an sich selbst zu denken, und stattdessen darüber nachdenken müssen, wie Sie anderen ein besseres Selbstwertgefühl vermitteln können.

Sehen Sie gut aus!

Es gibt noch ein anderes Schlüsselelement für Glück und Erfolg, das die meisten übersehen: das *Image*, genauer gesagt das Bild von Ihnen, das sich andere im alltäglichen Umgang mit Ihnen machen.

In schwierigen geschäftlichen Situationen kann Ihr Image manchmal über Erfolg oder Misserfolg entscheiden.

Wir Menschen sind stark visuell ausgerichtet. Sie haben bestimmt schon einmal den Spruch gehört, dass man nie eine zweite Chance für einen guten ersten Eindruck bekommt. Wir haben es unter ganz unterschiedlichen Umständen mit so vielen Menschen zu tun, dass wir sie ständig beurteilen und in Schubladen stecken. Dieser Prozess läuft unbewusst ab: Wir fällen oft eine Augenblicksentscheidung über jemanden, und diese Entscheidung bleibt dann an ihm haften, solange wir mit ihm zu tun haben.

Sekundenschnell: der erste Eindruck

Untersuchungen haben ergeben, dass andere in den ersten vier Sekunden ein Urteil über uns fällen. Unser Verstand ist wie schnell trocknender Zement: Die ersten vier Sekunden hinterlassen einen ersten Eindruck. Nach dreißig Sekunden hat der Zement sich verfestigt, und danach sucht der andere bei Ihnen nach Dingen, die seinen ersten Eindruck bestätigen. Unser Verstand ist so konstruiert, dass wir unsere Umgebung selektiv wahrnehmen und Dinge ignorieren oder verwerfen, die im Widerspruch zu der Überzeugung stehen, die wir uns bereits gebildet haben. Gegen diese Form der selektiven Wahrnehmung können wir uns kaum wehren.

Erfolg und gutes Aussehen

In allen Gesellschaftsschichten sind die erfolgreichsten Menschen diejenigen, die am besten aussehen. Sie überlassen den ersten oder zweiten Eindruck, den andere von ihnen bekommen, nicht dem Zufall. Sie widmen ihrem Äußeren viel Aufmerksamkeit, sie sehen sich andere erfolgreiche Leute genau an und ziehen sich so an wie sie; sie beobachten die Spitzenleute auf ihrem Gebiet ständig und bemühen sich, immer mehr so auszusehen wie sie.

Wahrnehmung und Verhalten

Wie Sie mit anderen umgehen, hängt davon ab, wie Sie sie wahrnehmen, auch wenn diese Wahrnehmung falsch sein sollte. Ihre erste Wahrnehmung entsteht in dem Augenblick, in dem Sie jemanden kennen lernen. Und der erste Eindruck hat den größten Einfluss darauf, wie Sie über diesen Menschen denken und welche Gefühle Sie ihm gegenüber haben. Das bedeutet nicht, dass Ihre Einschätzung sich im Laufe der Zeit nicht ändern wird – das kann durchaus passieren, ist aber eher selten. Sobald der erste Eindruck nämlich entstanden ist, wird er für Sie zur Realität des Betreffenden.

Die Anziehungskraft Gleichgesinnter

»Gleich und Gleich gesellt sich gern« – diesen Spruch kennen Sie sicher! Wenn Sie im Berufs- und Privatleben aufsteigen, werden Sie feststellen, dass die Leute sich umso mehr anziehen, je höher sie steigen. Erfolgreiche Menschen können andere erfolgreiche Menschen überall erkennen. Vögel können andere Vögel der gleichen Art ja an ihrem Gefieder erkennen, und auch wir haben ein »Gefieder« – in Form der Kleider, die wir tragen, der Accessoires und unserer Frisur. Und aufgrund des Gesetzes der Anziehung scheinen Menschen, die ähnlich aussehen, im Berufs- wie im Privatleben zueinander hingezogen zu werden.

Tatsache ist, dass Sie sich am wohlsten fühlen werden, wenn Sie es mit Leuten zu tun haben, die Ihnen sehr ähnlich sind. Und allen anderen geht das auch so.

Wenn Sie wollen, dass wichtige Leute sich beim Umgang mit Ihnen wohl fühlen, müssen Sie sich so anziehen wie sie.

Kleider machen Leute

Die idealen Farben für Geschäftsmänner sind Dunkelblau und Dunkelgrau. Zusammen mit Lodengrün sind dies auch die idealen Farben für Frauen. Männer sollten stets ein weißes Hemd und eine Seidenkrawatte tragen, die auf die Farbe ihres Anzugs abgestimmt ist; Frauen sollten Accessoires bevorzugen, die zur Grundfarbe und zum Schnitt ihrer Kleidung passen. Sowohl Männer als auch Frauen sollten hochwertige, gut geputzte Schuhe tragen. Auf jeder sozialen Ebene gibt es für beide Geschlechter bestimmte Normen für das Äußere. Wenn Sie einen Lastwagen fahren wollen, können Sie sich einen Bart und die Haare wachsen lassen. Wenn Sie aber in der Geschäftswelt Erfolg haben wollen, sind ein glatt rasiertes Gesicht und eine konservative Frisur angebracht.

Beispiel: Aussehen und Verkaufserfolg

Ein junger Mann, der für eine Firma in Phoenix im Verkauf arbeitete, hatte kaum Abschlüsse vorzuweisen. Er hatte die richtige Bildung und Ausbildung, die richtige Kleidung, die richtige Persönlichkeit und genug Energie. Trotzdem hatte er bei seinen Verkäufen kein Glück. Das enttäuschte nicht nur ihn selbst, sondern auch seinen Chef, der schon daran dachte, ihn zu entlassen.
Der junge Mann hatte einen Voll- und einen Schnurrbart; dadurch wollte er sich von anderen unterscheiden. Bei Gesprächen mit Kunden hat sich aber herausgestellt, dass Gesichtshaar, vor allem ein Bart, als Zeichen dafür betrachtet wird, dass der Betreffende ein Sonderling oder nicht vertrauenswürdig ist.
Als der junge Mann das erfuhr, ging er nach Hause und rasierte seinen Bart ab. Seine Verkaufszahlen änderten sich über Nacht, schon nach zwei Monaten war er der Spitzenverkäufer in seiner Firma. Die gleichen Leute, die vorher kaum bereit gewesen waren, mit ihm über seine Produkte zu sprechen, waren jetzt plötzlich seine besten Kunden und empfahlen ihn weiter. Er erzählte mir, dass er wohl beruflich gescheitert wäre, wenn er nicht erfahren hätte, dass ein Bart (und ganz allgemein ein Aussehen, das aus dem üblichen Rahmen fällt) ein erhebliches Hindernis beim Umgang mit anderen sein kann.

Eines der großen Glücksprinzipien ist, dass alles zählt. Alles! Nicht nur das, was Ihrer Meinung nach zählen sollte, sondern wirklich alles.

Jede Kleinigkeit, die Sie tun oder nicht tun, zählt irgendwie – sie hilft Ihnen entweder weiter oder wirft Sie zurück, sie verschafft Ihnen einen Vorteil oder einen Nachteil.

Alles, was Sie tun, bringt Sie Ihren Zielen näher oder bewegt Sie von ihnen weg. Alles zählt!

Orientieren Sie sich »nach oben«!

Bestimmt kennen Sie den Spruch »Der Teufel steckt im Detail«. Das gilt für Ihr Image genauso wie für alle anderen Bereiche Ihres Berufs- oder Privatlebens. Kleinigkeiten haben große Bedeutung. Ich würde Ihnen empfehlen, mindestens ein Buch darüber zu lesen, wie man sich anziehen muss, um beruflich Erfolg zu haben. Sie dürfen nichts dem Zufall überlassen! Sehen Sie sich die Spitzenleute in Ihrer Umgebung genau an. Falls Sie angestellt sind, sollten Sie sich so anziehen wie die Leute zwei Ebenen über Ihnen.

Geben Sie doppelt so viel für Ihre Kleidung aus und kaufen Sie nur halb so viel.

Wenn Sie gerade als Sachbearbeiter beginnen, sollten Sie wie ein Manager angezogen ins Büro gehen. Dann werden Sie sofort die Aufmerksamkeit von Leuten auf sich ziehen, die Ihnen helfen können. Wenn Sie ein hervorragendes berufliches Image mit dem Entschluss verbinden, Ihr Wissen und Ihre Fertigkeiten kontinuierlich zu erweitern, biegen Sie auf die Überholspur Ihrer Karriere ein. Und die Menschen, die Ihnen am meisten helfen können, werden diejenigen sein, die Ihnen die meisten Türen öffnen.

Wie Gewinner aussehen

Dass das Aussehen so wichtig ist, liegt daran, dass man sich hervorragend fühlt, wenn man in einer privaten oder beruflichen Situation absolut hervorragend aussieht. Wenn Sie wissen, dass Sie zu den bestangezogenen Menschen in einem Raum gehören, werden Sie von einem ungeheuer tiefen Gefühl von Stolz, Selbstvertrauen und Selbstachtung erfüllt. Sie mögen und achten sich dann noch mehr. Und das führt dazu, dass Sie auch andere mögen und achten und bei Ihren Beziehungen zu ihnen empfindsamer, höflicher und rücksichtsvoller sind. Wer sich wie ein Gewinner anzieht, denkt und fühlt sich auch wie ein Gewinner. Denken Sie an das Gesetz der Umkehrbarkeit!

Persönlichkeit, Einstellung und Qualität

Ihre Persönlichkeit und Ihre Einstellung sind vielleicht die beiden stärksten Glücksfaktoren überhaupt. Wenn Sie außerdem entschlossen sind, Ihre Arbeit hervorragend zu machen, lösen Sie bei allen in Ihrer Umgebung den Wunsch aus, Ihnen dabei zu helfen, dass Sie bei Ihrer Karriere vorankommen. Je netter Sie zu anderen sind, desto netter werden sie zu Ihnen sein. Je positiver Sie sind, desto mehr werden andere mit Ihnen Geschäfte machen und mit Ihnen zu tun haben wollen.

Führen mit Persönlichkeit

Führung findet nur dann wirklich statt, wenn andere wollen, dass Sie sie führen – das ist eine der wichtigsten Entdeckungen im Bereich der Führung, insbesondere der persönlichen Führung. Und je besser Sie mit anderen umgehen und kooperieren, desto mehr werden sie wollen, dass Sie Erfolg haben, und versuchen, Ihnen dabei zu helfen, Ihre Ziele zu erreichen. Doch Glück wird nichts damit zu tun haben!

Kapitel 6
Networking: Es geht nichts über Beziehungen

Erfolg durch Kontakte

Zur richtigen Zeit die richtigen Leute kennen

Ihre Beziehungen zu anderen Menschen sind ein weiterer wichtiger Faktor für Ihren Erfolg. In Kapitel 5 habe ich Ihnen gezeigt, wie Sie ein viel positiverer, optimistischerer und liebenswerterer Mensch werden können. In diesem Kapitel werden Sie lernen, wie Sie das Netzwerk Ihrer Kontakte und Beziehungen in alle Richtungen ausdehnen und so die Wahrscheinlichkeit erhöhen können, dass Sie zur richtigen Zeit auf die richtige Person treffen, die die richtigen Informationen oder Chancen für Sie hat. *Das Gesetz der Beziehungen* ist einfach, aber ein sehr wichtiger Glücksfaktor. Es lautet:

> **»Je mehr Leute Sie kennen und positiv von Ihnen denken, desto mehr Erfolg und Chancen werden Sie haben.« (Gesetz der Beziehungen)**

An allen Veränderungen in Ihrem Leben werden andere Menschen beteiligt sein. Wenn Sie große Ziele erreichen wollen, brauchen Sie die aktive Mitarbeit vieler verschiedener Leute. Im Laufe der Jahre wird die Richtung Ihres Lebens immer wieder durch eine Bemerkung, einen Ratschlag oder eine Handlung einer bestimmten Person zu einer bestimmten Zeit verändert werden.

Beispiel: Viele Kontakte führen zum Erfolg

Ein Freund von mir baute sich in einem extrem umkämpften Marktsegment ein Geschäft auf. Er brauchte mehr Geld, um zu expandieren. Also fing er an, den Banken in seiner Stadt seine Pläne vorzulegen. Sie lehnten alle ab und begründeten das damit, dass sein Geschäft keinen Erfolg haben könne. Mein Freund ließ sich davon aber nicht entmutigen. Er zog eine Reihe konzentrischer Kreise mit immer größerem Durchmesser um seine Firma und wandte sich an Banken in der weiteren Umgebung. 150 Kilometer entfernt fand er schließlich einen Bankier, dem seine Pläne gefielen und der ihm den Kredit gab, den er brauchte. Heute ist er einer der wohlhabendsten und erfolgreichsten Unternehmer in ganz Amerika.

Ich habe ihn gefragt, ob er jemals daran gedacht habe, seine Suche nach einem Kredit aufzugeben. Er antwortete: »Oh nein! Ich wusste, dass ich das Geld letztendlich bekommen würde, wenn ich mit genug Leuten sprach. Ich wäre auch bereit gewesen, Banken im Umkreis von 800 Kilometern zu besuchen, wenn das nötig gewesen wäre, um einen Bankier mit der richtigen Einstellung zu meinen Plänen zu finden.«

Das ist ein wichtiger Glücksfaktor und ein entscheidender Teil des Erfolgs. *Das Gesetz der Wahrscheinlichkeit* lautet:

> **»Je mehr verschiedene Dinge Sie versuchen, desto größer ist die Wahrscheinlichkeit, dass Sie zur richtigen Zeit das Richtige versuchen.« (Gesetz der Wahrscheinlichkeit)**

Im Hinblick auf Ihre Beziehungen bedeutet das: Je mehr Menschen Sie kennen und je beharrlicher Sie Ihre Kontakte ausbauen, desto größer ist die Wahrscheinlichkeit, dass Sie zur richtigen Zeit auf die Person stoßen, die Sie brauchen und die genau die richtigen Mittel und Möglichkeiten für Sie hat. Das ist kein Wunder, und es hat auch nichts mit Glück zu tun!

Erfolgsmenschen kennen Erfolgsmenschen

Die erfolgreichsten Menschen sind auf allen Ebenen unserer Gesellschaft diejenigen, die die meisten anderen erfolgreichen Leute kennen und diesen Leuten ihrerseits bekannt sind. Das ist die alte Frage von der Henne und dem Ei. Haben Menschen Erfolg und lernen dann andere erfolgreiche Leute kennen? Oder lernen sie andere erfolgreiche Leute kennen und haben dann selbst Erfolg? Tatsache ist, dass das in beide Richtungen funktioniert.

Geben und nehmen

Nur Kontakte »nutzen«?

Viele Menschen begehen den Fehler, zu denken, dass sie andere erfolgreiche Leute kennen lernen müssen, um deren Wissen, Ratschläge und Ressourcen dann für sich selbst ausnutzen zu können. Das klappt aber nur kurze Zeit. Auf die Dauer kann man nichts bekommen und behalten, auf das man nicht aufgrund des eigenen Verstandes, der eigenen Orientierung ein Recht hat.

Das Gesetz der Anziehung ist einer der wichtigsten Glücksfaktoren überhaupt:

> **»Sie ziehen unweigerlich die Menschen und Umstände in Ihr Leben, die mit Ihren vorherrschenden Gedanken harmonieren.« (Gesetz der Anziehung)**

Das Gegenstück zum Gesetz der Anziehung ist *das Gesetz der Abstoßung:*

> **»Menschen, die nicht mit Ihren vorherrschenden Gedanken harmonieren, stoßen Sie automatisch ab.« (Gesetz der Abstoßung)**

Wenn Sie völlig positiv denken, bauen Sie ein Kraftfeld positiver Energie auf, durch das Sie andere positive Leute und Situationen anziehen. Wenn Sie dagegen negativ denken, bauen Sie ein Kraftfeld negativer Energie auf, durch das solche Leute und Situationen abgestoßen werden.

Senden Sie positive Energie

Viele Leute haben ihr Leben in nur einem Tag völlig verändert, indem sie die volle Kontrolle über ihren Verstand übernahmen und sich dazu zwangen, nur an die Dinge zu denken, die sie haben wollen, und nur über die Pläne und Vorstellungen zu sprechen, die sie anstreben. Wenn Sie klare, spezifische Ziele aufschreiben, Pläne machen, um sie zu erreichen, und anfangen, jeden Tag an ihnen zu arbeiten, verändern Sie Ihr Denken und das Energiefeld, das Sie umgibt, fast sofort. Gleich und Gleich gesellt sich tatsächlich gern. Menschen, die die gleiche Ebene des beruflichen Erfolgs erreicht haben, werden zueinander hingezogen. Und das kann man nicht lange vortäuschen.

Das bringt uns zu einem anderen wichtigen Glücksfaktor, dem *Gesetz der indirekten Bemühung:*

> **»Im Umgang mit anderen erreicht man eher indirekt als direkt etwas.« (Gesetz der indirekten Bemühung)**

Wenn Sie auf direktem Weg versuchen, andere dazu zu bringen, Ihnen zu helfen oder mit Ihnen zusammenzuarbeiten, werden Sie tatsächlich oft den Kürzeren ziehen. Wenn Sie sich aber das Gesetz der indirekten Bemühung zunutze machen, werden Sie erstaunt feststellen, dass Sie sehr viel Erfolg haben können.

Wie man Freunde gewinnt

Wie können Sie dieses Gesetz nun einsetzen, wenn Sie beispielsweise mehr Freunde haben möchten? Das ist ganz einfach: Konzentrieren Sie sich darauf, anderen ein guter Freund zu sein. Interessieren Sie sich für sie. Stellen Sie ihnen Fragen und hören Sie ihren Antworten aufmerksam zu. Zeigen Sie ihnen gegenüber Empathie. Nehmen Sie an ihren Problemen und ihrer Situation Anteil. Suchen Sie nach Möglichkeiten, ihnen zu helfen – und sei es nur, dass Sie ein freundlicher Zuhörer sind. Je mehr Sie sich darauf konzentrieren, ein guter Freund zu sein, desto mehr Freunde werden Sie haben. Wie Nektar die Bienen anzieht, werden Sie dann Menschen in Ihr Leben ziehen.

Wie man andere beeindruckt

Wollen Sie andere beeindrucken? Der schlechteste Weg ist der direkte, also das Bemühen, sie zu beeindrucken. Der beste Weg dagegen ist der indirekte, das heißt, dass Sie sich zuerst von den anderen *beeindrucken lassen*. Je stärker Sie von anderen und ihren Leistungen beeindruckt sind, desto mehr werden diese sich für Sie interessieren – und desto eher werden sie von Ihnen beeindruckt sein. Wenn Sie jemanden kennen lernen, sollten Sie daran denken, dass jeder schon etwas getan hat, das bemerkenswert und beeindruckend ist. Sie müssen nur herausfinden, was das ist. Fragen Sie die Leute deshalb, was sie beruflich machen. Fragen Sie, wie es kommt, dass sie auf ihrem Gebiet arbeiten. Fragen Sie, wie die Dinge stehen. Wenn Sie gut zuhören, werden die Leute Ihnen von ihren gegenwärtigen Erfolgen und Problemen erzählen. Wenn jemand erwähnt, dass ihm gerade etwas Besonderes gelungen ist, sollten Sie nicken, lächeln und ihn zu seinem Erfolg beglückwünschen.

Schon Abraham Lincoln sagte: »Ein Kompliment gefällt jedem.« Wir freuen uns alle, wenn uns jemand zu etwas gratuliert, das wir erreicht haben. Ein sehr erfolgreicher Geschäftsmann, den ich kenne, hatte es sich zur Gewohnheit gemacht, jede Woche zehn Telegramme an Leute aus seinem großen Freundes- und Bekanntenkreis zu schicken. Diese Telegramme bestanden nur aus zwei Wörtern: »Ich gratuliere!« Im Laufe der Jahre baute er sich dadurch ein Netzwerk von Männern und Frauen auf, die ihn wirklich mochten und achteten. Sie waren immer sehr erstaunt darüber, dass er irgendwie von Ihren Erfolgen erfahren hatte und das durch sein Telegramm anerkannte.
Als er dann später einmal gefragt wurde, wie er es geschafft habe, stets von den Erfolgen seiner Freunde zu erfahren, sagte er, er habe gar keine Vorstellung davon gehabt, was sie machten. Er wusste einfach, dass jeder von uns jeden Tag und jede Woche etwas erreicht. Wenn Sie jemandem die Botschaft »Ich gratuliere!« schicken, wird er sie automatisch auf irgendeine Situation in seinem Leben beziehen, in der er gerade Erfolg gehabt hat.

Beispiel: »Blind gelobt« und doch erfolgreich

Nutzen Sie das Gesetz der indirekten Bemühung, indem Sie ständig nach Möglichkeiten suchen, anderen Komplimente zu machen und ihnen zu gratulieren: zu dem, was sie tun, zu dem, was sie erreicht haben, zu ihrer Kleidung, zu den Entscheidungen, die sie in der letzten Zeit getroffen haben usw. In unserer Gesellschaft ist es eines der schönsten Komplimente, wenn Sie zu jemandem sagen: »Sie sehen aus, als ob Sie abgenommen hätten!« Auch wenn das nicht wahr sein sollte, wird der Betreffende sich immer darüber freuen. Warum das so ist? Nun, jeder von uns möchte attraktiv aussehen, und körperliche Attraktivität wird eng damit in Verbindung gebracht, dass man schlank, gepflegt und fit ist. Mit dem Kompliment, dass jemand gut aussieht, können Sie also gar nichts falsch machen.

Wie man Komplimente macht

Wollen Sie, dass andere Sie achten? Das ist eines der tiefsten unbewussten Bedürfnisse von uns allen. Hinter fast allem, was wir tun, steht der Wunsch, uns die Achtung derjenigen zu verdienen, die wir unsererseits achten, oder die Achtung dieser Leute zumindest nicht zu verlieren. Wenn Sie wollen, dass andere Sie achten, müssen Sie umgekehrt zuerst die anderen Menschen achten.

Selbstachtung und Achtung anderer

Säen und ernten

Heutzutage gewinnen nicht mehr die Draufgänger, sondern diejenigen, die auch bereit sind zu geben. Das ist der Grund dafür, dass unglückliche und erfolglose Leute fast immer diejenigen sind, die darauf warten, etwas zu bekommen, bevor sie selbst etwas investiert haben. Zu diesen Leuten gehören Sie nicht, denn Sie kennen das Gesetz vom Säen und Ernten. Sie wissen, dass man das herausbekommt, was man hineingesteckt hat, und dass man nicht ernten kann, ohne gesät zu haben. Daher konzentrieren Sie sich darauf, in Ihren Beziehungen zu anderen gute Gedanken, Ideen und Gefühle zu säen, denn das alles wird aufgrund universeller Gesetze auf ganz bemerkenswerte Weise zu Ihnen zurückkommen.

Das Gesetz des Gebens, ein anderer wichtiger Glücksfaktor, lautet:

> **»Je mehr Sie von sich geben, ohne dafür etwas zu erwarten, desto mehr wird das, was Sie gegeben haben, aus ganz unerwarteten Quellen zu Ihnen zurückkommen.« (Gesetz des Gebens)**

Viele Menschen machen den Fehler, anzunehmen, dass ihre guten Taten genau von denjenigen zurückkommen werden, denen sie selbst etwas Gutes getan haben. Das passiert aber nur sehr selten. Wenn Sie irgendjemandem großzügig etwas geben – zum Beispiel einen Teil Ihrer Zeit, Ihres Geldes oder Ihrer Gefühle –, wird der Betreffende fast nie derjenige sein, der es Ihnen zurückzahlt. Stattdessen werden Sie einen der wichtigsten Glücksfaktoren aktivieren, das Gesetz der Anziehung, und es werden Kräfte in Gang gesetzt werden, die Ihnen das Gute bringen, das Sie brauchen und sich wünschen – genau zur richtigen Zeit und am richtigen Ort, aber meist aus einer ganz anderen Quelle.

Wer anderen hilft, lebt glücklicher

Es ist leicht zu verstehen, warum das passiert: Wenn Sie für jemand anderen etwas Nettes tun, steigt Ihre Selbstachtung und Sie fühlen sich großartig. Wenn Sie anderen helfen, ihnen etwas geben, das sie brauchen, strahlen Sie dadurch als Mensch. Wir können nämlich nur dann wirklich glücklich sein, wenn wir wissen, dass wir etwas tun, das sich positiv auf das Leben anderer auswirkt. Tatsache ist, dass Sie davon genauso viel Nutzen haben werden wie derjenige, für den Sie etwas tun – oft sogar viel mehr! Wenn

Sie anderen helfen, verändern Sie Ihre Ausstrahlung positiv. Sie erhöhen Ihre Anziehungskraft auf andere Menschen und lösen so günstige Umstände aus, die Sie gar nicht planen konnten.

Beispiel: Hilfsbereitschaft

Stellen Sie sich zum Beispiel vor, dass Sie auf dem Weg zu einem wichtigen Termin sind. Sie haben es eilig, sehen aber einen schon recht betagten Mann, der mit einer Reifenpanne am Straßenrand steht. Obwohl Sie eigentlich keine Zeit haben, überwinden Sie Ihre Ungeduld, halten an und helfen ihm, den Reifen zu wechseln. Der Mann will Ihnen dafür Geld geben, doch Sie lehnen dankend ab. Sie wünschen ihm gute Fahrt und machen sich wieder auf den Weg. Das alles dauert ungefähr zehn Minuten.

Auch wenn es Ihnen nicht bewusst ist – Sie haben gerade Ihre positive Energie gesteigert. Ihr Verhandlungspartner musste trotz der leichten Verspätung nicht auf Sie warten, und Sie können ihn unerwartet leicht überzeugen. Als Sie gehen, haben Sie einen der besten Aufträge Ihres Lebens in der Tasche, und das hat Sie nur wenig Mühe gekostet. Wenn Sie nicht aufpassen, werden Sie anfangen, das dem Glück zuzuschreiben – Sie wissen es jedoch inzwischen besser!

Seien Sie großzügig!

Jede großzügige Handlung löst in Ihrem Leben vorteilhafte und günstige Geschehnisse aus. In allen Zeitaltern haben Männer und Frauen ihren Weg zu großem Erfolg und Reichtum durch den »Zehnten« gemacht: Sie gaben regelmäßig zehn Prozent ihres Einkommens oder sogar einen noch höheren Betrag für gute Zwecke. Diese Einstellung und die Handlung des Gebens erzeugen offenbar ein Energiefeld, das finanzielle Chancen anzieht, die viel größer sein können als der gespendete Betrag.

Beispiel: Rockefeller

John D. Rockefeller fing als Angestellter an und verdiente damals 3,75 Dollar in der Woche. 20 Prozent seines Einkommens legte er auf die hohe Kante, 50 Prozent gab er seiner Kirche. Er selbst lebte von den restlichen 30 Prozent. Und im Laufe der Zeit wurde er der reichste Mann der Welt!

Zu der Geschichte von John D. Rockefeller gibt es noch eine interessante Fortsetzung. Sein ganzes Vermögen resultierte aus seinem Bestreben, den amerikanischen Verbrauchern niedrigere Benzinpreise zu bescheren. Davon war er regelrecht besessen. Er setzte jede nur mögliche Geschäftsstrategie ein, um sich immer größere Mengen Erdöl und Benzin zu verschaffen und ein Monopol zu bekommen. Er konnte so den Preis immer weiter senken und alle Konkurrenten aus dem Feld schlagen.

Im Laufe der Zeit verlor er sein ursprüngliches Bestreben, seine Gewinne mit anderen zu teilen, aus dem Blick – der Aufbau seines Imperiums nahm ihn ganz in Anspruch. Mit 52 war er gesundheitlich ein Wrack. Die Ärzte sagten ihm, dass er nur noch wenige Monate zu leben habe, allerhöchstens ein Jahr. Er habe so lange und so hart gearbeitet und seine Gesundheit so sehr vernachlässigt, dass sie jetzt nichts mehr für ihn tun könnten.

Es nützte Rockefeller gar nichts, dass er ungeheuer reich war und sich die besten Spezialisten leisten konnte. Da fasste er einen Entschluss: Wenn er schon sterben musste, wollte er wenigstens seinen ursprünglichen Plan in die Tat umsetzen und einen Teil seines Geldes weggeben. Er verkaufte die Hälfte seiner Anteile an den Rockefeller-Ölgesellschaften und fing an, sein Geld karitativen Organisationen zu spenden. Und da geschah etwas Bemerkenswertes: Je mehr Geld er weggab, desto gesünder wurde er. Seine körperlichen Probleme verschwanden. Je mehr er sich mit wohltätigen Zwecken beschäftigte, desto gesünder, glücklicher und positiver wurde er.

Rockefeller lebte dann noch 40 Jahre. Als er im hohen Alter von 92 starb, hatte er Hunderte von Millionen Dollar weggegeben. Das Unglaubliche aber war, dass sich auch sein übriges Vermögen weiter vermehrt hatte. So war er zum Zeitpunkt seines Todes reicher als mit 52, als er die Hälfte seiner Anteile verkauft und angefangen hatte, dieses Geld zu spenden.

Wer gibt, profitiert selbst

Den größten Vorteil von guten und großzügigen Taten hat immer der Geber, nicht der Empfänger. Wenn Sie großzügig geben, verändern Sie Ihren »mentalen Raum«. Sie verändern Ihre Persönlichkeit und stimmen mehr und mehr mit dem Ideal der Zufriedenheit, der Freude und des Erfolgs überein, das Sie sich wünschen. Sie werden ein wirklich »glücklicher« Mensch.

Bauen Sie gezielt ein Netzwerk auf!

»Networking« statt Zufallsbekanntschaften

Da unsere Beziehungen so wichtig sind, dürfen wir sie nicht dem Zufall überlassen. Die weitaus meisten Menschen sind wie Billardkugeln, die unkontrolliert auf dem Tisch des Lebens herumrollen, oder wie Autoskooterfahrer auf dem Rummelplatz, die ständig mit anderen Leuten zusammenstoßen, zufällig, fast ohne Kontrolle darüber, auf wen sie prallen und wer auf sie prallt. Sie leben nach dem Gesetz des Zufalls. Doch Sie wissen es besser! Es ist absolut unerlässlich, dass Sie einen Plan für die Beziehungen ausarbeiten, die in Ihrem Leben wachsen und sich entwickeln sollen.

Denken Sie daran: Dadurch, dass Sie Ihr Leben planen, befreien Sie sich vom Gesetz des Zufalls.

Und je genauer Sie wissen, was Sie wollen, desto schneller werden Sie Ihre Ziele erreichen und erkennen, wenn für Sie Vorteilhaftes geschieht.

Wichtig: der richtige Lebenspartner

Ich möchte Ihnen das an einem einfachen Beispiel verdeutlichen. Die Wahl Ihres Ehe- oder Lebenspartners könnte Ihren Erfolg und Ihr Glück stärker bestimmen als irgendein anderer Faktor. Sicher kennen auch Sie unzählige Menschen, die jahrelang hart gearbeitet haben, um materiellen Wohlstand zu erreichen, und dann alles in Trümmer fallen sahen, als die entscheidenden Beziehungen zu ihrer Frau oder ihrem Mann und ihren Kindern zerbrachen, weil sie viel zu wenig Zeit für sie hatten.

Wie findet man den richtigen Partner?

Den idealen Ehe- oder Lebenspartner finden Sie so, wie Sie alle anderen wichtigen Ziele in Ihrem Leben erreichen: durch Planung. Nehmen Sie Papier und Bleistift und beschreiben Sie die Person, die für Sie perfekt wäre.

Übung: Mein Wunschpartner

Bevor Sie beginnen, sollten Sie sich vorstellen, Sie könnten eine Bestellung per Post aufgeben, und dann würde Ihnen die perfekte Person geliefert, genau so, wie Sie sie beschrieben haben. Nehmen Sie sich Zeit für jede Einzelheit.

Wie sollte Ihr Partner aussehen?
(Notieren Sie hier Größe, Gewicht, Haarfarbe und sonstige Merkmale.)

____

____

____

Welche Charaktereigenschaften sollte Ihr Partner haben?
(Sollte er zum Beispiel vor allem sportlich, temperamentvoll, ausgeglichen, zurückhaltend, romantisch, humorvoll, ehrgeizig usw. sein?)

____

____

____

Welchen Ausbildungsstand sollte Ihr Partner besitzen?

____

____

Welche Wertvorstellungen und Ziele sollte Ihr Partner teilen?

____

____

Je ausführlicher Ihre Beschreibung ist, desto besser. Lesen Sie diesen »Steckbrief« jeden Tag mehrere Male. Fügen Sie jede neue Einzelheit, die Ihnen einfällt, sofort hinzu, sodass Ihre Beschreibung immer genauer und zutreffender wird.

Jedes Mal, wenn Sie die Beschreibung Ihres idealen Lebensgefährten lesen, verankern Sie sie tiefer und tiefer in Ihrem Unterbewusstsein. Wenn Sie sich vorstellen, wie glücklich Sie sich in einer Beziehung mit dieser Person fühlen werden, aktivieren Sie das Gesetz der Anziehung. Sie steigern so die Wahrscheinlichkeit, diesen Menschen zu treffen, enorm.

Eine ehrliche Selbstanalyse

Der nächste Schritt zu einer idealen Beziehung besteht darin, dass Sie eine ehrliche Selbstanalyse vornehmen. Eines der Kennzeichen erfolgreicher Menschen ist, dass sie im Hinblick auf ihre Stärken und Schwächen ganz objektiv und aufrichtig sind.

Übung: Selbstanalyse

Stellen Sie eine Liste mit allem, was Sie in einer Beziehung zu bieten haben, zusammen. Was sind Ihre positiven Merkmale? Welche Eigenschaften und Charakteristika, die Sie im Laufe der Jahre entwickelt haben, machen Sie zu einem wirklich wertvollen Partner für die ideale Person, die Sie suchen?

Wo liegen Ihre Schwachpunkte? Woran müssen Sie noch arbeiten? Seien Sie ehrlich zu sich selbst!

Fassen Sie den ehrlichen Entschluss, an Ihren Schwächen zu arbeiten, sich in jedem dieser Bereiche zu verbessern. Denn Sie können keine Person dauerhaft binden, die ganz anders ist als Sie selbst im tiefsten Inneren. Wenn Sie einen wirklich attraktiven Menschen anziehen wollen, müssen Sie selbst über genügend Anziehungskraft verfügen.

Beziehungen spiegeln Ihre Persönlichkeit

Ihre Beziehungen – vor allem die wichtigsten – werden immer Ihre wahre Persönlichkeit, Ihre wahren Wertvorstellungen, Überzeugungen und Einstellungen widerspiegeln. Sie werden in der äußeren Welt immer das erfahren, was Sie im Inneren wirklich sind.

Planen Sie berufliche Beziehungen!

Nicht nur im Privatleben sollten Sie Ihre Beziehungen planen; Sie müssen sich auch entscheiden, welche Beziehungen Sie in Ihrem beruflichen Leben und Ihrer Karriere wollen.

Wählen Sie Ihren Chef mit Bedacht!

Eines der Geheimnisse erfolgreicher Arbeit ist, dass man seinen Chef mit großer Sorgfalt auswählt. Wenn Sie sich auf die Suche nach einer Stelle machen, sollten Sie daran denken, dass Sie Ihren wertvollsten Besitz – Ihre Lebenszeit – gegen die Chance eintauschen wollen, etwas zu erreichen sowie ein angemessenes Einkommen zu erzielen. Deshalb müssen Sie Ihren Vorgesetzten sehr kritisch auswählen. Führen Sie eingehende Gespräche, bis Sie einen Menschen finden, für den Sie wirklich gern arbeiten würden.

Der ideale Chef

Sie brauchen jemanden, den Sie mögen, achten und bewundern und zu dem Sie aufblicken können, jemanden, der Ihnen viel beibringen kann, Ihnen den Rücken stärkt und Sie dabei unterstützt, möglichst gute Arbeit zu leisten. Wenn Sie dagegen für einen negativen Chef arbeiten oder ständiger Kritik ausgesetzt sind, werden Sie nie glücklich sein oder Erfolg haben. Schließlich werden Sie kündigen oder entlassen werden und sich eine neue Stelle suchen müssen, irgendwo anders, wo Sie mit anderen Kollegen und für einen anderen Chef arbeiten.

Kluge Leute weigern sich strikt, unter Umständen zu arbeiten, bei denen sie sich nicht die meiste Zeit wohl fühlen. Sie wissen, dass das nur Zeitvergeudung und eine Verschwendung ihres Lebens ist.

Ich habe es oft erlebt, dass jemand ein ungünstiges Arbeitsumfeld verließ und zu einer Firma mit netten Kollegen und einem positiven, optimistischen Chef wechselte – einem Chef, der seine Leute nach Kräften unterstützte. Der Betreffende, der in der früheren Umgebung nicht viel zustande gebracht hatte, blühte dort schon nach ganz kurzer Zeit richtig auf.

Meiden Sie die »Miesmacher«!

Eine der wichtigsten Entscheidungen, die Sie für Ihr Glück und Ihren Erfolg treffen, ist die Wahl der Menschen, mit denen Sie Umgang haben. Pflegen Sie Beziehungen zu den richtigen Leuten, zu Gewinnern. Und halten Sie sich von negativen Menschen fern, von Menschen, die sich ständig beklagen und andere kritisieren und schlecht machen. Solche »toxischen« Menschen deprimieren Sie und nehmen Ihnen alle Lebensfreude. Wenn Sie eine Weile mit ihnen zusammen waren, werden Sie sich entmutigt und demotiviert fühlen. Wählen Sie Ihre Freunde, Geschäftspartner und Mitarbeiter also sorgfältig aus. *Baron von Rothschild* hatte Recht, als er sagte: »Machen Sie keine unnützen Bekanntschaften!«

Die Rolle der »Referenzgruppe«

Im Hinblick auf die Menschen, mit denen Sie Umgang haben, müssen Sie ganz egoistisch sein. *Dr. David McClellan* von der Harvard University fand in seinen über 25 Jahre laufenden Untersuchungen zur Leistung heraus, dass die Zusammensetzung Ihrer »Referenzgruppe« mehr Einfluss auf Ihren Erfolg und Ihr Glück hat als alle anderen Entscheidungen, die Sie in Ihrem Leben treffen. Ihre Referenzgruppe besteht aus den Menschen, mit denen Sie sich identifizieren und den größten Teil der Zeit verkehren. Wenn Sie mit Adlern fliegen, werden Sie wie ein Adler denken und fühlen. Wenn Sie sich dagegen mit Truthähnen umgeben, werden Sie wie ein Truthahn denken, gehen, sprechen und handeln. Die Menschen, mit denen Sie verkehren, haben einen ungeheuer großen Einfluss auf alle Bereiche Ihres Lebens und auf alles, was Sie erreichen.

Macht Erfolg zum Einzelgänger?

Erfolgreiche Menschen werden oft als Leute beschrieben, die viel im Alleingang machen. Das bedeutet aber nicht, dass sie seltsame Einzelgänger sind! Sie haben im Gegenteil sehr gute Freunde und Beziehungen – Einzelgänger sind Sie nur in dem Sinne, dass sie bei ihrem gesellschaftlichen Umgang sehr wählerisch sind. Sie gehen nicht mit jedem x-Beliebigen zum Essen, nur weil er ihnen zur Mittagszeit über den Weg läuft. Sie achten sorgfältig darauf, dass sie ihre Zeit nur mit Menschen verbringen, die sie mögen und von deren Gesellschaft sie profitieren können. Machen Sie es genauso!

Gewinner betreiben »Networking«

Ein Merkmal der meisten wirtschaftlich erfolgreichen Menschen ist, dass sie unermüdlich an ihrem Netzwerk arbeiten. Sie wissen, dass sie umso mehr Glück und Chancen haben werden, je mehr Leute sie kennen. Sie ergreifen jede Gelegenheit, um ihr Netzwerk zu erweitern, und knüpfen so in allen wichtigen Lebensbereichen zahlreiche sich überschneidende Kontakte.

Beispiel: Berufserfolg im Ausland

Ich habe sehr gute Freunde, die ins Ausland gezogen sind und in ihrer neuen Stadt schon nach wenigen Monaten zu den besonders aktiven und bekannten Leuten ihrer Branchen gehörten. Wie sie das gemacht haben? Die Antwort lautet: Sie haben sich ein Netzwerk aufgebaut.

Sie traten sofort in die branchenrelevanten Verbände und Organisationen ein. Sie engagierten sich stark und trugen viel zu den Aktivitäten dieser Vereinigungen bei. Da das nur wenige Leute tun, wurden sie bald in Ausschüsse gewählt und von den wichtigsten Personen in den Organisationen anerkannt und respektiert. Bald boten sich Ihnen alle möglichen Chancen. Es war gar nicht schwer für sie, die Unterstützung der entscheidenden Leute innerhalb und außerhalb ihrer Organisationen zu gewinnen, und sie machten in ein paar Monaten mehr Fortschritte als viele andere Menschen in mehreren Jahren.

Wie Sie ein Netzwerk aufbauen

Der wichtigste Punkt beim Aufbau eines Netzwerks ist, dass Sie bewusst ein oder zwei Organisationen auswählen, in denen es Leute gibt, die Ihnen bei der Erreichung Ihrer persönlichen und beruflichen Ziele helfen können – und denen umgekehrt auch Sie helfen können, ihre Ziele zu erreichen. Dabei spielt *das Gesetz der Vertrauenswürdigkeit* eine große Rolle. Es lautet:

»Je mehr die anderen Ihnen glauben und vertrauen, desto leichter werden sie sich dazu entschließen, mit Ihnen zu arbeiten und Geschäfte zu machen.« (Gesetz der Vertrauenswürdigkeit)

Und alles zählt. Alles, was Sie in Ihren Beziehungen tun, steigert oder mindert Ihre Glaubwürdigkeit und das Vertrauen, das Sie bei anderen genießen. Einer der Hauptgründe für den Beitritt zu wichtigen Organisationen ist, dass Sie sich dort das Vertrauen von Leuten, die Ihnen irgendwann einmal helfen können, erwerben.

Wie Sie die richtigen Berufsverbände finden

Wichtig für den Aufbau erfolgreicher beruflicher Netzwerke ist: Wenn Sie einer Organisation beitreten, müssen Sie sich genau über sie informieren. Erkundigen Sie sich danach, was sie tut und welche ihrer Teile den größten Beitrag zu ihrem Erfolg leisten. Sehen Sie sich die Mitgliederliste und den Aufbau der Ausschüsse an. Achten Sie darauf, dass zu den Mitgliedern Leute zählen, die Ihnen auf Ihrem Gebiet und bei Ihrer Karriere voraus sind – Leute, von denen Sie lernen und profitieren können.

Arbeiten Sie aktiv mit!

Wenn Sie herausgefunden haben, welcher Ausschuss besonders wichtig ist, sollten Sie dort Ihre Mitarbeit anbieten. Da Berufsverbände und soziale Organisationen sehr stark auf freiwillige Arbeit angewiesen sind, werden Sie in der Regel sehr willkommen sein. Die meisten Leute, die Mitglied bei Organisationen werden, gehen nur zu den Treffen und Veranstaltungen. Sie betrachten das als Teil ihres gesellschaftlichen Lebens, nicht als entscheidenden Teil ihres Berufslebens. Sie dagegen werden sich nicht nur freiwillig für wichtige Aufgaben melden, sondern bereitwillig alle Arbeiten übernehmen, die man Ihnen überträgt. Sie werden an allen Sitzungen teilnehmen und zu jeder Diskussion etwas beitragen. Sie werden vor und nach den Treffen Ihre »Hausaufgaben« erledigen, sodass Sie gründlich vorbereitet sind.

Der Lohn der Mühe

Schon nach ganz kurzer Zeit werden Sie den wichtigen Mitgliedern des Ausschusses auffallen. Da Sie ständig etwas geben, ohne dafür etwas zu erwarten, wird man Ihnen vertrauen und Sie achten. Im Laufe der Zeit wird man Sie bitten, auch andere Dinge zu übernehmen, und Ihnen andere Aufgaben übertragen. So werden Sie bald ein wichtiges Ausschussmitglied und ein wertvolles Mitglied der Organisation sein.

Beispiel: Durch Engagement zum Spitzenjob

Vor ein paar Jahren bin ich Mitglied bei der Handelskammer geworden, um Kontakt zu den Geschäftsleuten zu bekommen und einen Beitrag zu leisten. Ich fand bald heraus, dass das Hauptthema, mit dem die Kammer sich befasste, die damalige Ausbildungssituation war, zu der die Firmen und die Regierung ganz unterschiedliche Ansichten hatten. Ich meldete mich freiwillig zur Mitarbeit in dem Ausschuss, der Gespräche mit der Regierung führte.

Ich wendete dann viel Zeit dafür auf, Informationen zusammenzutragen und Unterlagen für den Ausschuss zu erstellen. Ich nahm an allen Sitzungen teil. Ich schlug andere Strategien und Taktiken vor, durch die die Kammer der Regierung gegenüber aktiver für eine bessere Qualität der Ausbildung in unserem Bundesstaat eintreten konnte. Bald wurde ich Zweiter Vorsitzender des Ausschusses, und man übertrug mir die Aufgabe, die Kammer bei allem, was diesen Bereich betraf, zu vertreten.

Der Vorsitzende des Ausschusses war einer der bekanntesten Geschäftsleute im Bereich der Kammer. Er hatte ungeheuer viel Macht und Verbindungen zu Berufs- und Regierungsorganisationen im ganzen Land. Ich arbeitete unter ihm, folgte seiner Führung und hielt mich an seine Anweisungen. Er fing an, mir Türen zu öffnen und mich anderen wichtigen Geschäftsleuten vorzustellen, die mir Ratschläge und Anregungen zu den Aktivitäten der Kammer im Geschäfts- und Ausbildungsbereich gaben.

Ein halbes Jahr später fand in einem Badeort die Jahresversammlung der Kammer statt, zu der mehrere Hundert führende Geschäftsleute erwartet wurden. Ich wurde gefragt, ob ich es übernehmen würde, die Tagesordnung vorzubereiten und die Versammlung zu leiten. Wieder sagte ich begeistert zu. Bei der Versammlung stand ich den ganzen Tag über im Rampenlicht, vor Hunderten von Spitzengeschäftsleuten. Und da ich meine »Hausaufgaben« gut gemacht hatte, war ich gründlich darauf vorbereitet, meine Aufgabe kompetent zu erfüllen.

Nach der Versammlung wurde ich in den Ausschuss für die Beziehungen zwischen den Geschäftsleuten und der Regierung gewählt. Im folgenden Jahr leitete ich Gespräche von Vertretern der Geschäftsleute und höheren Regierungsbeamten. Über manche dieser Gespräche wurde in den Zeitungen berichtet. Ein einflussreicher Geschäftsmann las das und beschloss, dass ich eine seiner Firmen leiten sollte. Er warb mich bei meiner damaligen Firma ab – zu dem doppelten Gehalt plus Aktienoptionen.

Noch bevor der Staub sich gelegt hatte, war ich einer der bekanntesten und geachtetsten jungen Geschäftsmänner im ganzen Bundesstaat. Ich kannte wichtige Politiker und Geschäftsleute und die Vorsitzenden der verschiedensten Organisationen und Verbände.
Ein paar Jahre später hatte mein Einkommen sich erneut verdoppelt. Offenbar bestand ein direkter Zusammenhang zwischen dem ständig größer werdenden Kreis der Kontakte, die ich aufbaute, und den Chancen, die sich mir beruflich und privat boten.

Werden Sie in Ihrer Stadt aktiv!

Meine Geschichte ist durchaus nicht einzigartig. Unzählige Leute haben die gleichen Erfahrungen gemacht. Doch alles hängt von Ihnen ab. Sie müssen hinausgehen und sich aktiv an den Geschehnissen in Ihrer Stadt beteiligen. Es gibt immer viel mehr Möglichkeiten, sich in Berufs- oder Wohltätigkeitsorganisationen zu engagieren, als talentierte Leute, die diese Aufgaben wahrnehmen wollen. Wenn Sie als Gebender, nicht als Nehmender an die Situation herangehen, können Sie Ihr Netzwerk fast unbegrenzt ausdehnen.

Investieren Sie in Beziehungen!

Wenn Sie jemanden kennen lernen, der wertvoll für Sie sein könnte, sollten Sie immer an einen alten Spruch denken: »Wer fragt, der führt.« Handeln Sie nach dem Gesetz der indirekten Bemühung. Versuchen Sie nicht, den anderen zu beeindrucken, sondern stellen Sie ihm Fragen und lassen Sie sich von seinen Antworten beeindrucken. Suchen Sie nach Gelegenheiten, anderen zu helfen. Denken Sie daran, dass das Gesetz vom Säen und Ernten ein universelles Grundprinzip ist. Wenn Sie lange und engagiert genug investieren, werden Sie schließlich alles herausbekommen, was Sie sich wünschen. Sie werden großen Erfolg haben.

Pflegen Sie gute Geschäftskontakte!

Allen Geschäftsleuten, die Sie kennen lernen, geht es um ihren Umsatz. Daher können Sie jedem eine großartige Frage stellen: »Was muss ich über Ihre Firma wissen, um sie möglichen Kunden oder Klienten empfehlen zu können?« Wir alle sprechen gern über das, was wir tun, und über die Gründe dafür, dass andere Firmen uns fördern oder zumindest fördern sollten. Und nichts wird so schnell eine Bindung zwischen Ihnen und einem anderen Geschäftsmann entstehen lassen wie eine Empfehlung seiner Dienste gegenüber einem Kunden oder Klienten.

Der Vorteil, gemocht zu werden

Wenn Sie anderen dabei helfen, ihr Geschäft auszubauen und ihre beruflichen und finanziellen Ziele zu erreichen, werden sie ihrerseits bestrebt sein, Ihnen zu helfen. *Das Gesetz des Mögens,* einen der wichtigsten Glücksfaktoren, kann man nämlich auch so formulieren:

> **»Je mehr jemand Sie mag, desto leichter ist es für Sie, ihn auf irgendeine Weise zu beeinflussen.« (Gesetz des Mögens)**

Unsere Gefühle wirken sich stark darauf aus, wie wir andere beurteilen. Wenn jemand Sie wirklich mag, werden ihn Ihre Schwächen und Mängel weniger interessieren. Mag er Sie dagegen nicht, wird er auf Ihre Schwächen oder Mängel besonders negativ reagieren.

Sympathie und Geschäft

Wir alle machen gern mit Leuten, die wir mögen, Geschäfte. Wir pflegen den Umgang mit Leuten, die wir mögen, wir öffnen ihnen Türen und kaufen bei ihnen. Jeder Arbeitgeber stellt gern Leute ein, die er mag, und befördert sie bevorzugt. Je mehr Leute Sie mögen, desto mehr Chancen werden sich Ihnen bieten, und desto schneller werden Sie auf Ihrem Karriereweg vorankommen.

Hilfsbereitschaft zahlt sich aus

Bieten Sie den Menschen, mit denen Sie zu tun haben, immer wieder Ihre Hilfe an. Ich habe einige der reichsten und mächtigsten Geschäftsleute der Welt beobachten können. Dabei ist mir aufgefallen, dass sie immer sehr liebenswürdig und aufmerksam waren, wenn sie anderen zuhörten. Und sie stellten fast immer die Frage: »Kann ich Ihnen irgendwie helfen?« Dieselbe Frage sollten auch Sie am Ende jedes Gesprächs stellen. Manchmal wird Ihrem Gesprächspartner etwas einfallen, das Sie tun können, meistens aber nicht. Sie werden ihm jedoch schon dadurch, dass Sie ihm Ihre Hilfe angeboten haben, in angenehmer Erinnerung bleiben. Und vielleicht wird er Sie irgendwann tatsächlich um Hilfe bitten.

Das Prinzip der Gegenseitigkeit

Das Gesetz der Gegenseitigkeit ist einer der stärksten und wirkungsvollsten Glücksfaktoren und eines der wichtigsten menschlichen Prinzipien. Es lautet einfach:

»Wenn Sie für jemand anderen etwas tun, wird er auch etwas für Sie tun wollen.« (Gesetz der Gegenseitigkeit)

Er wird Ihnen seinerseits helfen wollen, damit er nicht das Gefühl hat, Ihnen verpflichtet zu sein. Die meisten Menschen haben einen ausgeprägten Sinn für Gerechtigkeit. Sie wollen, dass es in ihrem Privat- und Berufsleben keine offenen »Rechnungen« gibt.

Wenn Sie etwas Nettes für jemanden tun, wird er es Ihnen instinktiv vergelten wollen. Wenn Sie mit einem Freund in ein Restaurant gehen und die Rechnung bezahlen, wird er beim nächsten Mal darauf bestehen, dass er bezahlt. Wenn Sie jemandem eine Weihnachtskarte schicken, wird er Ihnen ebenfalls eine schicken, auch wenn er Sie gar nicht kennt!

Erfolg und gegenseitige Achtung

Wenn Sie Ihr Leben so organisieren, dass es in Harmonie mit universellen Erfolgsgesetzen steht, werden Sie immer überrascht darüber sein, wie schnell sich Dinge ereignen, die gut für Sie sind. Und das Gesetz der Gegenseitigkeit bei den menschlichen Beziehungen ist eines der wirkungsvollsten Grundgesetze überhaupt. Denn ein Schlüssel zum Erfolg liegt darin, mehr und bessere Beziehungen aufzubauen, bei einem größeren Kreis von Menschen bekannt und von ihnen geachtet zu werden. Das müssen Sie bewusst und überlegt tun, indem Sie die Menschen und Organisationen auswählen, zu denen Sie Kontakt haben wollen, und dann mit ganzem Herzen darangehen, für diese Menschen und Organisationen einen wertvollen Beitrag zu leisten.

Knüpfen Sie neue Kontakte!

Wir neigen immer dazu, den Weg des geringsten Widerstands zu wählen. Und bei menschlichen Beziehungen ist es der Weg des geringsten Widerstands, die Leute, die wir schon kennen, die wir mögen und denen wir vertrauen, zu empfehlen und mit ihnen Geschäfte zu machen. Es ist Ihre Aufgabe, sich auf Ihrem Lebensweg ein möglichst ausgedehntes Netzwerk von Kontakten zu einflussreichen Leuten aufzubauen.

Ihr Netzwerk und Ihre Chancen

Je mehr Menschen Sie kennen und je mehr Menschen andererseits Sie kennen und schätzen, desto größer ist die Wahrscheinlichkeit, dass Sie zur richtigen Zeit aus dem richtigen Grund und für die richtige Chance den richtigen Menschen kennen. Dadurch werden sich Ihnen immer wieder Möglichkeiten eröffnen. Und wenn Sie auf Ihrem Gebiet an die Spitze aufsteigen, wird nicht das »Glück« dafür verantwortlich sein, sondern die Tatsache, dass Sie einen Plan und ein Ziel hatten!

Kapitel 7
Die Magie des Geldes

Der Traum von der finanziellen Unabhängigkeit

Erfolg = finanzielle Unabhängigkeit

Jeder will finanziell unabhängig sein. Eine der bekanntesten Definitionen von Erfolg lautet: »In der Lage zu sein, sein Leben so zu leben, wie man will.« Geld ist eine wichtige Voraussetzung für die Freiheit, die Chancen und die volle Selbstverwirklichung, die wir uns alle wünschen. Und das Konzept des Glücks wird nirgendwo stärker bemüht als bei finanziellem Erfolg.

Mehr Chancen denn je

Wir, die Bewohner der Industrienationen, haben den großen Vorteil, im besten Zeitalter der Menschheitsgeschichte zu leben – das »goldene Zeitalter« hat für viele von uns begonnen. Durch die Wissensexplosion, den technologischen Fortschritt und den zunehmenden Wettbewerb hat die kreative Minderheit heute mehr Chancen, finanzielle Unabhängigkeit zu erreichen und wohlhabend zu werden, als je zuvor. Ein zentraler Glücksfaktor liegt daher im *Gesetz des Überflusses.* Es lautet einfach:

> **»Wir leben in einer Welt des grenzenlosen Überflusses, und es gibt reichlich für jeden.«**
> **(Gesetz des Überflusses)**

Früher brauchte man Land, Arbeitskräfte, Kapital, Gebäude, Maschinen und alle möglichen Geldquellen, um Produkte herzustellen und Dienstleistungen anzubieten und diese dann mit Gewinn zu verkaufen, um reich zu werden. Heute brauchen Sie nur Ihren Verstand – er allein verschafft Ihnen große Vorteile gegenüber denjenigen, deren ganzes Kapital in Fabriken und Maschinen gebunden ist, die schon morgen durch eine technologische Veränderung auf der anderen Seite der Welt veraltet sein können.

Ihr Kapital: Wissen

Ihre »Brainpower«, Ihre Fähigkeit, zu denken und kreative Ideen und Erkenntnisse zu entwickeln, stellt Ihren wahren Reichtum dar. Die Grenzen für Ihre finanziellen Möglichkeiten setzen nur Sie selbst und Ihre eigenen Handlungen in der Welt, in der Sie leben.

Wird Erfolg in die Wiege gelegt?

Als ich ein junger Mann war, verdiente ich als Hilfsarbeiter ohne High-School-Abschluss nur einen Hungerlohn. Ich war voller Selbstmitleid, weil ich kein Geld hatte, und beneidete die Leute, die mehr Erfolg hatten. Ich wünschte mir auch so viel »Glück«. Man hatte mir die gängige Einstellung vermittelt, dass die Reichen immer reicher und die Armen immer ärmer würden; man hatte mir die Überzeugung eingeimpft, dass wir alle in eine bestimmte soziale Schicht hineingeboren werden und dass ohne eine großartige Familie, eine sehr gute Ausbildung und finanzielle Möglichkeiten persönlicher Erfolg kaum machbar ist. Es war ein richtiger Schock für mich, als ich entdeckte, dass praktisch alle erfolgreichen Amerikaner und Amerikanerinnen arm angefangen hatten. Nicht einmal einem Prozent der finanziell erfolgreichen Amerikaner war ihr Vermögen durch eine Erbschaft »in den Schoß gefallen«. Fast alle hatten mit nichts angefangen, manche sogar mit weniger als nichts.

Ihr Startkapital: Ideen und Ehrgeiz

Immer wieder kommen Leute zu mir, die mich fragen, wie sie denn ohne Geld ihr Leben verändern oder ein eigenes Geschäft gründen könnten. Tatsächlich gibt es Hunderte, wenn nicht sogar Tausende von Geschäftsideen, die man mit weniger als 100 Dollar realisieren kann. Für ihre Umsetzung sind eher mentales und persönliches Kapital als Geld erforderlich.

Das wichtigste Eigenkapital, das Sie in Ihre Karriere oder ein neues Geschäft stecken müssen, ist »Schweißkapital«.

Das ist Ihre Bereitschaft, sehr, sehr hart zu arbeiten, um Ihre Ziele zu erreichen. Wenn Sie dazu bereit sind, wird alles andere sich schließlich von selbst ergeben.

Der Sinn des Reichtums

Warum wollen wir überhaupt reich sein? Warum wollen wir alle unsere Rechnungen bezahlen können und außerdem noch Geld auf der Bank haben? Warum streben wir nach finanziellem Überfluss? Meine eigene Antwort auf diese Fragen lautet so: Da wir ganz unvermeidlich die Gedanken und Bilder aktivieren, die wir am stärksten emotionalisieren, werden Sie immer mehr Geldprobleme anziehen, wenn Sie sich ständig Sorgen wegen des Geldes machen.

Von der Hand in den Mund

Ganze 80 Prozent der amerikanischen Familien haben heute keine Ersparnisse. Ganze 70 Prozent der arbeitenden Amerikaner haben kein frei verfügbares Einkommen. Das bedeutet, dass sie alles, was sie verdienen – gewöhnlich sogar noch ein bisschen mehr –, für ihre Kreditkarten ausgeben und ihnen nichts übrig bleibt. Jemand hat einmal geschrieben, dass die amerikanische Durchschnittsfamilie nur zwei Monatsgehälter von der Obdachlosigkeit entfernt sei. Wenn sie ihr Einkommen auch nur für kurze Zeit verlieren würde, würde sie das in eine ernste Notlage bringen.

»Hygienefaktor« Geld

Ein Mensch ohne Geld ist wie jemand, der schon lange nichts mehr gegessen hat. Dieser Mangel beschäftigt ihn ganz. So, wie der Hungrige die ganze Zeit fast nur ans Essen denkt, denken Menschen, die Geldprobleme haben, ständig an Geld und machen sich Sorgen darüber. Für die Welt um sie herum bleibt ihnen so nur sehr wenig emotionale oder geistige Kraft übrig. Geld gehört daher zu den Dingen, die der Psychologe und bekannte Managementtheoretiker *Frederick Herzberg* »Hygienefaktoren« genannt hat. Wir brauchen einen bestimmten Betrag, um einen annehmbaren Grad finanzieller und physischer Sicherheit zu erreichen. Unterhalb dieses Punktes denken wir an nichts anderes. Oberhalb von ihm fangen wir dagegen an, über alle möglichen anderen Dinge nachzudenken, die uns wichtiger sind.

Ist genug Geld da, spielt es eine Nebenrolle

Reiche Leute sagen gewöhnlich, Geld spiele in ihrem Leben nur eine untergeordnete Rolle. Wenn wir einen bestimmten Grad finanzieller Unabhängigkeit erreicht haben, beschäftigt Geld uns tatsächlich nicht mehr so sehr. Wir wenden unsere Gedanken und unsere Aufmerksamkeit dann anderen, wichtigeren Dingen im Leben zu. Wir denken über unsere Gesundheit nach, über unsere Beziehungen und über den Beitrag, den wir zu der Welt um uns herum leisten können. Wir interessieren uns mehr für die Situation anderer Menschen. Wir konzentrieren uns stärker auf unsere innere Entwicklung, wir schätzen Literatur, Philosophie und Musik. Es macht uns mehr Freude, unsere Zeit mit den wichtigen Menschen in unserem Leben zu verbringen.

Ab einem bestimmten Punkt ist Geld nicht mehr das, womit wir uns überwiegend beschäftigen, und das führt dazu, dass unser ganzes Leben besser wird.

Unterhalb dieses Levels aber denken wir an nichts anderes. Wir stehen morgens auf, denken an Geld und machen uns den ganzen Tag über deswegen Sorgen.

Finanzielle Sicherheit als Schlüsselfaktor

Der Hauptscheidungsgrund in den USA sind Auseinandersetzungen um Geld. Eine der Hauptursachen für Stress, Angst und Persönlichkeitsprobleme ist, dass die Geldsorgen das ganze Dasein beherrschen. Und das bedeutet, dass Sie es sich einfach schuldig sind, alles zu tun, was nötig ist, um finanzielle Sicherheit und schließlich sogar finanzielle Unabhängigkeit zu erreichen. Ihr langfristiges Ziel muss sein, sich ein »finanzielles Polster« solider Geldanlagen zu schaffen, damit Sie nie wieder Geldsorgen haben.

Wie schaffen es andere?

Zum Glück gibt es in den USA und anderswo so viele Menschen, die mit nichts angefangen und sich dann Reichtum erarbeitet haben, dass wir Jahre damit verbringen könnten, all ihre Ideen für das Erreichen finanzieller Unabhängigkeit zu studieren. Und ein wichtiger Glücksfaktor steckt im *Gesetz des Nacheiferns*:

»Sie werden umso mehr Erfolg haben, je genauer Sie herausfinden, was andere erfolgreiche Menschen tun, und je mehr Sie das dann selbst immer wieder tun.« (Gesetz des Nacheiferns)

Das ist so einfach und offensichtlich, dass es den meisten Leuten völlig entgeht. Es ist mir immer wieder unbegreiflich, dass so viele Leute versuchen, bei einer Karriere oder mit einem Geschäft Erfolg zu haben, ohne sich die anderen erfolgreichen Menschen auf diesem Gebiet genau anzusehen. Diese Leute versuchen, das Rad neu zu erfinden!

Orientieren Sie sich an »Erfolgs-Fachleuten«!

Mein Freund *Kop Kopmeyer*, der das Phänomen »Erfolg« 54 Jahre lang untersuchte, sagte, wir müssten »von den Fachleuten lernen« – das sei eines der wichtigsten Erfolgsprinzipien, die er jemals entdeckt habe. Wir hätten auf der Erde einfach nicht mehr genug Zeit, um alles selbst herauszubekommen. Wenn man Erfolg haben wolle, müsse man sich Leute zum Vorbild nehmen, die die angestrebte Art von Erfolg bereits hätten. Man müsse herausfinden, was diese Leute getan haben und heute tun, und diese Dinge dann selbst tun, bis man die gleichen Ergebnisse bekomme.

Erfinden Sie nicht das Rad neu!

Wahrscheinlich haben Sie erkannt, dass das eine andere Formulierung des Gesetzes von Ursache und Wirkung ist. Statt Stunden, Tage, Wochen, Monate und sogar Jahre Ihres Lebens mit dem Versuch zu verschwenden, sich einen ganz neuen Weg zu bahnen, müssen Sie von Leuten lernen, die aus dem Nichts erfolgreich waren – durch Bücher, Audiokassetten, Kurse und Seminare. Tun Sie, was diese Leute getan haben, bis Sie deren Fertigkeiten und Fähigkeiten meisterhaft beherrschen – erst dann dürfen Sie Ihren eigenen Weg gehen und Ihre eigenen Ideen umsetzen.

Beispiel: Übung macht den Meister(koch)

Um ein Spitzenkoch zu werden, braucht man ungefähr sieben Jahre. Die beste Kochschule der Welt ist ein Institut in Genf. In ihrem ersten Jahr dort müssen die angehenden Köche Obst und Gemüse schälen. Da sie das ein ganzes Jahr lang tun, bekommen sie ein ungeheuer feines Gefühl für die Beschaffenheit von Obst und Gemüse in allen Stadien der Frische, des Geschmacks und der Zusammenstellung. Im zweiten Jahr dürfen sie sich dann mit der Zubereitung von Salaten und anderen Kreationen aus Obst und Gemüse beschäftigen. In jedem der folgenden Jahre verbringen sie Hunderte von Stunden damit, mit den verschiedensten Gewürzen, Saucen, Zutaten und Kombinationen zu arbeiten. Am Ende der sieben Jahre gehören sie dann zu den besten Köchen der Welt.

Danach arbeiten sie unter einem Meisterkoch in einem Spitzenrestaurant. Nach weiteren drei bis fünf Jahren sind sie so weit, dass sie selbst Küchenchef werden können.
Die besten Hotels und Restaurants auf der ganzen Welt sind die, denen es gelungen ist, einen Absolventen der »Schweizer Schule« anzuwerben. Diese Leute bekommen Unsummen von Geld, und wenn sie sich schließlich aus dem Geschäft zurückziehen, sind sie finanziell unabhängig. Es dürfte offensichtlich sein, warum ich Ihnen das alles erzählt habe: Bevor sie kreative, eigene Wege gingen, erwarben sie jene Fähigkeiten, die die besten Köche der Welt im Laufe der Jahre weitergegeben hatten. Sie fingen erst an, eigene Ideen zu verwirklichen, als sie durch eine gründliche Ausbildung einen sehr hohen Fertigkeitsgrad erreicht hatten.

7 Tipps für Ihre »Wertsteigerung«

Ein wichtiger Faktor dafür, wie viel Glück Ihnen zuteil wird, ist *das Gesetz des Gegenwertes bei der Schaffung von Reichtum*. Dieses Gesetz lautet:

> **»Reichtum ist immer das Ergebnis irgendeiner Werterhöhung.« (Gesetz des Gegenwertes bei der Schaffung von Reichtum)**

Die wichtigsten Wertquellen sind heute Zeit und Wissen. Ihre Fähigkeit, sich das Schlüsselwissen, die Ideen, Einsichten und Fertigkeiten anzueignen, die Sie brauchen, und diese Fertigkeiten dann zur richtigen Zeit anzuwenden, ist einer der entscheidendsten Erfolgsfaktoren. Und es gibt keinen anderen Weg, um wirklich reich zu werden!

Welchen Beitrag leisten Sie für die Welt?

Man kann das Gesetz des Gegenwertes auch anders ausdrücken: Sie müssen sich ständig darauf konzentrieren, den Wert des Beitrags zu steigern, den Sie zu der Welt um Sie herum leisten. Das Wohl des Kunden und die Verbesserung des Lebens anderer sind die wahren Quellen für echte, dauerhafte Werte.

So steigern Sie Ihren Wert

Es gibt sieben Erfolgstipps zur Werterhöhung dessen, was Sie bei Ihrer Arbeit und im Leben insgesamt leisten. Jedes dieser Konzepte kann schon ausreichen, um Ihnen finanziellen Erfolg zu verschaffen. Wenn Sie anfangen, sie miteinander zu kombinieren, werden Sie finanziell schneller vorankommen als je zuvor.

Tipp 1: Seien Sie schneller!

Die erste Methode zur Werterhöhung besteht einfach darin, die Werte, für die andere zu bezahlen bereit sind, schneller zu liefern. Denken Sie daran, dass wir alle ungeduldig sind. Jemand, dem gestern noch gar nicht bewusst war, dass er Ihr Produkt oder Ihre Dienstleistung haben will, möchte sie jetzt am liebsten sofort haben. Ihre Kunden sehen einen direkten Zusammenhang zwischen der Schnelligkeit, mit der Sie liefern können, und dem Wert von dem, was Sie anbieten. Jemand, der uns etwas Bestimmtes schneller liefern kann, wird als kompetenter betrachtet, sein Produkt als wertvoller.

Heute hängen alle Neuerungen in der Geschäftswelt und der Industrie mit den Faktoren Zeitersparnis und schnellere Befriedigung der Kundenwünsche zusammen.

Jeder technologische Fortschritt ist darauf ausgerichtet, die Zeit, die ein Prozess dauert, zu verringern. All die Zauberworte des heutigen Managements – zum Beispiel Reengineering, Reorganisation und Innovation – stehen für Methoden, durch die der Prozess der Herstellung und Auslieferung von Waren und Dienstleistungen stromlinienförmig gemacht werden kann, sodass die Firmen sie schneller als die Konkurrenz zum Kunden bringen können.

Beispiele: Geschäftserfolg durch Schnelligkeit

Alles, was Sie brauchen, ist eine einzige gute Idee, die zu zehn Prozent neu, besser oder anders ist als die Art und Weise, wie die Dinge heute gemacht werden. Diese Idee kann der Ausgangspunkt für großen Reichtum sein! Handys zum Beispiel ermöglichen es den Benutzern, Telefonanrufe sofort zu erledigen und entgegenzunehmen. Faxgeräte versetzen uns in die Lage, in Sekunden statt in Tagen miteinander zu korrespondieren. Federal Express hat nur durch die Garantie, Briefe und Pakete bis 10:30 Uhr am nächsten Vormittag zuzustellen, ein Zehn-Milliarden-Dollar-Unternehmen aufgebaut. Schnelligkeit ist das Erfolgsgeheimnis hinter vielen besonders stark wachsenden Firmen und Privatvermögen. Analysieren Sie Ihre Branche und Ihren Job. Wo sehen Sie Möglichkeiten, Ihre Kunden schneller zu beliefern, als das heute der Fall ist? Wie könnten Sie die Lieferzeit um eine Sekunde, eine Minute, eine Stunde oder einen Tag reduzieren? General Motors brauchte früher vier Jahre, bis ein neues Modell in den Verkauf gehen konnte. Dann machten die Japaner ihre Entwicklungssysteme so stromlinienförmig, dass sie ihre neuen Modelle schon nach 18 Monaten auf den Markt bringen konnten. Heute arbeiten die großen Autohersteller daran, die Planungs-, Entwicklungs- und Lieferzeit unter ein Jahr zu drücken.

Der Rekord wird zum Standard

Jeder neue Geschwindigkeitsrekord bei der Befriedigung der Kunden wird das Minimum, das der nächste Konkurrent einhalten muss, wenn er auf dem Markt bleiben will. Denken Sie deshalb jeden Tag darüber nach, wie Sie Ihre Produkte und Dienstleistungen schneller zu Ihren Kunden bringen können. Das ist eine echte Wertquelle!

Tipp 2: Seien Sie besser!

Der zweite Schlüssel zum Reichtum besteht darin, zum gleichen Preis bessere Qualität zu bieten als die Konkurrenz. Sie wissen ja: Was Qualität ist, bestimmt der Kunde!

> **Qualitätsmanagement kann man am besten so definieren: Sie müssen herausfinden, was Ihr Kunde wirklich will, und es ihm dann schneller liefern als die Konkurrenz.**

Qualität bedeutet nicht nur bessere Haltbarkeit oder ein schöneres Design; Qualität hat zuallererst etwas mit dem Gebrauch zu tun, den der Kunde von dem Produkt oder der Dienstleistung machen will. Qualität und Kundennutzen sind also eng miteinander verbunden.

Qualität = optimale Befriedigung von Kundenwünschen

Ausführliche Befragungen von Kunden haben ergeben, dass für sie nicht nur das Produkt selbst die Qualität ausmacht, sondern auch die Art und Weise, wie es geliefert wird. Deshalb kann man sagen, dass McDonald's die Kundenwünsche nach Schnelligkeit, Sauberkeit und günstiger Preisgestaltung optimal befriedigt. McDonald's versucht nicht, mit Feinschmeckertempeln zu konkurrieren, sondern gibt der Masse der Kunden auf der ganzen Welt genau das, was sie will, und zwar in der gewünschten Form und zum gewünschten Preis.

Fragen Sie Ihre Kunden!

Wie können Sie die Qualität dessen, was Sie tun, im Hinblick auf das, was Ihr Kunde wirklich will, verbessern? Nun, das ist gar nicht schwierig: Hören Sie sich die Klagen und Beschwerden der Kunden aufmerksam an. Sie sollten Ihre Kunden sogar regelmäßig fragen, ob sie Vorschläge dafür haben, wie Sie Ihre Produkte oder Dienstleistungen verbessern können. Wenn Sie Ihre Kunden um ehrliches Feedback bitten, werden sie Ihnen sagen, was Sie tun können, damit sie noch zufriedener sind. Diese Erkenntnisse können Ihnen in Ihrem Marktsegment den entscheidenden Vorsprung verschaffen.

Beispiel: Der erfolgreichste Cadillac-Händler der USA

Carl Sewell beschreibt in seinem Buch Kunden fürs Leben, *wie er der erfolgreichste Cadillac-Händler Amerikas wurde. Seine Philosophie bestand darin, ständig nach Möglichkeiten zu suchen, den Kunden das zu bieten, was sie von einem Autohaus wirklich wollten und brauchten. Eine seiner Innovationen war, dass er immer genug Leihwagen dahatte. So konnten die Leute ihre Autos den ganzen Tag über bei ihm stehen lassen. Neue Autos, bei denen noch Garantie bestand, ließ er für eine Reparatur beim Kunden abholen und stellte im Austausch einen Neuwagen gleichen Werts zur Verfügung, damit die Kunden keinerlei Unbequemlichkeiten auf sich nehmen mussten. Außerdem garantierte er, dass die Reparatur beim ersten Mal tadellos durchgeführt werden würde; eventuell erforderliche Nachbesserungen würde er dem Kunden nicht in Rechnung stellen.*
Jeder seiner Mechaniker musste persönlich die Verantwortung für seine gesamte Arbeit übernehmen, und wenn das Auto mit dem gleichen Problem zurückkam, musste der betreffende Mechaniker es ohne Bezahlung in Ordnung bringen.
Die Liste von Carl Sewells Innovationen beim Service geht noch weiter, Kapitel um Kapitel. Das Ergebnis war, dass sein Autohaus zur beliebtesten und bekanntesten Cadillac-Vertretung in Dallas und Umgebung wurde. Aus der ganzen Welt reisten Teams von Qualitätsexperten an, um sich über sein Servicekonzept zu informieren.

Manchmal setzen die Kunden übrigens auch Schnelligkeit mit Qualität gleich. Domino's Pizza hat durch das Versprechen, Pizzen innerhalb von 30 Minuten zu liefern, ein Milliarden-Dollar-Unternehmen aufgebaut. Für den hungrigen Pizzakäufer ist Schnelligkeit Qualität und Qualität Schnelligkeit, darauf hatte Domino's Pizza optimal reagiert.

Tipp 3: Steigern Sie den Wert Ihres Produktes!

Der dritte Schlüssel zum Reichtum besteht darin, den Wert all dessen, was Sie machen, zu steigern. Sie wissen ja: Wenn jeder das Gleiche anbietet, werden die üblichen Eigenschaften des Produkts oder der Dienstleistung zum absoluten Minimum, zur erwarteten Norm auf dem Markt. Wenn Sie sich von der Masse abheben wollen, müssen Sie Ihr Produkt noch besser machen, damit Sie und Ihr Angebot in den Augen des Kunden der Konkurrenz überlegen sind.

Was macht ein Produkt wertvoller?

Den Wert eines Produkts oder einer Dienstleistung kann man erhöhen, indem man die Verpackung oder das Design verbessert, aber auch, indem man seine Benutzung erleichtert. *Apple* veränderte die gesamte Computerwelt von Grund auf, indem der Computerhersteller die Benutzung seiner Geräte so einfach machte, dass jeder sie bedienen konnte. Viele Apple-Benutzer behaupten, die Handbücher nie gelesen zu haben. Die Programme waren so leicht zu installieren und zu benutzen, dass sie sich im wahrsten Sinne des Wortes selbst erklärten. Diese Einfachheit wurde für Apple – und für viele andere Firmen, die den gleichen Weg gingen – eine enorme Quelle der Wertsteigerung.

Was macht eine Dienstleistung wertvoller?

Wie könnten Sie den Wert Ihrer täglichen Arbeit erhöhen? Nur ein Beispiel: Verkäufer können den Wert ihrer Verkaufsanstrengungen erhöhen, indem sie bessere Fragen stellen, aufmerksamer zuhören und ihr Produkt- oder Dienstleistungsangebot besonders gut auf den speziellen Bedarf des Kunden zuschneiden. Dann wird der Kunde den Verkäufer als wertvollere Hilfe betrachten als andere Verkäufer, die nicht so aufmerksam sind.

Tipp 4: Bieten Sie mehr Bequemlichkeit!

Der vierte Schlüssel zu mehr Reichtum liegt darin, den Erwerb und die Benutzung Ihres Produkts oder Ihrer Dienstleistung bequemer zu machen.

Beispiele: Mehr Kundenkomfort

Die Fülle der Geschäfte für Fertiggerichte in den USA ist ein einfaches Beispiel dafür, dass die Leute durchaus bereit sind, für größere Bequemlichkeit zu zahlen. Es ist ihnen 15 bis 20 Prozent mehr wert, wenn sie nicht quer durch die Stadt zu einem großen Einkaufszentrum fahren müssen, um die gleichen Produkte zu kaufen.

Die große Beliebtheit der Geldautomaten, die rund um die Uhr »geöffnet« sind, zeigt ebenfalls, dass es den Banken gelungen ist, ihren Kun-

denservice zu verbessern. Die Drive-in-Schalter bei Schnellrestaurants sind ein anderes Beispiel. Wenn der Kunde Ihr Produkt oder Ihre Dienstleistung schnell bekommt oder abholen kann, fällt es ihm leichter, Ihnen die Treue zu halten.

Was könnten Sie tun, damit Ihre Kunden Ihre Produkte oder Dienstleistungen leichter nutzen können? Wie können Sie es Ihren potenziellen Kunden so leicht machen, bei Ihnen zu kaufen, dass sie gar nicht erst auf den Gedanken kommen, sich an jemand anderen zu wenden?

Tipp 5: Verbessern Sie den Service!

Der fünfte Schlüssel zum Reichtum und zur Schaffung von Werten ist die Verbesserung des Kundenservice. Wir Menschen sind emotionale Wesen. Die Wärme, Freundlichkeit, Fröhlichkeit und Hilfsbereitschaft von Kundendienstmitarbeitern beeindrucken uns sehr. Viele Firmen in den USA setzen heute auf optimalen Kundendienst als Wettbewerbsvorteil auf dem sich schnell verändernden Markt.

Beispiele: optimaler Kundendienst

Nordstroms ist die erfolgreichste Kaufhauskette in Amerika. Und jeder Amerikaner wird Ihnen erzählen, dass das nicht daran liegt, dass ihre Produkte sich von denen der Konkurrenz unterscheiden, sondern daran, dass sie den freundlichsten Service aller großen Kaufhäuser im Land bietet.
Wal Mart hat sich durch das Konzept des schnellen Einkaufs in einer freundlichen, heiteren Atmosphäre von einem unbekannten Kaufhaus in Bentonville (US-Bundesstaat Arkansas) zu einer der größten Handelsketten der Welt entwickelt. Wenn die dort Beschäftigten älter werden, macht man sie zu »Begrüßern«. Sie stehen dann an den Eingängen der Walmarthäuser, begrüßen die eintretenden Kunden und danken ihnen dafür, dass sie bei Walmart einkaufen. Sam Walton, der in den Vierzigerjahren mit nichts als einem bankrotten Laden und einem alten Kleinlaster angefangen hatte, konnte durch solche Service-Innovationen ein Vermögen von 25 Milliarden Dollar anhäufen.

Wo sehen Sie Gelegenheiten, den Kundendienst bei Ihrem Job oder in Ihrer Branche so zu verbessern, dass Sie sich den entscheidenden Vorsprung vor der Konkurrenz verschaffen? Es gibt unendlich viele Möglichkeiten, Ihre Arbeit besser zu machen und dafür zu sorgen, dass Ihre Kunden zufriedener sind!

Tipp 6: Reagieren Sie auf Trends!

Der sechste Schlüssel zum Reichtum sind die Veränderungen beim Lebensstil und ihre Auswirkungen auf das Kaufverhalten der Kunden im ganzen Land. Immer mehr Leute sind Rentner. Es gibt einen weltweiten Trend zum »Cocooning«, zum Rückzug in das eigene Heim, das deshalb immer angenehmer gestaltet werden soll. Der Geschmack der jungen Generation ist heute ganz anders als vor 30 Jahren. Gleichzeitig wollen mehr Leute reisen und Urlaub machen, sodass die Reisebranche – von Kreuzfahrten bis zum Abenteuerurlaub – einen starken Aufschwung genommen hat.

Durch die Veränderungen beim Lebensstil und bei der Altersstruktur der Bevölkerung könnten sich Ihnen Möglichkeiten eröffnen, ein Produkt oder eine Dienstleistung auf eine genau definierte Zielgruppe zuzuschneiden. Dadurch können Sie in kurzer Zeit reich werden!

Beispiel: Ein maßgeschneidertes Angebot

Vor ein paar Jahren taten sich drei Anwälte zusammen und gründeten eine Firma, die sie »California Pizza Kitchen« nannten. Wegen der schlechten Konjunktur in den Jahren 1990 und 1991 sparten die Leute bei dem Geld, das sie für Essen in Gaststätten ausgaben. Sie wollten noch immer essen gehen, weil sie keine Zeit zum Einkaufen und Kochen hatten, doch sie konnten sich keine teuren Restaurants mehr leisten. California Pizza Kitchen bot nun »Fastfood für Feinschmecker« an – vor allem Salate, Nudelgerichte und die verschiedensten Pizzen. Dieses Konzept hatte schon nach wenigen Jahren landesweit Erfolg. Bald gab es 42 California Pizza Kitchens, und Pepsi kaufte den Gründern die Firma für 17 Millionen Dollar in bar ab.

Welche Trends können Sie bei Ihren Kunden und in Ihrer Branche erkennen? Wie können Sie sie nutzen?

Eine der wichtigsten Regeln für finanziellen Erfolg ist, das Pferd in die Richtung zu reiten, in die es läuft.

Sie dürfen nie versuchen, gegen den Strom zu schwimmen, sondern Sie müssen Ihr Geschäft und Ihre Arbeit an den aktuellen Trends ausrichten. Die Kunden von heute sind anspruchsvoll, gut informiert und qualitätsbewusst. Wie können Sie bestimmte Kunden mit neuen, besseren und anderen Produkten und Dienstleistungen ansprechen?

Der siebte Schlüssel zum Reichtum sind niedrige Preise – Sie müssen Wege finden, immer größere Mengen Ihrer Produkte und Dienstleistungen immer mehr Menschen immer billiger zu verkaufen.

Tipp 7: Liefern Sie preisgünstiger!

In den Vereinigten Staaten sagt man: »Wer mit den oberen Klassen essen will, muss sein Produkt den Massen verkaufen.«

Es gibt unglaubliche Erfolgsgeschichten, zum Beispiel die von *Price Club/Cost Co*, das in Lagerhäusern riesige Mengen von Niedrigpreisprodukten im Wert von Millionen und Abermillionen von Dollar verkauft – die Leute fahren dafür kilometerweit, und die Parkplätze sind von morgens bis abends randvoll. Wie könnten Sie ein hochwertiges Produkt oder eine Dienstleistung zu einem noch niedrigeren Preis anbieten? Wie könnten Sie die Kosten für den Transport zum Kunden reduzieren und das als Preissenkung an den Kunden weitergeben?

Loten Sie Ihre Möglichkeiten aus!

Wenn Sie anfangen, darüber nachzudenken, wie Sie Ihr Produkt oder Ihre Dienstleistung schneller liefern, seine Qualität verbessern und seinen Wert erhöhen können, wie Sie dem Kunden mehr Bequemlichkeit bieten, auf die Veränderungen beim Lebensstil reagieren und Wege finden können, die jetzigen Kosten zu reduzieren, werden Sie erstaunt sein, wie viele – unglaublich viele! – Möglichkeiten dazu es in Ihrer Umgebung gibt. Denken Sie daran:

Eine einzige Idee, wie Sie dem Kunden einen Vorteil bieten können, den zur Zeit niemand anders bietet, kann das Sprungbrett zu einem Leben voller finanzieller Erfolge sein!

Zehntausende von Selfmade-Millionären sind für Untersuchungen befragt worden. Dabei hat sich gezeigt, dass die meisten von ihnen mit nichts anfingen, aus Arbeiterfamilien stammten und keine gute Ausbildung hatten – oft nicht einmal einen Schulabschluss! Viele von ihnen wohnen noch heute in der Gegend, in der sie ihre Kindheit und Jugend verbracht haben, und niemand außer ihnen weiß dort, dass sie Millionäre sind.

Werden Sie finanziell unabhängig!

Schritte zur finanziellen Unabhängigkeit

Es gibt ein einfaches Verfahren, durch das Sie finanziell unabhängig werden können. Es wird garantiert funktionieren, denn es hat bisher bei jedem funktioniert, der es ausprobiert hat. Dabei müssen Sie einige der in diesem Buch vorgestellten Glücksgesetze so umsetzen, dass Sie immer mehr dieser Faktoren für sich aktivieren.

Erstens ...

Um finanziell unabhängig zu werden, müssen Sie sich als Erstes ein Ziel setzen. Hören Sie auf herumzuspielen, machen Sie Ernst! Jeder wünscht sich, dass eines Tages etwas Wunderbares passieren wird, das ihn von all seinen finanziellen Problemen befreit. Doch Sie kennen die Wahrheit! Sie wissen, dass Sie die Verantwortung haben und dass Sie selbst dafür sorgen müssen, dass Dinge geschehen, die gut für Sie sind. Hoffen Sie nicht auf die Gunst des Zufalls oder Glück.

Sie wollen in zehn oder zwanzig Jahren eine bestimmte Geldsumme besitzen? Dann notieren Sie diese Zielsumme. Machen Sie einen Plan, der mit dem heutigen Tag beginnt: Wie können Sie Ihr Ziel erreichen und was müssen Sie bei jedem Schritt auf dem Weg dorthin tun? Je detaillierter Ihr Plan ausführt, was Sie verdienen und wie Sie das Geld investieren oder nutzen wollen, desto größer ist die Wahrscheinlichkeit, dass Sie Ihr Ziel erreichen.

Zweitens ...

Wenn Sie ein klares Ziel und einen Plan für Ihren Weg dorthin haben, müssen Sie sich die entscheidende Frage stellen: »Welche Fertigkeiten muss ich unbedingt und absolut hervorragend beherrschen, um das Geld zu verdienen, das ich brauche? Wie kann ich am besten die finanziellen Ziele erreichen, die ich mir gesetzt habe?«

Drittens ...

Setzen Sie sich dann eine neue Gruppe von Zielen, um die nötigen Fertigkeiten zu entwickeln und bei dem, was Sie tun, sehr gut zu werden. Sie müssen entschlossen sein, jede Geldsumme, jede Anstrengung und die erforderliche Zeit zu investieren, um die Art von Person zu werden, die Sie werden müssen, um so viel Geld zu verdienen, wie Sie verdienen wollen.

Die Mentalität der Millionäre

Mein Freund, der Erfolgsautor *Jim Rohn*, weist immer darauf hin, dass die wichtigste Voraussetzung dafür, Millionär zu werden, die Entwicklung der inneren Einstellung eines Millionärs ist. Wer innerlich so ein Mensch geworden ist, wird sein Geld auch dann zurückbekommen, falls er es verliert, weil er den »mentalen Gegenwert« für großen finanziellen Erfolg besitzt. Wenn Sie vom Denken her ein Millionär geworden sind, werden Sie neue Chancen und Möglichkeiten in Ihr Leben ziehen. Dafür müssen Sie vom »positiven Denken« zum »positiven Wissen« übergehen. Sie müssen das Stadium des Wünschens und Hoffens hinter sich lassen und die absolute Gewissheit entwickeln, dass Sie die Art von Mensch sind, der finanziell erfolgreich ist, und dass Sie die dafür erforderlichen Fertigkeiten und die notwendige Einstellung haben.

Beispiel: Ein zweites Mal reich werden

Ich kenne Leute, die aus Ländern in Afrika und dem Mittleren Osten geflohen und nach Amerika oder Kanada eingewandert sind. Sie waren in ihren Heimatländern erfolgreiche Geschäftsleute, hatten aber durch einen Krieg, eine Revolution oder Enteignung alles verloren. Als sie in Amerika ankamen, hatten sie nichts als die unbedingte Überzeugung, dass sie wussten, wie man ein erfolgreiches Geschäft gründet und aufbaut. Viele von ihnen wandten sich einer Branche zu, in der sie vorher noch nie gearbeitet hatten. Doch schon nach wenigen Jahren waren alle diese Menschen, die in ihrem Heimatland reich gewesen waren, wieder reich geworden. Sie hatten ja das Wichtigste mitgebracht: ihren Kopf und ihre innere Einstellung.

Arbeiten Sie auf Ihre Vision hin!

Ihr ganzes Leben lang müssen Sie eine langfristige Vision Ihrer finanziellen Ziele haben, und Sie müssen sich gleichzeitig ganz auf die Dinge konzentrieren, die Sie aktuell beherrschen sollten, um Ihre Vision zu verwirklichen.

Konkrete Schritte zum Reichtum

Das Gesetz des Sparens ist der Glücksfaktor, von dem es abhängt, ob Sie Ihr Ziel der finanziellen Unabhängigkeit erreichen werden. Es beruht auf *George S. Clasons* berühmtem Buch *Der reichste Mann von Babylon*. Die Quintessenz dieser Geschichte: »Sie müssen zuerst sich selbst bezahlen«, wenn Sie reich werden wollen. Mit anderen Worten: Sie müssen jeden Monat einen Teil Ihres Gehalts oder Lohns wohl überlegt investieren. So gut wie alle Berufstätigen, die finanziell unabhängig geworden sind, haben es sich zur Gewohnheit gemacht, ihr ganzes Leben hindurch immer einen Teil ihres Einkommens für ihre Zukunft anzulegen.

> **Das Gesetz des Sparens lautet: »Wenn Sie Ihr ganzes Erwerbsleben hindurch zehn Prozent Ihres Einkommens sparen und investieren, sind Sie Millionär, wenn Sie in Rente gehen.«**

Das durchschnittliche Jahresgehalt beträgt heute in den USA etwa 25 000 Dollar. Wenn man zehn Prozent davon spart, also 2500 Dollar im Jahr beziehungsweise etwas über 200 Dollar im Monat, und dieses Geld mit einer durchschnittlichen Rendite von zehn Prozent investiert, wird es im Laufe eines Erwerbslebens auf über eine Million Dollar anwachsen. Jeder, der das tut, wird am Ende seines Erwerbslebens also wirklich *reich* sein!

Jeder kann Geld anlegen

Es gibt die verschiedensten Anlagemöglichkeiten, durch die Sie eine gute Rendite erzielen können. Diese Beträge wachsen durch Zins und Zinseszins und werden es Ihnen im Laufe Ihres Erwerbslebens ermöglichen, alle Ihre finanziellen Ziele zu erreichen. Vielleicht werden Sie einwenden, dass Sie so hohe Ausgaben haben und so viele Rechnungen bezahlen müssen, dass es Ihnen ganz unmöglich ist, zehn Prozent Ihres Einkommens zu sparen? Dann sollten Sie an das denken, was ein sehr wohlhabender Mann einmal gesagt hat:

> **»Wenn Sie kein Geld sparen können, dann fehlt Ihnen der Keim zur Größe.«**

Wenn es Ihnen nicht möglich ist, zehn Prozent Ihres Einkommens zu sparen, können Sie doch zumindest ein Prozent sparen. Besorgen Sie sich ein Sparschwein und stellen Sie es auf Ihre Kommode. Stecken Sie jeden Abend ein Dreißigstel von einem Prozent Ihres Monatseinkommens hinein.

Beispiel: In kleinen Schritten zum (Spar-)Erfolg

Wenn Sie beispielsweise 3000 Mark im Monat verdienen, ist ein Prozent davon 30 Mark im Monat. Ein Dreißigstel von 30 Mark ist eine Mark pro Tag. Eine Mark pro Tag kann jeder sparen! Stecken Sie sie in Ihr Sparschwein und verzichten Sie dafür auf eine Tasse Kaffee, eine Flasche Wasser oder ein paar Zigaretten. Bringen Sie die 30 Mark dann am Ende

des Monats zur Bank und zahlen Sie sie auf ein besonderes Sparkonto ein. Dieses Konto ist nicht dafür da, dass Sie für ein neues Auto, einen neuen Kühlschrank oder ein Wohnmobil sparen! Dieses Geld legen Sie ausdrücklich für Ihre finanzielle Unabhängigkeit beiseite. Sie dürfen es niemals anrühren oder ausgeben, das müssen Sie sich fest vornehmen. Wenn Sie es einmal auf das Konto eingezahlt haben, bleibt es für immer dort!
Leben Sie dann zunächst von den restlichen 99 Prozent Ihres Einkommens. Sobald es Ihnen finanziell besser geht, sollten Sie den Betrag, den Sie beiseite legen, auf zwei Prozent Ihres Brutto-Einkommens erhöhen. Nach einem Jahr werden Sie feststellen, dass mehrere Dinge passiert sind. Erstens sparen Sie jetzt zehn Prozent Ihres Brutto-Einkommens und können von den restlichen 90 Prozent leben, ohne dass Sie sich stark einschränken müssten. Zweitens gehen Sie in allen anderen Bereichen Ihres Lebens viel verantwortungsbewusster mit Ihrem Geld um, und Ihre Ausgaben und Rechnungen verringern sich von Monat zu Monat.

Das Wunderbarste, was passieren wird, ist aber ein entscheidender Glücksfaktor, den man *das Gesetz der Anhäufung* nennt:

> **»Wenn Sie kleine Summen sparen und dabei mit ganzem Herzen bei der Sache sind, wird dieses Geld wie ein ›Energiefeld‹ weiteres Geld in Ihr Leben ziehen.« (Gesetz der Anhäufung)**

Sie kennen doch sicher den Spruch, dass man Geld braucht, um Geld zu machen. Das stimmt! Das Geld auf Ihrem Bankkonto entwickelt eine eigentümliche Anziehungskraft, es wird wachsen und Ihnen weitere Chancen eröffnen, durch die Sie Ihr Einkommen erhöhen können.

Die wundersame Geldvermehrung

Je größer die Summe wird, die Sie bereits besitzen, desto mehr Geld wird sie anziehen – so, wie ein starker Magnet Metallstücke aus immer größerer Entfernung anzieht. Sie werden plötzlich kleine Zulagen und Prämien und unerwartete Gehaltserhöhungen bekommen. Sie werden Dinge zu Geld machen, die schon lange in Ihrer Garage herumstehen. Andere Leute werden Ihnen Geld zurückzahlen, das sie Ihnen schon lange schulden, und das Finanzamt wird Ihnen unerwartet Geld zurückerstatten.

Ergreifen Sie Ihre Chancen!

Das Gesetz der Anhäufung und das Gesetz der Anziehung arbeiten in all diesen Fällen Hand in Hand. Die zusätzlichen Summen sollten Sie ebenfalls anlegen, sodass Ihr Vermögen immer weiter wächst. Dann wird *das Gesetz der richtigen Gelegenheit* zu wirken beginnen. Es lautet:

> **»Wenn Sie bereit sind, wird sich Ihnen genau zur richtigen Zeit genau die richtige Gelegenheit bieten.« (Gesetz der richtigen Gelegenheit)**

Wenn Sie sich ein finanzielles Polster geschaffen haben, werden sich Ihnen Gelegenheiten bieten, dieses Geld noch Gewinn bringender zu investieren. Oft wird das eine geschäftliche Chance oder die Gelegenheit zu einem Nebeneinkommen sein. Und Sie werden genug Geld haben, um sie zu nutzen.

Mehr Energie ohne Geldprobleme

Dieses »Gelegenheitsgeld« ist eine der größten Wohltaten im Leben. Wer Geld auf der Bank und seine Rechnungen im Griff hat, ist psychisch ein ganz anderer Mensch als jemand, dessen Konto leer ist und der sich am Monatsende immer Sorgen wegen seiner Rechnungen machen muss. Dadurch, dass Sie Geld haben, werden Sie ein positiverer und optimistischerer Mensch. Sie erzeugen ein Energiefeld und ziehen mehr Menschen, mehr Ideen, mehr günstige Gelegenheiten und mehr Mittel in Ihr Leben, die Ihnen dabei helfen werden, sich schneller auf Ihr Ziel zuzubewegen.

Behalten Sie Ihre Ausgaben im Griff!

Es gibt zwei gefährliche Faktoren, die Ihren Wunsch nach finanzieller Unabhängigkeit durchkreuzen können. Der erste steckt im *Parkinsonschen Gesetz.* Dieses Gesetz lautet: »Die Ausgaben steigen mit dem Einkommen und drohen es immer ganz zu verschlingen.« Sie können nur dann Erfolg haben, wenn Sie das Parkinsonsche Gesetz immer wieder bewusst außer Kraft setzen. Auch wenn Ihre Ausgaben proportional zum Einkommen steigen, dürfen Sie nie alles aufzehren, was Sie verdienen! Wenn Sie eine Gehaltserhöhung von zehn Prozent bekommen, sollten Sie regelmäßig mindestens die Hälfte davon sparen und nur mit der anderen Hälfte Ihren Lebensstandard erhöhen. Sie dürfen sich auf gar keinen Fall angewöhnen, den gesamten Betrag – und außerdem noch ein bisschen mehr – auszugeben!

Die zweite Gefahr, die Ihren Traum vom finanziellen Erfolg durchkreuzen kann, ist der Wunsch, schnell reich zu werden, viel Geld zu machen, ohne vorher zu arbeiten oder genügend zu investieren. Es gibt ein altes japanisches Sprichwort: »Geld zu machen ist, als ob man mit einer Stecknadel im Sand gräbt, Geld zu verlieren dagegen, als ob man Wasser auf den Sand gießt.«

Träumen Sie nicht von der »schnellen Mark«!

Im Zusammenhang mit Geld ist nur eines leicht: es zu verlieren. Und wenn Sie angefangen haben, Geld beiseite zu legen, sollten Sie den Glücksfaktor aktivieren, der im *Gesetz des Investierens* steckt:

Machen Sie sich kundig!

> **»Machen Sie sich gründlich kundig, bevor Sie Ihr Geld investieren. Verwenden Sie mindestens so viel Zeit darauf, sich zu informieren, wie Sie gebraucht haben, um das Geld zu verdienen.« (Gesetz des Investierens)**

Sie müssen die Investition genau verstehen, bevor Sie sich von Ihrem hart erarbeiteten Geld trennen. Wenn Sie ein Jahr brauchen, um 3000 Mark zu sparen, und diese Summe dann durch eine schlecht bedachte Investition verlieren, haben Sie nicht nur das Geld verloren, sondern auch ein ganzes Jahr harter Arbeit. Sie sind auf Ihrem Weg zu finanzieller Unabhängigkeit ein ganzes, unwiederbringliches Jahr zurückgeworfen worden.

Das letzte Geldgesetz, das ebenfalls ein wichtiger Glücksfaktor ist, ist *das Gesetz der Erhaltung*. Es lautet schlicht:

> **»Entscheidend ist nicht, wie viel Sie verdienen, sondern wie viel Sie behalten.« (Gesetz der Erhaltung)**

Es ist erstaunlich, wie viele Menschen, die im Laufe ihres Lebens ausgesprochen viel Geld verdienen, im Alter auf Verwandte und die Sozialhilfe angewiesen sind.

Die drei großen Säulen finanzieller Unabhängigkeit sind Ersparnisse, Investitionen und Versicherungen. Sie sollten zunächst den Betrag, den Sie in zwei bis sechs Monaten für Ihre Lebenshaltung brauchen, sparen und in einen guten Renten- oder Investmentfonds stecken. So kommen Sie im Notfall schnell an das Geld heran. Danach sollten Sie Anlageformen wählen, über die

Die Grundlagen finanzieller Unabhängigkeit

Sie sich genau informiert haben oder in die andere erfolgreiche Leute investieren, denen Sie vertrauen und die Sie gut kennen. Schließlich müssen Sie sich auch ausreichend versichern – Ihr Haus oder Ihre Wohnung, Ihr Auto, Ihr Leben, Ihren Besitz und Ihre Firma. Mich erstaunt immer wieder, wie viele Leute ihr ganzes Leben dadurch ruinieren, dass sie bei den Versicherungsprämien ein paar Mark sparen.

Gehen Sie auf Nummer sicher!

Der Weg zu finanzieller Unabhängigkeit ist wie eine Leiter, die Sie Sprosse um Sprosse ersteigen sollten. Immer, wenn Sie ein bestimmtes finanzielles Niveau erreicht haben, sollten Sie es absichern: Gehen Sie sorgfältig mit Ihrem Geld um, verfolgen Sie sein Wachstum genau und versichern Sie sich gut gegen alle unerwarteten Ereignisse. Lassen Sie sich bei Ihren Geldanlagen nie von dem Versprechen einer besonders hohen Rendite locken, sondern stellen Sie immer die Sicherheit in den Vordergrund!

Investieren Sie in sich selbst!

Die beste Anlagemöglichkeit ist, in sich selbst zu investieren: Dadurch steigern Sie die Fertigkeiten, die Sie überhaupt erst in die Lage versetzen, Geld zu verdienen. Sie können jedes Jahr einen großen Schritt weiterkommen, wenn Sie pro Tag ein oder zwei Stunden lesen oder Audioprogramme hören und regelmäßig Seminare und Kurse besuchen. Durch konsequente Weiterbildung kann Ihr Jahreseinkommen um mindestens 10 bis 20 Prozent steigen. Ich kenne sogar viele Leute, die ihr Einkommen auf diese Weise verdoppelt oder gar verdreifacht haben!

Die finanzielle Erfolgsleiter

Wenn Sie auf Ihrem Arbeitsgebiet absolut hervorragend geworden sind, wird man Sie dafür sehr gut bezahlen. Wenn Sie gut bezahlt werden und bewusst das Parkinsonsche Gesetz unterlaufen, können Sie einen immer größeren Anteil Ihres steigenden Einkommens sparen. Dieses Geld werden Sie mit der gebotenen Vorsicht in Anlageformen stecken, über die Sie sich gut informiert haben. Durch Zins und Zinseszinsen werden Sie in wenigen Jahren Ihre Schulden bis auf die letzte Mark loswerden, über ein solides finanzielles Polster verfügen und schließlich Ihr großes Ziel erreichen: finanzielle Unabhängigkeit. Und alle Leute um Sie herum werden mit dem Kopf nicken und meinen, dass Sie doch wirklich viel »Glück gehabt« hätten. Sie aber werden die Wahrheit kennen.

Kapitel 8
Nehmen Sie Ihre Zukunft in die Hand!

Nutzen Sie Ihr geistiges Potenzial!

Ihr Verstand ist der größte Aktivposten, den Sie besitzen. Es gibt kein Problem, das Sie nicht lösen können, kein Hindernis, das Sie nicht überwinden und kein Ziel, das Sie nicht erreichen können, wenn Sie anfangen, die unglaublichen Kräfte Ihres Gehirns zu aktivieren.

> **Sie besitzen das Potenzial, viel höhere Ebenen der Intelligenz und Kreativität zu erreichen als bisher vorstellbar.**

Dem Gehirnspezialisten *Tony Buzan* zufolge besteht unser Gehirn aus 100 Milliarden Zellen. Jede von ihnen ist mit 20 000 anderen Zellen verbunden. Die Zahl der möglichen Gedankenkombinationen ist größer als die Zahl aller Atome im Universum.

Nutzen Sie Ihre Kapazität!

Unser Gehirn hat riesige Reservekapazitäten. Es gibt medizinische Berichte über Menschen, deren Gehirn durch Unfälle bis zu 90 Prozent geschädigt wurde und die nur mit den restlichen zehn Prozent sehr effektiv funktionierten – sie bekamen zum Beispiel hervorragende Noten in der Schule! Nach Untersuchungen des Gehirnforschungszentrums an der Stanford University benutzt der Durchschnittsmensch nicht einmal zehn Prozent seines Gehirns, sondern gerade zwei Prozent. Er funktioniert also auf einer äußerst niedrigen Leistungsebene.

Beispiel: Der aktive Wortschatz

Ich möchte Ihnen das an einem Beispiel verdeutlichen: Im Englischen gibt es über 600 000 Wörter. Der Durchschnittsmensch benutzt aber jeden Tag nur etwa 1200 von ihnen. 85 Prozent aller auf Englisch geführten Gespräche bestehen aus nur 2000 verschiedenen Wörtern, und ganze 95 Prozent werden mit nur 4000 der verfügbaren 600 000 Wörter bestritten.

Sprache und Denken

Weshalb ist es so wichtig, wie viele Wörter wir verwenden? Nun, weil jedes Wort ein Gedanke ist. Je mehr Wörter Sie kennen und benutzen können, desto komplexer können Ihre Gedanken sein. Menschen mit einem begrenzten Wortschatz haben auch nur eine begrenzte Denkfähigkeit. Es gibt zahlreiche Nachweise, dass Menschen ihre Intelligenz in einem geradezu dramatischen Ausmaß erhöhen können, wenn sie ihren Wortschatz im Laufe der Zeit vergrößern. Wenn Sie jeden Tag nur ein neues Wort lernten, wären das 365 Wörter im Jahr. Da jedes Wort, das Sie lernen, Ihnen weitere zehn Wörter ins Bewusstsein ruft, wären Sie schon nach ein oder zwei Jahren einer der klügsten Menschen in unserer Gesellschaft.

Aktivieren Sie Ihre »Brainpower«!

Die Menschen, von denen andere sagen, sie hätten Glück, sind diejenigen, die gelernt haben, einen größeren Teil ihrer Gehirnkapazität – ihrer *»Brainpower«* – zu aktivieren und zu benutzen als der Durchschnittsmensch. Sie haben gelernt, ihre Intelligenz nach Belieben anzuzapfen. Und wenn Sie auch anfangen, Ihren Verstand zu aktivieren, werden Sie bald Dinge erreichen können, über die jeder in Ihrer Umgebung staunt.

Sehr wichtig ist in diesem Zusammenhang *das Gesetz der Konzentration*. Es lautet:

> **»Alles, womit Sie sich intensiv beschäftigen, wächst in Ihrer Welt und nimmt zu.« (Gesetz der Konzentration)**

Lösungen rücken näher …

Wenn man dieses Gesetz auf die *Brainpower* anwendet, besagt es: »Je mehr Sie sich auf einen Gedanken, ein Problem oder ein Ziel konzentrieren, desto größer ist der Teil Ihrer Gehirnkapazität, der aktiviert, stimuliert und auf die Lösung dieses Problems oder die Erreichung dieses Ziels konzentriert wird.«

Auch *das Gesetz der Entschlossenheit* ist ein wichtiger Glücksfaktor. Es lautet einfach:

... durch Konzentration und Entschlossenheit

> **»Jeder klare, spezifische Entschluss, etwas Bestimmtes zu tun, klärt Ihren Verstand und aktiviert Ihre Kreativität.« (Gesetz der Entschlossenheit)**

Sie wissen selbst, dass Sie nicht weiterkommen, wenn Sie unentschlossen sind, wenn Sie sich nicht entscheiden können, ob Sie etwas Bestimmtes tun sollen oder nicht. Sie lassen sich dann leicht ablenken, und manchmal werden Sie müde und deprimiert. Wenn Sie sich aber ohne jede Einschränkung zu einem bestimmten Ziel oder einer Art der Problemlösung entschließen, werden Sie plötzlich wieder munter und optimistisch. Ihr Kopf wird klar; Sie fühlen sich positiv und erfrischt. Sie spüren, dass Energie Sie durchströmt, und merken, dass Sie wieder die Kontrolle über Ihr Leben haben.

Kraftquelle »Überbewusstsein«

Ich habe ja schon über die Beziehung zwischen Ihrem Bewusstsein und Ihrem Unterbewusstsein gesprochen. Ihr Bewusstsein gibt die Befehle, und Ihr Unterbewusstsein gehorcht. Es arbeitet daran, dass Ihre Ziele Wirklichkeit werden.

»Überbewusstsein«

Die stärkste Geisteskraft, die Sie haben, ist jedoch Ihr »Überbewusstsein« *(superconscious mind)*. Es ist die Quelle all Ihrer Inspiration, Fantasie und Intuition, Ihrer Erkenntnisse, Ideen und Ahnungen. Ihr Überbewusstsein ist das Kraftwerk, das Ihnen alles bringen kann, was Sie im Leben wollen, wenn Sie es richtig aktivieren. Dass es das Überbewusstsein gibt, ist schon seit Jahrhunderten bekannt. Der amerikanische Denker und Dichter *Ralph Waldo Emerson* nannte es die »Über-Seele«, *Napoleon Hill* bezeichnete es als »unendliche Intelligenz«. Er entdeckte, dass alle wohlhabenden Amerikaner reich geworden waren, indem sie ihr Überbewusstsein immer wieder »angezapft« hatten. Man hat es auch das »universale Unterbewusstsein« und das »kollektive Unbewusste« genannt.

Die schöpferische Kraft

Jeder Genieblitz, der bei der Menschheit einen Eindruck hinterlässt, alle technischen Durchbrüche, alle Kunstwerke, alle herausragenden Werke der Musik oder der Literatur sind eine Demonstration und eine Funktion des Überbewusstseins. *Das Gesetz von der Aktivität des Überbewusstseins* ist der wichtigste Glücksfaktor überhaupt. Es lautet:

> **»Jeder Gedanke oder Plan, jede Idee und jedes Ziel, das Sie kontinuierlich in Ihrem Bewusstsein halten, muss durch Ihr Überbewusstsein in die Tat umgesetzt werden.« (Gesetz von der Aktivität des Überbewusstseins)**

Stellen Sie sich das nur vor! Sie können alles erreichen, was Sie im Leben wirklich wollen, wenn Sie immer und immer wieder darüber nachdenken, sich intensiv damit beschäftigen, es emotionalisieren, visualisieren und durch Affirmationen verbalisieren können. Der wahre Prüfstein dafür, wie intensiv Sie etwas wollen, ist, inwieweit Sie dazu fähig sind, ständig daran zu denken.

Das »Überbewusstsein«: 7 Schlüsselfähigkeiten

Ihr Überbewusstsein hat sieben Schlüsselfähigkeiten (und noch viele, viele andere Fähigkeiten, mit denen ich mich hier nicht beschäftigen kann). Wenn Sie diese Fähigkeiten mit Ihren bisherigen Erfahrungen vergleichen, werden Sie erkennen, wann Ihr Überbewusstsein in der Vergangenheit gewirkt hat.

1. **Erstens: Zielgerichtete Motivation**

Ihr Überbewusstsein ist erstens zu zielorientierter Motivation fähig. Wenn Sie positiv und erregt sind und auf klare Ziele hinarbeiten, die Ihnen wichtig sind, werden Sie einen kontinuierlichen Strom von Energie und Motivation in sich spüren, der Sie antreibt.

> **Ihr Überbewusstsein ist eine unerschöpfliche »Energiequelle«. Wenn Sie mit jeder Faser Ihres Seins darauf hinarbeiten, etwas zu erreichen, brauchen Sie weniger Schlaf, können länger und härter arbeiten und fühlen sich dabei großartig.**

Krank oder deprimiert werden Sie nur selten sein, und Sie werden nie Kopfschmerzen oder körperliche Symptome haben. Sie fühlen sich dann, als seien Sie in einem psychischen Rausch – und das stimmt auch! Je öfter Sie Ihre Ziele aufschreiben und paraphrasieren und je mehr Sie sich die Erreichung dieser Ziele vorstellen und sie emotionalisieren, desto motivierter werden Sie sein und desto mehr Energie werden Sie haben.

Zweitens: Aktivierung durch das Unterbewusstsein

Die zweite Eigenschaft Ihres Überbewusstseins ist, dass es durch klare Befehle an Ihr Unterbewusstsein aktiviert wird. Jedes Mal, wenn Sie Ihrem Unterbewusstsein bewusst einen Befehl geben, aktivieren Sie Ihr Überbewusstsein. Jedes Mal, wenn Sie Ihre Ziele genau so visualisieren, wie Sie sie in der Realität gern sehen würden, aktivieren Sie Ihr Überbewusstsein und regen es dazu an, diese Ziele Wirklichkeit werden zu lassen.

Bei der Stimulierung Ihrer überbewussten Kräfte hat die Visualisierung vier Schlüsselaspekte: Ausdrucksstärke, Dauer, Intensität und Häufigkeit.

Ausdrucksstärke

Es besteht ein direkter Zusammenhang zwischen der Klarheit, mit der Sie sich Einzelheiten Ihres Ziels vor Augen führen, und der Geschwindigkeit, mit der Sie das Ziel erreichen werden. Wenn Sie mit der Visualisierung anfangen, sind Ihre Ziele noch verschwommen, undeutlich und unbestimmt. Je mehr Sie sie aber visualisieren, desto klarer sehen Sie sie, und desto schneller bewegen Sie sich auf sie zu.

Dauer

Je länger Sie das mentale Bild Ihres Ziels – vor allem unmittelbar vor dem Einschlafen oder bei Tagträumen – vor Ihrem geistigen Auge halten können, desto schneller stimuliert und aktiviert dieses Bild Ihr Überbewusstsein.

Intensität

Je mehr Sie Ihr mentales Bild emotionalisieren können, je erregter und glücklicher Sie über das Ziel sind, das Sie visualisieren, desto stärker wird sein Einfluss auf Ihr Überbewusstsein.

Häufigkeit

Je öfter pro Tag Sie Ihr Ziel visualisieren oder sich vorstellen, dass Sie genau die Leistung bringen, die Sie bringen wollen, desto stärker wird Ihr Überbewusstsein aktiviert.

Den Erfolg mental vorwegnehmen!

Einer der Schlüssel zum Erlernen von Fertigkeiten ist, sich selbst beim Einsatz dieser Fertigkeiten zu visualisieren. Ein Erfolgsrezept für hervorragende sportliche Leistungen ist beispielsweise, sich zu entspannen und sich bei einem perfekten Wettkampf, Lauf oder Sprung zu sehen. Einer der Schlüssel zu körperlicher Fitness ist, dass man sich als die Art von Mensch sieht, die man sein möchte. Basis jedes Selbstvertrauens ist, dass Sie sich immer wieder als jemanden sehen, der wichtige Lebensbereiche ruhig, zuversichtlich und erfolgreich bewältigt.

Je mehr Sie – ausdrucksstark, lange, intensiv und oft – visualisieren, desto mehr »programmieren Sie sich auf Erfolg«: Ihr Verhalten nähert sich mehr und mehr den mentalen Bildern an, die Sie in Ihrem Unter- und Überbewusstsein verankert haben.

3.

Drittens: Problemlösungskapazität

Drittens löst Ihr Überbewusstsein automatisch alle Probleme auf dem Weg zu Ihrem Ziel, solange Ihr Ziel klar ist. Außerdem verschafft es Ihnen alle Lernerfahrungen, die Sie brauchen, um jedes Ziel zu erreichen, das Sie sich gesetzt haben.

Beispiele: Misserfolg beflügelt

Wenn Sie sich ein neues Ziel setzen, wird Ihr Leben sich oft in eine ganz unerwartete Richtung entwickeln. Viele Menschen wurden plötzlich gerade dann entlassen, als sie ehrgeizige Ziele zur Erhöhung Ihres Einkommens gefasst hatten. Später bekamen sie eine andere Stelle oder gründeten eine eigene Firma, und im Rückblick sahen sie, dass sie ihr finanzielles Ziel in ihrer ursprünglichen Position nie erreicht hätten.

Wenn man die erfolgreichsten amerikanischen Männer und Frauen danach fragt, geben die meisten zu, dass ihr großer Erfolg im Leben mit einem derartigen Misserfolg begann. Dieser führte dazu, dass sie ihr Leben in neue Bahnen lenkten. Auf diesem Gleis erreichten sie dann Ziele, die sie unter anderen Umständen nie in Angriff genommen hätten.

Die meisten Menschen erzielen ihre großen Erfolge im Leben nicht auf dem Gebiet, in dem Wirtschaftszweig oder mit dem Produkt oder der Dienstleistung, mit der sie ursprünglich angefangen haben. Solange ihr Endziel, nämlich finanzielle Unabhängigkeit, ihnen aber klar vor Augen steht, führt ihr Überbewusstsein sie von einer Erfahrung zur anderen und liefert ihnen die Lösung zu allen Problemen, während sie sich unbeirrbar auf das Ziel zubewegen, das ihnen am wichtigsten ist.

Viertens bringt Ihr Überbewusstsein Ihnen genau zur richtigen Zeit exakt die Antwort, die Sie brauchen. Wenn diese Antwort kommt, müssen Sie sie als Material mit einer extrem kurzen »Verfallszeit« betrachten, und Sie sollten sofort aktiv werden.

Viertens: Das richtige Timing

Nehmen wir zum Beispiel an, dass Sie intensiv über Ihr Ziel nachdenken und Ihnen plötzlich die Eingebung kommt, jemanden anzurufen, mit dem Sie schon lange nicht mehr gesprochen haben. Wenn Sie dann tatsächlich zum Telefon greifen, wird sich häufig im Lauf des Gesprächs herausstellen, dass der Angerufene über eine sehr wertvolle Information verfügt, die Sie gerade jetzt brauchen, um Ihrem Ziel wieder einen Schritt näher zu kommen.

Fünftens funktioniert Ihr Überbewusstsein am besten, wenn Sie sich entweder vollkommen auf ein bestimmtes Problem oder ein Ziel konzentrieren oder wenn Sie das Gegenteil tun und sich geistig mit ganz anderen Dingen beschäftigen. Ich werde Ihnen später in diesem Kapitel noch zeigen, wie Sie Ihr Überbewusstsein durch diese beiden Methoden aktivieren können.

Fünftens: Methodische Nutzbarkeit

Sechstens lässt sich Ihr Überbewusstsein vorprogrammieren. Sie können ihm durch Lenkung Ihres Unterbewusstseins einen Befehl übermitteln, und es wird dann genau zur richtigen Zeit und auf die richtige Weise auf diesen Befehl reagieren.

Sechstens: Programmierbarkeit

Sie können Ihren Kopf vorher darauf programmieren, dass Sie zu einer bestimmten Zeit aufwachen wollen – egal, wo Sie gerade sind und wie viele Zeitzonen Sie durchflogen haben. Sie brauchen also nie wieder einen Wecker. Wenn Sie um halb sieben aufwachen wollen, können Sie Ihren Kopf entsprechend programmieren und dann einfach ins Bett gehen. Um halb sieben werden Sie aus dem Schlaf fahren, auch wenn es im Zimmer stockdunkel ist, und Sie werden hellwach sein.

Beispiel: Stellen Sie Ihre »innere Uhr«!

Sie können Ihr Überbewusstsein auch für ein Problem programmieren, bevor Sie einschlafen. Formulieren Sie das Problem klar als Frage und übergeben Sie es Ihrem Überbewusstsein, während Sie einschlafen. Wenn Sie dann am nächsten Morgen aufstehen und sich für den Tag fertig machen, werden Sie die richtige Antwort bekommen – manchmal durch eine plötzliche Eingebung, manchmal auch durch etwas, was Ihre

Beispiel: Delegieren Sie Probleme!

Frau oder Ihr Mann sagt, manchmal durch einen frühen Anruf oder auch durch etwas, was in der Zeitung steht.

Diese Schlüsselfähigkeit Ihres Überbewusstseins sollten Sie kontinuierlich nutzen. Programmieren Sie jeden Abend, bevor Sie ins Bett gehen, alle Ihre Probleme in Ihr Überbewusstsein und *fragen* Sie nach einer Lösung. Vergessen Sie diese Probleme dann, bis es Ihnen die Lösung liefert.

7.

Siebtens: Innere Harmonie

Die siebte Schlüsselfähigkeit Ihres Überbewusstseins ist vielleicht die wichtigste: Es sorgt dafür, dass alle Ihre Worte und Handlungen sowie deren Auswirkungen mit Ihrem Selbstverständnis und Ihren Hauptzielen in Einklang stehen.

Ihr Überbewusstsein wird Sie einerseits so leiten, dass Sie zur richtigen Zeit genau das Richtige sagen und tun, und es wird Sie andererseits daran hindern, falsche oder unangebrachte Dinge zu sagen oder zu tun.

Entspannen Sie sich!

Am besten funktioniert Ihr Überbewusstsein in einem mentalen Klima, das von Ruhe, Selbstvertrauen und positiver Erwartung geprägt ist. Je entspannter und zuversichtlicher Sie sind und je stärker Sie akzeptieren, dass alles zu Ihrem Wohl zusammenarbeitet, desto schneller funktioniert Ihr Überbewusstsein und hilft Ihnen bei der Erreichung Ihrer Ziele.

»Überbewusstsein« und Anziehungskraft

Inzwischen ist Ihnen wahrscheinlich klar geworden, dass Ihr Überbewusstsein die eigentliche Quelle der Anziehungskraft in Ihrem Leben ist. Wenn Sie Ihre Ziele immer wieder voll ruhiger, zuversichtlicher Erwartung formulieren, visualisieren und emotionalisieren, aktivieren Sie das Gesetz der Anziehungskraft und beginnen, die Menschen und Umstände für sich zu entdecken, die Sie brauchen – und zwar genau dann, wenn Sie sie brauchen, um Ihre wichtigsten Ziele zu erreichen. Wenn Sie die Kraft Ihres Überbewusstseins systematisch freisetzen, werden Sie in zwei bis drei Jahren mehr erreichen als die meisten Menschen in ihrem ganzen Leben.

Ein wichtiger Glücksfaktor ist gutes Urteilsvermögen, das, was man oft den »gesunden Menschenverstand« nennt. Wenn Sie Ihre

Erfahrungen immer wieder analysieren und mit Ihren Zielen und Erwartungen vergleichen, werden Sie wertvolle Ideen und Erkenntnisse gewinnen, die zu Ihrem zukünftigen Erfolg entscheidend beitragen.

»Gesunder Menschenverstand« und Erfolg

Der »gesunde Menschenverstand« wird häufig als die Fähigkeit definiert, Muster zu erkennen, die man schon einmal gesehen hat. Wenn Sie auf einem bestimmten Gebiet immer mehr Wissen und Erfahrung erwerben, werden Sie auf der Grundlage von immer weniger Informationen immer schnellere und bessere Entscheidungen treffen können: Sie werden schon früh die Umrisse eines Musters identifizieren, weil Sie die sich abzeichnenden Schlüsselfaktoren erkennen, und Sie werden sich so einen entscheidenden Vorsprung verschaffen.

Was heißt »gesunder Menschenverstand«?

Ihr Überbewusstsein spielt eine ungeheuer wichtige Rolle bei der Verbesserung Ihres Urteilsvermögens und Ihres gesunden Menschenverstands. Es versetzt Sie in die Lage, eine Situation als Ganzes zu sehen und intuitiv zu erkennen, was Sie im nächsten Augenblick tun und sagen müssen.

Die Rolle der Intuition

> **Männer und Frauen fangen an, wahre Größe zu entwickeln, wenn sie beginnen, auf ihre innere Stimme zu hören und auf ihre Intuition zu vertrauen.**

Wer sein bewusstes Wissen und seine unterbewussten Erinnerungen an frühere Erfahrungen mit der überbewussten Fähigkeit verbindet, neue Ideen und Erkenntnisse auf dieser Basis zu durchdringen, wird auf diese Weise bald Außergewöhnliches erreichen.

Erfolgsmethode 1: Mindstorming

Kreativitätstechnik »Mindstorming«

Es gibt zwei grundsätzliche Möglichkeiten, das Überbewusstsein aktiv werden zu lassen. Die eine ist passiv, die andere aktiv, und Sie sollten bei allen Problemen beide benutzen. Die vielleicht wirksamste Methode zur Anregung des Überbewusstseins ist der Prozess des »Mindstorming«. Dadurch wird der Verstand geradezu mit neuen Ideen und Erkenntnissen überschwemmt. Diese einfache, kreative Denkmethode hat schon unzähligen Menschen zum Erfolg verholfen. Sie ist so wirkungsvoll, dass es Ihnen vorkommen wird, als hätten Sie das Gaspedal für Ihr Leben plötzlich ganz durchgetreten. Ich selbst lehre sie schon seit Jahren, und jeder, der sie ausprobiert hat, war erstaunt darüber, wie schnell sein Leben sich dadurch veränderte.

Formulieren Sie eine Schlüsselfrage

Die Mindstorming-Methode ist ganz einfach: Nehmen Sie ein leeres Blatt Papier und schreiben Sie Ihr aktuelles Ziel oder Problem in Form einer Frage oben auf die Seite. Die Frage muss so eindeutig und klar wie möglich sein, damit Ihr Verstand angeregt wird, Antworten darauf zu entwickeln. Wenn es beispielsweise Ihr Ziel ist, Ihr Einkommen in den nächsten zwölf Monaten um 25 Prozent zu erhöhen, und Sie jetzt 60 000 Mark im Jahr verdienen, könnten Sie Ihre Frage etwa so formulieren: »Wie kann ich mein Einkommen in den nächsten zwölf Monaten um 25 Prozent erhöhen?« Noch besser wäre allerdings die folgende Frage: »Was kann ich tun, um in den nächsten zwölf Monaten 75 000 Mark zu verdienen?«

Suchen Sie 20 Antworten

Je genauer Sie Ihre Frage formulieren, desto besser werden die Antworten sein. Sobald Sie die Frage aufgeschrieben haben, müssen Sie zwanzig Antworten formulieren. Das ist sehr wichtig! Sie dürfen sich nicht mit weniger Antworten zufrieden geben. Und das ist nicht so einfach, wie Sie vielleicht denken. Die ersten drei bis fünf Antworten werden natürlich leicht sein – Ideen wie »härter arbeiten«, »länger arbeiten«, »mehr Kurse besuchen« und Ähnliches. Die nächsten fünf Antworten aber werden Ihnen schon nicht mehr so leicht fallen, und die letzten zehn werden besonders schwierig sein. Diese Übung wird Ihre Kreativität jedoch umso stärker anregen, je intensiver Sie sich auf weitere Lösungsmöglichkeiten konzentrieren.

In meinen Seminaren haben Teilnehmer oft festgestellt, dass nach neunzehn anderen Versuchen gerade ihre zwanzigste Antwort die Erkenntnis war, nach der sie gesucht hatten. Ein Geschäftsmann, der sich seit sechs Monaten mit einem Problem herumgeschlagen hatte, fand die perfekte Lösung als zwanzigste Antwort schon bei seinem allerersten Mindstorming-Prozess.

Nachdem Sie zwanzig Antworten aufgeschrieben haben, müssen Sie sie alle noch einmal durchlesen und mindestens eine auswählen, die Sie *sofort* umsetzen. Das ist sehr wichtig! Je schneller Sie eine neue Idee umsetzen, desto stärker ist der nachfolgende Fluss neuer Ideen, die auf dieses Ziel oder Problem konzentriert sind. Und je mehr Ideen Sie ausprobieren, desto größer ist die Wahrscheinlichkeit, dass Sie zur richtigen Zeit genau das Richtige tun und das haben, was andere »Glück« nennen.

Setzen Sie eine Antwort unmittelbar um

Wenn Sie diese Kreativitätstechnik fünf Tage in der Woche auf Ihre wichtigsten Ziele oder Ihre größten Probleme anwenden, werden Sie jeden Tag zwanzig Ideen entwickeln, also hundert in der Woche. Im Laufe eines Jahres ergibt das über 4000 neue Ideen, und dabei habe ich schon vorausgesetzt, dass Sie im Urlaub eine Pause einlegen. Wenn Sie jeden Tag eine neue Idee umsetzen, macht das bei fünf Tagen in der Woche und etwa 45 Arbeitswochen 225 neue Ideen pro Jahr. In Anbetracht der Tatsache, dass der Durchschnittsmensch im Jahr nur etwa drei bis vier neue Ideen hat und gewöhnlich überhaupt nichts tut, um sie umzusetzen, wäre Ihr Leben ein wahres Feuerwerk von Chancen und Möglichkeiten.

Ein Feuerwerk an Ideen

Ideen sind der Schlüssel zur Zukunft, das Mittel, um Ziele zu erreichen und Hindernisse zu überwinden, das Werkzeug zur Lösung Ihrer Probleme.

Ideen werden Sie reicher, glücklicher, zufriedener und erfolgreicher machen. Alle entscheidenden Elemente des Glücks sind in neuen Ideen enthalten!

Wenn Sie die Mindstorming-Methode jeden Morgen gleich nach dem Aufstehen benutzen, wird Ihr Verstand den ganzen Tag über vor kreativen Ideen sprühen. Sie werden immer wieder neue Möglichkeiten und Potenziale erkennen und Ideen haben, wie Sie sie nutzen können. Andere Leute werden darüber staunen, wie schnell Ihnen verschiedene Wege zur Erreichung von Zielen und verschiedene Lösungen für schwierige Probleme einfallen. Und je mehr Sie sich den Ruf erwerben, ein sehr kreativer Mensch zu sein, desto mehr Chancen werden Sie bekommen, Ihre neuen Fertigkeiten einzusetzen.

Werden Sie ein »kreativer Mensch«!

Aktiv werden! Auf neue Ideen wie die Mindstorming-Methode reagieren viele Leute so: Sie hören sie sich an, nicken begeistert, gehen dann nach Hause und tun nichts. Die anderen aber – die talentierten zehn Prozent, die kleine, kreative Minderheit – hören sich die Idee an und setzen sie dann sofort um.

Ideen sofort umsetzen! Es ist ungeheuer wichtig, dass Sie es sich zur Gewohnheit machen, gute Ideen sofort aufzugreifen, wenn Sie sie hören, und entsprechend zu handeln. Je schneller Sie solche Ideen umsetzen, desto besser sind Ihre Erfolgsaussichten. Wenn Sie eine große Idee oder Erkenntnis haben und nichts damit anfangen, dürfen Sie nicht überrascht sein, wenn sich in Ihrem Leben nichts ändert.

Verschenkte Chancen Schätzungen zufolge haben wir alle pro Jahr auf der Fahrt zur Arbeit oder nach Hause mindestens drei bis vier Ideen, die uns zu Millionären machen könnten. Wie oft haben Sie selbst schon eine Idee für ein neues Produkt oder eine neue Dienstleistung gehabt, aber nichts unternommen, und dann ein paar Jahre später sehen müssen, dass jemand anderer die gleiche Idee umsetzte und damit Millionen verdiente? Der einzige Unterschied zwischen Ihnen und jener Person oder Firma ist, dass Sie nichts aus Ihrer Idee gemacht haben, während die anderen sofort angefangen haben, sie umzusetzen.

Ideen und ihre Umsetzung Unterschätzen Sie Ihr kreatives Potenzial nicht! Schon die Tatsache, dass Sie Ideen haben, durch die Sie das Leben oder die Arbeit anderer verbessern könnten, beweist, dass Sie auch die Kapazität zur Umsetzung dieser Ideen haben: Durch das Gesetz der Anziehung und das Gesetz von der Aktivität des Überbewusstseins werden Sie alles in Ihr Leben ziehen, was Sie zur Erreichung Ihres Ziels brauchen. Voraussetzung ist lediglich, dass Ihr Ziel eindeutig ist und dass Sie es *wirklich* erreichen wollen.

Eine »Antenne« für Ideen entwickeln Mindstorming stimuliert die Formatio reticularis und steigert Ihre Empfindsamkeit und Ihre Konzentration enorm. Sie entwickeln eine ungeheuer feine Antenne für kleine Dinge, die Sie mit anderen Ideen und Erkenntnissen kombinieren können. Ihnen fallen auf diese Weise neue Antworten und Lösungen ein, die Sie schneller voranbringen.

Ihr Überbewusstsein wird vor allem durch drei Faktoren aktiviert:

Was aktiviert Ihr »Überbewusstsein«?

1. durch Ziele, die Sie unbedingt erreichen wollen,
2. durch drängende Probleme und
3. durch gut formulierte Fragen.

Um Ihre kreativen Fähigkeiten optimal zu entwickeln und zu verfeinern, müssen Sie alle diese Faktoren so oft wie möglich benutzen:

Ziele

Ziele, die Sie unbedingt erreichen wollen, hinter denen ein starkes Verlangen, Begeisterung und Enthusiasmus stehen, bringen Ihr Überbewusstsein auf Touren und erhöhen Ihre Wachheit und Ihr Bewusstsein für die Möglichkeiten um Sie herum.

Wichtige Probleme

Drängende Probleme, die Sie unbedingt lösen wollen, sind zusammen mit regelmäßigen Mindstorming-Übungen ein wundervolles Stimulans für Kreativität.

Gezielte Fragen

Gut formulierte, konzentrierte, provozierende Fragen schließlich aktivieren Ihr gesamtes Bewusstsein und sind dadurch oft der Schlüssel zur Steigerung Ihrer Kreativität.

Erfolgsmethode 2: Systematische Problemlösung

In 7 Schritten zur Lösung eines Problems

Sie können Ihr Überbewusstsein auch durch systematische Problemlösung aktivieren. Im Laufe der Jahre habe ich eine aus sieben Schritten bestehende Methode entwickelt, mit der Sie einen viel größeren Teil Ihres Denkvermögens benutzen, als wenn Sie sich wie die meisten Leute einfach so auf ein Hindernis oder eine Schwierigkeit stürzen würden. Systematische Problemlösung ist ein Erfolgsgeheimnis aller Genies. Interviews und Untersuchungen belegen, dass geniale Menschen Schwierigkeiten jeweils mit einer spezifischen Methode der Problemanalyse und -lösung angehen. Wenn Sie anfangen, systematisch vorzugehen, werden auch Sie Ihre intellektuelle Kapazität erheblich steigern.

Alle mentalen Fähigkeiten einsetzen

Eine Methode, die sich auf alle Ziele oder Schwierigkeiten anwenden lässt, ermöglicht es Ihnen außerdem, alle Ihre mentalen Fähigkeiten einzusetzen. Sie aktiviert Ihr Überbewusstsein, das

Ihnen dann die Einsichten und Ideen gibt, die Sie im Augenblick brauchen.

Schritt 1: Entspannen Sie sich!

Der erste Schritt bei der systematischen Problemlösung besteht in der Entwicklung der richtigen Einstellung: der ruhigen, zuversichtlichen Erwartung, dass eine logische, durchführbare Lösung für Ihr aktuelles Problem existiert, die nur darauf wartet, dass Sie sie finden. Das beruhigt Sie, führt dazu, dass Sie sich entspannen, und öffnet Ihren kreativen Verstand für all die verschiedenen Wege, auf denen Sie das Problem angehen können. Sie sollten von vornherein annehmen, dass in jedem Problem schon der Keim für seine Lösung steckt. Diese Lösung ist die Kehrseite des Problems. Sie liegt schon da, Sie müssen sie nur finden!

Als ich über das positive Denken gesprochen habe, habe ich bereits darauf hingewiesen, dass Sie lösungs- statt problemorientiert denken und sich auf die Zukunft statt auf die Vergangenheit konzentrieren müssen. Wenn Sie ständig in Form von möglichen Lösungen denken und sprechen, wird Ihr Verstand ruhig, positiv und klar sein und auf vollen Touren arbeiten.

Schritt 2: Sehen Sie Probleme als Chancen!

Der zweite Schritt besteht darin, dass Sie das Problem als eine »Herausforderung« oder »Chance« definieren. Worte *sind* wichtig, denn sie haben die Macht, positive oder negative Gefühle hervorzurufen. Durch die Wahl bestimmter Worte bei der Beschreibung eines Problems können Sie Ihren Blutdruck, Ihren Puls und Ihre Atemfrequenz erhöhen oder senken.

Ein Wort wie »Problem« ist oft negativ und beängstigend, es führt dazu, dass Sie angespannt und unruhig werden. Wenn zum Beispiel jemand anruft und eindringlich sagt: »Wir haben hier ein echtes Problem!«, werden Sie sofort aufgeregt und besorgt. Wenn Sie aber alle Probleme und Schwierigkeiten als Herausforderungen oder Chancen betrachten und bezeichnen, werden Sie feststellen, dass Sie anfangen, sich auf Probleme zu freuen.

Ihr Job: Probleme lösen

In meinen Seminaren sage ich manchmal, ich wüsste, womit jeder der Teilnehmer sein Geld verdiene. Dann lächeln mich Hunderte oder gar Tausende von Gesichtern ungläubig an, und ich kann fast sehen, was die Leute denken: »Woher will er denn wissen, was *ich* mache?« Die Antwort ist aber ganz einfach. Welche Tätigkeit Sie auch ausüben, Ihre eigentliche Aufgabe ist es, Probleme zu lösen. Sie sind also ein »Problemlöser«. Wenn es bei Ihrer Arbeit keine Probleme gäbe, dann hätten Sie keinen Job.

Je größer, schwieriger, komplizierter und umfangreicher die Probleme sind, desto mehr Chancen haben Sie, schnell aufzusteigen und viel Geld zu verdienen.

In allen Wirtschaftszweigen sind die höchstbezahlten Leute die besten Problemlöser. Sie wissen ja, dass ein Ziel, das Sie noch nicht erreicht haben, nichts anderes ist als ein ungelöstes Problem. Es ist Ihre Aufgabe, Möglichkeiten zu finden, um alle Hindernisse oder Schwierigkeiten auf Ihrem Weg zu überwinden. Von Ihrer Fähigkeit dazu wird Ihre ganze Lebensqualität abhängen, beruflich und privat.

Napoleon Hills wundervolle Entdeckung, dass »in jedem Rückschlag und jedem Hindernis der Keim für einen mindestens genauso großen Vorteil oder Nutzen steckt«, ist eines der wichtigsten Erfolgsgeheimnisse. Betrachten Sie also jede Schwierigkeit als eine Herausforderung, die Ihnen geschickt worden ist, damit Sie klüger und besser werden, und suchen Sie dann nach dem Vorteil oder Nutzen, den sie enthalten könnte.

Schritt 3: Definieren Sie das Problem!

Der dritte Schritt bei dieser systematischen Methode ist die Definition des Problems oder der Herausforderung. Fragen Sie sich: »Was genau ist das Problem?«, und schreiben Sie Ihre Antwort auf.

Ein Problem, das Sie richtig definiert haben, haben Sie schon halb gelöst; die zutreffende Diagnose ist die halbe Heilung.

Wenn Sie Ihr aktuelles Problem klar definiert haben, müssen Sie sich fragen: »Was gehört noch zu diesem Problem?« Sie wissen ja, dass gut formulierte Fragen die Kreativität stark stimulieren. Je mehr unterschiedliche Formulierungen Sie für Ihr Problem finden, desto mehr Ideen werden Ihnen daher für seine Lösung kommen.

Beispiel: Niedrige Verkaufszahlen

Falls Ihre Verkaufszahlen zu niedrig sind, können Sie Ihr Problem einfach definieren, indem Sie das aufschreiben: »Unsere Verkaufszahlen sind zu niedrig.« Sie sollten aber versuchen, Ihr Problem neu zu definieren und es auf verschiedene Arten zu beschreiben. Zum Beispiel: »Unsere Verkaufszahlen sind nicht so hoch, wie sie sein sollten.« Oder: »Wir verkaufen nicht so viele Produkte oder Dienstleistungen, wie wir gern möchten.«

Dann wäre eine neue Denkhaltung gegenüber dem Problem angezeigt. Sie könnten sogar schreiben: »Unsere Konkurrenz verkauft mehr als wir.« Oder: »Unsere Außendienstler erzielen nicht genug Abschlüsse, sodass wir die angepeilten Verkaufszahlen nicht erreichen.« Oder: »Unsere Kunden kaufen zu viel bei der Konkurrenz.« Je mehr verschiedene Formulierungen Ihnen für Ihr Problem oder Ziel einfallen, desto näher rückt eine Lösung.

Schritt 4: Analysieren Sie die Ursachen!

Beim vierten Schritt der systematischen Problemlösung müssen Sie alle möglichen Ursachen für das Problem herausfinden. Achten Sie auch auf die versteckten Ursachen, nicht nur auf die offensichtlichen! Überprüfen Sie die Voraussetzungen, von denen Sie ausgehen. Fragen Sie sich: »Könnte es sein, dass unser Vorgehen in dieser Situation ganz falsch ist? Wie müssten wir die Sache anpacken, falls wir im Augenblick genau das Falsche tun?«

Sie wissen ja: »An der Wurzel jedes Misserfolgs liegen irrige Annahmen!«

Vielleicht haben Sie im Hinblick auf Ihr Produkt, Ihre Dienstleistung, den Markt, die Konkurrenz oder Ihre Kunden unbewusst etwas vorausgesetzt, was gar nicht stimmt. Gute Wissenschaftler überprüfen die Hypothesen oder Annahmen, auf die sie sich bei ihren Forschungen stützen, immer gründlich. Wie sehen Ihre eigenen Hypothesen aus?

Schritt 5: Sammeln Sie Lösungsansätze!

Der fünfte Schritt ist die Definition aller möglichen Lösungen. Schreiben Sie alle offensichtlichen Lösungen auf, dann auch ein paar nicht so offensichtliche und schließlich einige, die das Gegenteil von den offensichtlichen sind. Manchmal besteht die beste Lösung darin, gar nichts zu tun, manchmal darin, etwas ganz anderes zu tun. Je mehr Lösungen Ihnen auf der Grundlage Ihrer Definitionen des Problems und seiner Ursachen einfallen, desto größer ist die Wahrscheinlichkeit, dass darunter auch die ideale Lösung oder Lösungskombination ist.

Schritt 6: Entscheiden Sie sich für eine Lösung!

Der sechste Schritt besteht darin, dass Sie sich für eine Lösung entscheiden. Meist ist *jede* Entscheidung besser als *gar keine*. Eine klare, eindeutige Entscheidung stimuliert Ihre Kreativität, erzeugt Energie und aktiviert Ihr Überbewusstsein.

Schritt 7: Setzen Sie die Lösung um!

Beim siebten und letzten Schritt müssen Sie festlegen, wer die Verantwortung für die Umsetzung der Lösung übernehmen soll, und dann so schnell wie möglich handeln. Es ist wirklich erstaunlich, wie viele Menschen ihr ganzes Leben verändert haben, indem sie diesen Prozess durchlaufen und ihn dann dadurch gekrönt haben, dass sie sofort konkrete Maßnahmen ergriffen haben.

> **Auch erfolgreiche Menschen treffen nicht immer die richtigen Entscheidungen, aber sie treffen ihre Entscheidungen *richtig*.**

Sobald Sie anfangen, sich auf eine Lösung zuzubewegen oder eine Entscheidung umzusetzen, bekommen Sie Feedback aus Ihrer Umgebung. Dieses Feedback ermöglicht es Ihnen, Ihr Vorgehen immer wieder zu korrigieren. Je mehr Sie lernen und je öfter Sie Ihren Kurs anpassen, desto besser werden Sie und desto schneller bewegen Sie sich auf Ihr Ziel zu. Solange Sie aber nicht handeln, wird gar nichts geschehen!

Passive Problemlösung

Durch diese beiden aktiven Methoden, Mindstorming und systematische Problemlösung, werden Sie mehr erreichen können, als Sie sich vielleicht je erträumt haben. Es gibt aber noch eine ganze Reihe anderer Methoden, die man als »passive Problemlösung« bezeichnen könnte. Das möchte ich Ihnen jetzt erklären.

> **Das Gesetz der Entspannung lautet: »Bei geistiger Arbeit ist jede Anstrengung kontraproduktiv.«**

Je mehr Sie sich entspannen und loslassen und Probleme an Ihr Überbewusstsein übergeben, desto schneller beginnt es, für Sie zu arbeiten.

Tagträume, Meditation, Entspannung

Sie können Ihr Überbewusstsein durch verschiedene passive Methoden aktivieren. Tagträume beispielsweise sind eine wunderbare Art, um den Verstand zu lockern und plötzlichen Eingebungen »eine Chance zu geben«. Wenn Sie sich klassische Musik anhören, in der Natur spazieren gehen oder einfach nur entspannt dasitzen und meditieren oder nachdenken, öffnet sich Ihr Verstand für Eingebungen, Ideen und Intuitionen, die Ihnen Hunderttausende von Mark und Jahre harter Arbeit ersparen können.

Alleinsein

Die beste Methode für kreatives Denken überhaupt ist vielleicht Alleinsein. Dazu müssen Sie sich 30 oder 60 Minuten lang ganz still hinsetzen – ohne sich zu bewegen, Kaffee zu trinken, zu rauchen oder auch nur Musik zu hören. Warten Sie einfach in völliger Stille und Bewegungslosigkeit darauf, dass die Stimme der Eingebung zu Ihnen spricht. Wenn Sie ganz klar wissen, was Sie wollen, und Ihre Probleme oder Ziele eingehend analysiert haben, wenn Sie regelmäßig die Mindstorming-Methode benutzt haben, um Ihren Kopf mit den verschiedenartigsten Ideen zu füllen, werden Sie auf diese Weise Erkenntnisse gewinnen, die Ihr Leben von Grund auf verändern können.

Seine Träume leben

Das ist ein wunderbares Thema! Ich könnte noch viel über kreatives Denken und die Möglichkeiten zur Stimulierung des Bewusstseins, des Unterbewusstseins und des Überbewusstseins ausführen. Sie *sind* ein potenzielles Genie. In diesem Augenblick haben Sie die mentale Kapazität, jedes Ziel zu erreichen, das Sie sich setzen, und jeden Traum zu verwirklichen, den Sie träumen können. Die einzige Frage ist, wie intensiv Sie es wollen und ob Sie bereit sind, die Dinge dafür zu tun, über die ich hier gesprochen habe. Diese Frage können nur Sie selbst beantworten!

Wenn Ihnen dann eine Idee nach der anderen kommt und Sie sich immer schneller auf die Ziele zubewegen, die Ihnen im Leben wichtig sind, wird jeder in Ihrer Umgebung Sie bewundern und sagen, Sie hätten doch wirklich viel Glück. Sie aber werden wissen, dass Glück nichts damit zu tun hat!

Kapitel 9
Der wichtigste Glücksfaktor: Beruflicher Erfolg

Steigern Sie Ihren Beitrag!

Erfolg als persönliche Leistung

Die Leute sagen, Sie hätten Glück, wenn Sie schneller und leichter Erfolg haben als andere. Ich habe ja schon darauf hingewiesen, dass erfolgreiche Menschen ihre Leistungen immer auf ihre persönlichen Eigenschaften zurückführen, vor allem auf ihre Bereitschaft, sehr, sehr hart zu arbeiten. Wer keinen Erfolg hat, schreibt das dagegen immer dem Pech zu und macht andere und die Umstände dafür verantwortlich.

Was sind Sie anderen wert?

Der wichtigste Glücksfaktor überhaupt ist Ihre Fähigkeit, Ergebnisse zu erzielen, die anderen bares Geld wert sind und die gleichzeitig die Bereitschaft in ihnen wecken, Sie zu fördern, Ihnen Türen zu öffnen und Ihnen den Aufstieg zu den höchsten Ebenen Ihres Berufs zu ermöglichen.

Das Gesetz der Ergebnisse ist einer der zentralen Glücksfaktoren. Es lautet:

> **»Ihr Lohn wird immer umso größer sein, je mehr und je bessere Ergebnisse Sie genau dann für andere erzielen, wenn diese sie brauchen.« (Gesetz der Ergebnisse)**

Jeder Mensch ist Egoist

Wir sind alle egoistisch, jeder von uns hat ständig den Sender »WID-FMD« eingestellt. Diese sechs Buchstaben stehen für die Frage: »Was ist dabei für mich drin?« Das ist das, was jeder wissen will. Wir bewerten andere danach, inwieweit sie uns helfen können, unsere finanziellen, materiellen, emotionalen, intellektuellen und politischen Ziele zu erreichen. Wir belohnen die Leute am meisten und am schnellsten, die uns am besten dabei helfen, die Dinge, die wir haben wollen, schneller und leichter zu bekommen.

Das Gesetz des Beitrags lässt sich direkt aus dem Gesetz der Ergebnisse ableiten:

> **»Ihr finanzieller Lohn im Leben wird immer umso größer sein, je größer der Wert des Beitrags, den Sie leisten, in den Augen der anderen ist.« (Gesetz des Beitrags)**

Der Kunde ist König

In einer Marktwirtschaft bestimmt der Kunde durch das, was er zu kaufen bereit ist, und durch die Mengen, die er kauft, alle Preise, auch das Niveau der Gehälter, Löhne und Provisionen. Die Löhne oder Gehälter werden nicht von den Firmen festgesetzt, sondern diese geben lediglich das auf dem Markt gefällte Urteil weiter. Sie organisieren die Anstrengungen der bei ihnen Beschäftigten, um Produkte herzustellen und Dienstleistungen anzubieten, die der Kunde in ausreichender Menge zu kaufen bereit ist, sodass ein Profit übrig bleibt, der Überleben und Wachstum der Firmen ermöglicht.

> **Auf lange Sicht gibt es nur eine Möglichkeit für Sie, Ihr Einkommen zu steigern: indem Sie die Qualität und die Quantität Ihres Beitrags für andere steigern.**

Der Wandel auf dem Arbeitsmarkt

Dass heute viele Leute Angst um ihren Arbeitsplatz haben und die Einkommen sinken, liegt nicht zuletzt daran, dass die Welt sich in den letzten zwanzig Jahren dramatisch verändert hat. Heute ist die wertvollste Komponente jedes Produkts und jeder Dienstleistung das Ausmaß an Wissen und Fertigkeiten, das in ihnen steckt. Wer nicht ständig weiterlernt, wächst und seine

Fertigkeiten weiterentwickelt, wird im Laufe der Zeit immer kleinere Beiträge leisten können. Dadurch wird sein Wert auf dem Arbeitsmarkt sinken und er wird von Entlassung, Arbeitslosigkeit und Unsicherheit bedroht sein.

Gefragt: ständige Weiterentwicklung

Wer dagegen ein hohes Einkommen anstrebt und seinen Arbeitsplatz sichern möchte, der muss ständig daran arbeiten, die Ergebnisse, die er für andere erzielen kann, und den Beitrag, den er zu ihrem Leben und ihrer Arbeit leisten kann, zu verbessern und zu steigern. Dem Gesetz der Übereinstimmung zufolge wird Ihr Lebensstandard ja ein Spiegelbild Ihrer Fähigkeit sein, diese Art von Wert beizutragen.

Handeln Sie ergebnisorientiert!

Um sich möglichst schnell mehr Chancen zu verschaffen und die Aufmerksamkeit der wichtigen Leute in Ihrer Umgebung auf sich zu ziehen, müssen Sie ein ergebnisorientierter Mensch werden. Viele Untersuchungen haben ergeben, dass Ergebnisorientierung in allen Gesellschaften eine Schlüsselqualität der höchstbezahlten und meistgeachteten Leute ist.

Schlüsselfaktor Arbeitshaltung

Eine professionelle Arbeitshaltung ist ein Motor dessen, was die Leute »Glück« nennen. Jemand, der effizient und gut arbeitet, der pünktlich oder sogar schneller als verlangt viel Arbeit von hohem Wert erledigen kann, scheint ständig Glück zu haben, denn ihm bieten sich immer wieder Chancen, hochwertigere Arbeit zu leisten.

Schlüsselfaktor »guter Ruf«

Untersuchungen der Harvard University zufolge ist das Wertvollste, das eine Firma hat oder entwickeln kann, ihr Ruf oder Name – die Art und Weise, in der ihre Kunden sie sehen und wie ihre Kunden und andere auf dem Markt über sie sprechen. Ein hervorragender Name ermöglicht es einer Firma, höhere Preise für ihre Produkte oder Dienstleistungen zu verlangen. So hat beispielsweise Sony einen ganz besonders guten Namen im Bereich der technologischen Innovation. Wenn der Name »Sony« auf einem Produkt steht, steigt sein Wert in den Augen des Kunden um 20 bis 30 Prozent, selbst wenn es im Wesentlichen mit einem anderen Produkt im gleichen Regal, das einen weniger bekannten Namen trägt, identisch ist.

Auch Ihr wertvollster Aktivposten ist Ihr Name, vor allem die Art, wie Ihre Kunden, Arbeitgeber und Kollegen Sie sehen. Alles, was Sie tun, um Ihren Namen zu verbessern, erhöht den Wert Ihres Beitrags in den Augen der anderen.

Der Preis ist nicht alles

Wenn jemand dafür bekannt ist, dass er außergewöhnlich gute Arbeit leistet, stehen die Kunden Schlange, um sich seine Dienste zu sichern. Wie würde Ihre erste Frage lauten, wenn Ihr Arzt Ihnen nach einer gründlichen Untersuchung sagen würde, dass Sie sich einer schweren Operation unterziehen müssten? Sie würden wahrscheinlich fragen: »Wer ist der beste Arzt auf diesem Gebiet?« Viele Leute, die im Verkauf arbeiten, und auch ihre Vorgesetzten glauben, dass den Kunden nur ein Kriterium interessiert, nämlich der Preis. Preise sind aber immer relativ. Wenn Ihnen oder einem nahen Angehörigen eine schwere Operation bevorstände, würden Sie doch nie fragen, bei welchem Arzt sie am wenigsten kostet. Der Preis würde überhaupt keine Rolle spielen, wenn das Produkt oder die Dienstleistung wichtig genug wäre.

Schlüsselfaktor gute Ergebnisse

Wenn Sie sich den Ruf erwerben, einer der Allerbesten auf Ihrem Gebiet zu sein, wird man Ihnen viel mehr zahlen als anderen, und Sie werden immer sehr gefragt sein. Sie werden schnell lernen, dass die Leute vor allem gute Ergebnisse wollen, nicht bloß einen niedrigen Preis.

Harte Arbeit bleibt nicht verborgen

In allen Firmen und Organisationen weiß heute jeder, wer am härtesten arbeitet, wer am zweithärtesten, am dritthärtesten, und so weiter. Wenn Sie eine Fremdfirma zur Effizienzbeurteilung engagieren würden, die jeden in Ihrer Firma danach befragen sollte, wer seiner Ansicht nach am härtesten arbeitet, wer am zweithärtesten und so weiter bis zu demjenigen, der am wenigsten arbeitet, und die dann aus den eingesammelten Fragebogen einen Bericht erstellen sollte, würden Sie feststellen, dass praktisch jeder in der Firma weiß, wer am meisten und wer am wenigsten arbeitet und wie die Rangfolge dazwischen aussieht.

Schlüsselfaktor Engagement

Auf allen Gebieten steigen immer diejenigen in wichtige Positionen auf, die am härtesten arbeiten und sich ihrer Arbeit am stärksten widmen. Daher haben sie sehr feine Antennen für andere, die wie sie selbst sind. »Gleich und Gleich gesellt sich gern« – das stimmt wirklich! Es gibt keine schnellere Möglichkeit, die Aufmerksamkeit der Leute mit Einfluss auf sich zu ziehen und ihre Unterstützung zu gewinnen, als sich den Ruf zu erwerben, sehr hart oder sogar am härtesten überhaupt zu arbeiten.

Zeitkrankheit Bequemlichkeit

Die große Tragödie der Berufstätigen unserer Zeit ist, dass die meisten von ihnen wenig engagiert sind. Infolge des unglaublichen Überflusses, den Amerika und Westeuropa nach dem Zweiten Weltkrieg und bis in die Siebzigerjahre hinein erlebten, ist eine ganze Generation mit der Vorstellung aufgewachsen, dass man schon für die halbe Arbeit ein volles Gehalt bekommen könne. Viele Angehörige dieser Generation mussten weder für ihr Diplom noch für einen anderen Abschluss besonders hart arbeiten. Wenn sie dann in das Erwerbsleben eintreten, machen sie einfach so weiter, wie sie es aus den Jahren davor gewohnt sind.

Effektive Arbeitszeit = 50% der Anwesenheit!?

Robert Haf & Associates haben festgestellt, dass der Durchschnittsamerikaner nicht einmal in der Hälfte der Zeit, für die er bezahlt wird, arbeitet. Wenn man sie privat danach fragt, geben sogar Manager zu, dass sie ganze 50 Prozent ihrer Arbeitszeit mit Dingen verbringen, die absolut nichts mit ihrem Job oder der Firma zu tun haben. Da diese 50 Prozent der Durchschnittswert sind, gibt es natürlich viele Menschen, die sogar noch erheblich mehr als 50 Prozent ihrer Zeit verschwenden.

Die »Zeitdiebe«

Die meiste Zeit geht durch unnütze Plaudereien mit den Kolleginnen und Kollegen verloren. Amerikanischen Untersuchungen zufolge werden ganze 37 Prozent jedes Arbeitstages durch solche Unterhaltungen verschwendet. Die restlichen 13 Prozent werden dadurch vertrödelt, dass man ein bisschen später kommt und zeitig geht, die Kaffee- und Mittagspausen verlängert und sich mit Privatangelegenheiten beschäftigt.

Beispiel: Der Arbeitstag des Durchschnittsamerikaners

Der Durchschnittsamerikaner kommt erst gegen 11 Uhr richtig in die Gänge. Bis dahin trinkt er Kaffee, liest die Zeitung, sieht seine Post durch, plaudert mit den Kollegen und erledigt ein paar Anrufe.
Gegen 15:30 Uhr fängt er dann an, sich auf den Feierabend vorzubereiten, auch wenn sein Arbeitstag erst um 17 oder 17:30 Uhr endet. In manchen

Firmen hängt in der Kantine ein Schild mit der schönen Aufschrift: »Verfallen Sie bitte nicht in Panik, falls ein Feuer ausbrechen sollte. Verlassen Sie das Gebäude dann einfach genauso schnell wie jeden Tag um 17 Uhr!«

Kostenfaktor Ineffizienz

Noch schlimmer ist, dass die Leute sich in den 50 Prozent ihrer Arbeitszeit, die sie nicht verschwenden oder vertrödeln, gewöhnlich mit Aufgaben beschäftigen, die von untergeordneter Priorität sind, und sie auch noch ineffizient erledigen. Sie schaffen nur sehr wenig. Die Arbeit stapelt sich, und sie schieben sie von einer Ecke ihres Schreibtischs in die andere. Wenn sie dann unter Druck geraten, erledigen sie die Aufgaben in der Eile nur schlecht. Schätzungen zufolge entstehen in allen Geschäftszweigen ganze 25 Prozent der Kosten dadurch, dass bei Produkten und Dienstleistungen, die bereits hergestellt oder erbracht worden sind, Nachbesserungen vorgenommen werden müssen.

Nutzen Sie Ihre Zeit!

Bilanz ziehen

Wie sieht es denn bei Ihnen aus? Haben Sie in Ihrer Firma den Ruf, zu denen zu gehören, die besonders hart und effizient arbeiten? Blicken die Leute zu Ihnen auf, weil Sie einer der Besten in der Firma sind? Überträgt man Ihnen immer größere Aufgaben und immer mehr Verantwortung, bietet man Ihnen mehr Beförderungsmöglichkeiten als irgendjemand anderem? Falls Ihre Antwort Nein lauten sollte – wäre es dann nicht an der Zeit, etwas für Ihre Zukunft zu tun? Das Leben ist schließlich keine Probe für irgendetwas anderes!

Nutzen Sie Ihre Arbeitszeit

Es ist Ihre Aufgabe, auf Ihrem Gebiet ein Spitzenmann oder eine Spitzenfrau zu werden, unter die besten zehn Prozent zu kommen. Es ist Ihre Aufgabe, sich den Ruf zu erwerben, einer der Allerbesten in Ihrem Geschäft zu sein. Und der Schlüssel dazu lautet: »Arbeiten Sie in jeder einzelnen Minute Ihrer Arbeitszeit!« Fassen Sie jetzt den Entschluss, von nun an in Ihrer *ganzen* Arbeitszeit zu arbeiten – und keine Zeit mehr mit privaten Unterhaltungen, dem Lesen der Zeitung, dem Überziehen der Kaffee- oder Mittagspausen und Ähnlichem zu verschwenden. Nutzen Sie Ihre Arbeitszeit effektiv für die Firma!

Wenn jemand versucht, Ihre Arbeitsmoral zu untergraben, indem er Sie fragt, ob Sie ein bisschen Zeit für eine Unterhaltung haben, müssen Sie ihm einfach antworten: »Ja, aber nicht jetzt!« Bitten Sie den Betreffenden, nach Feierabend oder in der Mittagspause mit Ihnen zu sprechen. Bis dahin aber muss Ihre Antwort lauten: »Jetzt muss ich *zurück zu meiner Arbeit*!« Das wird am Anfang übrigens gar nicht leicht sein. Wenn Sie mit alten Gewohnheiten brechen, werden Ihre weniger ehrgeizigen Kollegen versuchen, Sie wieder umzustimmen. Sie werden sich durch Ihre neue Entschlossenheit, Ihr Geld wirklich zu verdienen und möglichst viel zu erledigen, bedroht fühlen.

Lassen Sie sich nicht ablenken

Trotzdem dürfen Sie sich nicht von Ihrem Entschluss abbringen lassen. Wenn Sie sich den Ruf erwerben, effektiv und konsequent zu arbeiten, werden Sie nicht nur mehr erledigen können und auf Ihrem Gebiet an die Spitze aufsteigen, sondern Sie werden auch beruflich schneller vorwärts kommen. Wieder einmal werden andere sagen, Sie hätten »Glück«.

Erhebliche Leistungssteigerung

Sobald Sie beschlossen haben, in Ihrer Firma derjenige zu werden, der am härtesten und am besten arbeitet, wird es gar nicht schwierig für Sie sein, Ihre Leistung zu verdoppeln und sogar zu verdreifachen. Es gibt eine Reihe bewährter Methoden und Techniken, durch die Sie Ihre Arbeitsergebnisse erheblich steigern und die Menschen in Ihrer Umgebung in Erstaunen setzen werden. Orientieren Sie sich dabei an den höchstbezahlten und effektivsten Leuten Ihrer Firma. Sie werden so mehr schaffen können, als Sie sich jetzt vorstellen, und das wird Ihnen auch noch leichter fallen. Sie werden außerdem Ihre Freizeit wirklich genießen können.

Die Zeit und ihre Merkmale

Im Hinblick auf den Zeitfaktor gibt es ein paar Schlüsselprinzipien, die Sie kennen müssen. Zunächst einmal ist Zeit nicht elastisch, man kann sie also nicht dehnen. Sie vergeht mit einer Regelmäßigkeit, gegen die wir absolut nichts tun können. Das ist eine naturgegebene Tatsache, die Sie akzeptieren müssen. Zeit ist außerdem begrenzt, niemand von uns kann mehr Zeit bekommen. Es ist eine unumstößliche Tatsache, dass Sie jeden Tag genau 24 Stunden Zeit haben. Ihre ganze Lebensqualität wird davon abhängen, was Sie mit Ihrer Zeit machen.

Sie können Ihre wahren Werte und Überzeugungen und Ihre eigentlichen Lebensinhalte erkennen, indem Sie sich ansehen, wie viel Zeit Sie dafür aufzubringen bereit sind.

Am Anfang unseres Lebens haben wir sehr wenig Geld und viel Zeit. Wer klug ist, wird sein Leben mit viel weniger Zeit beenden, aber mit genug Geld, um finanziell unabhängig zu sein. Unser ganzes Leben lang sind wir immer wieder damit beschäftigt, irgendwelche Dinge einzutauschen. Wir tauschen Zeit gegen Ergebnisse und Geld. Zu jedem Zeitpunkt unseres Lebens können wir uns ansehen, wo wir gerade stehen, und beurteilen, wie gut wir in den vergangenen Monaten und Jahren bei unseren »Tauschgeschäften« gewesen sind.

Das Leben als Tauschgeschäft

Jemand, der mit dreißig oder vierzig viel Geld wert ist, hat hervorragende »Tauschgeschäfte« gemacht. Er hat seine Zeit gegen Wissen eingetauscht, gegen erworbene Fertigkeiten, gegen Ziele, die er sich gesetzt hat, und gegen eine gute Lebensplanung. Er hat sie für seine persönliche und berufliche Weiterentwicklung eingetauscht. Und deshalb kann er seine Zeit heute auf dem Markt für ein sehr hohes Einkommen eintauschen. Das muss auch Ihr Ziel sein!

Zeit lässt sich nicht »sparen«

Ein anderer wichtiger Aspekt von Zeit ist, dass man sie nicht sparen kann – man kann sie nur »ausgeben«, also mit etwas verbringen. Sie haben nur die Möglichkeit, weniger Zeit für Aktivitäten aufzuwenden, die wenig Wert haben, und mehr Zeit für Aktivitäten, die einen hohen Wert haben. Um es ganz einfach zu sagen:

Menschen haben Erfolg, weil sie einen größeren Teil ihrer Zeit als andere damit verbringen, Dinge von hohem Wert zu tun, die sie ihren Zielen schneller näher bringen.

Menschen scheitern andererseits, weil sie einen zu großen Teil ihrer Zeit mit »wertlosen« Beschäftigungen verbringen, die sie ihrem Ziel entweder nur langsam näher bringen oder sie im schlimmsten Fall sogar von ihm entfernen.

Sie können sich jederzeit frei entscheiden: Sie können in jedem Augenblick beschließen, Ihre Zeit Aktivitäten von hohem oder von geringem Wert zu widmen. Die Gesamtsumme Ihrer Entscheidungen wird Ihre ganze Lebensqualität bestimmen. Sie haben immer die Wahl! Ein wichtiger Glücksfaktor ist *das Gesetz der harten Arbeit:*

Schlüsselfaktor harte Arbeit

»Jedes Ziel, jede Aufgabe und jede Tätigkeit lässt sich durch harte Arbeit erreichen oder erfüllen.« (Gesetz der harten Arbeit)

Es gibt nur sehr wenig in Ihrem Leben, was Sie nicht erreichen können, wenn Sie bereit sind, lange und hart genug darauf hinzuarbeiten und trotz aller Hindernisse und Schwierigkeiten weiterzumachen, bis Sie am Ziel sind. Wirklich harte Arbeit ist schon immer der Schlüssel zu großem Erfolg gewesen.

»Wissensarbeit« und Selbstdisziplin

Es gibt allerdings eine Einschränkung: Sie und ich sind heute Wissensarbeiter. Wissensarbeiter haben zwei Haupteigenschaften: Zum einen beschäftigen sie sich am Anfang mehr mit der Frage, was zu tun ist, als damit, wie oder wann es zu tun ist. Zum anderen beurteilt man sie nicht nach dem, was sie tun (wie Fabrikarbeiter), sondern nach ihren Resultaten, nach messbaren Ergebnissen, die man zählen und nutzen und auf dem Markt verkaufen kann. Deshalb ist es so ungeheuer wichtig, dass Sie zuerst herausfinden, *was* genau zu tun ist, und in welcher Reihenfolge. Dann müssen Sie die Selbstdisziplin aufbringen, sich dazu zu zwingen, die richtigen Dinge zu tun, und zwar zur richtigen Zeit, auch wenn Ihnen nicht danach zumute ist. Das ist die wichtigste Eigenschaft, die Sie entwickeln können, und sie ist der Kern von Charakterstärke und großen Leistungen.

Planen Sie Ihr Leben!

Erfolg und Einstellung

Seit mindestens 2500 Jahren beschäftigt sich die Menschheit mit dem Erfolg und allen seinen Aspekten, einschließlich des Glücks. In diesem Jahrhundert sind mehr und bessere Untersuchungen über die Eigenschaften erfolgreicher Menschen durchgeführt worden als in all den Jahrhunderten zuvor. Eine der wichtigsten Entdeckungen ist, dass Erfolg im Wesentlichen von der Einstellung abhängt. Und die für Erfolg und für Glück im Leben wichtigste Einstellung ist die gegenüber der Zeit.

Menschen mit einer langfristigen Perspektive sind immer erfolgreicher als diejenigen, die nicht so weit vorausblicken.

Eine langfristige Perspektive entwickelt man, indem man sein Leben auf zehn oder zwanzig Jahre vorausplant. Dann kehrt man zum Heute zurück und plant seine Ziele, Prioritäten und Aktivitäten in Abhängigkeit davon, wo man in drei, fünf, zehn oder zwanzig Jahren stehen will.

Nur eine Minderheit plant langfristig

Nicht einmal drei Prozent der Amerikaner haben eine langfristige Perspektive. Und sie sind diejenigen, die im Laufe der Zeit in den meisten Firmen an die Spitze gelangen und den größten Teil des Geldes in den USA kontrollieren. In Deutschland sieht es auch nicht anders aus. Wenn Sie beispielsweise mit 20 anfangen, jeden Monat 250 DM in solide Investmentfonds zu stecken, sind Sie mit 65, bei Ihrem Ausscheiden aus dem Erwerbsleben, Millionär. Da das aber so einfach ist, stellt sich doch die Frage, warum nicht *jeder* sein ganzes Erwerbsleben hindurch spart, sodass er Millionär wird. Die Antwort lautet: weil die meisten Menschen keine langfristige Perspektive haben.

Kurzfristige Opfer und langfristiger Erfolg

Der Schlüssel zu einer langfristigen Perspektive liegt in dem Wort »Opfer«. Der Verzicht auf sofortige Befriedigung ist schon immer eine wichtige Voraussetzung für wirtschaftlichen Erfolg gewesen.

Die Bereitschaft, kurzfristig Opfer zu bringen, um langfristig Sicherheit und Wohlstand zu gewinnen, ist der Schlüssel zu Glück und großen Leistungen.

Die fehlende Bereitschaft, auf sofortige Befriedigung zu verzichten, der Mangel an Selbstdisziplin, um nicht alles auszugeben, was man verdient (oder sogar noch ein bisschen mehr!), ist ein unfehlbares Rezept für Misserfolg.

Geldanlage und Charakter

Ich habe ja bereits erklärt, dass schon das Sparen von Geld Ihren Charakter verändert. Dadurch entwickeln Sie nämlich mehr Selbstdisziplin. Sie bekommen das Gefühl, dass Sie sich besser beherrschen können, und so fällt es Ihnen immer leichter, sich um des langfristigen Gewinns willen kurzfristig einzuschränken. Die langfristige Perspektive muss aber durch eine kurzfristige ergänzt werden:

> **Sie brauchen eine langfristige Vision für Ihr Leben, die sich auf Ihre Ziele und Pläne erstreckt, und eine kurzfristige Konzentration auf die Aktivitäten, durch die Sie Ihre Ziele erreichen wollen.**

Wenn ich nach so vielen Jahren der Forschung aufgefordert würde, *»Erfolg«* in zwei Wörtern zusammenzufassen, würde ich mich für *»Ausrichtung und Konzentration«* entscheiden. Sobald Sie sich Ihre langfristigen Ziele gesetzt haben, wird Ihre Fähigkeit, Ihre Aktivitäten auf die höchsten Prioritäten auszurichten und sich ganz auf sie zu konzentrieren, bis Sie sie erreicht haben, das Ausmaß Ihres Erfolgs stärker bestimmen als jeder andere Faktor.

Erfolg = Ausrichtung + Konzentration

Sie können die brillanteste Person auf Ihrem Gebiet sein, Sie können ungewöhnlich gut aussehen, sehr gebildet und sympathisch sein und eine Unzahl von Chancen geboten bekommen – wenn Ihnen die Fähigkeit zur Ausrichtung und Konzentration fehlt, wird Ihnen das alles nicht viel nützen. Durchschnittsmenschen, die genug Selbstdisziplin entwickelt haben, um sich dazu zu zwingen, ihre Aktivitäten in jeder Minute ihres Arbeitstages auf hohe Prioritäten auszurichten und sich darauf zu konzentrieren, sie zu erreichen, werden Sie mühelos überflügeln können.

Schlüsselfaktor Prioritäten setzen

Von Ihrer Fähigkeit, klare Prioritäten zu setzen, hängt der Verlauf Ihres ganzen Lebens ab. Jeder Misserfolg beruht auf falsch gesetzten und gerichteten Prioritäten, jeder Erfolg dagegen auf der

Fähigkeit, Prioritäten intelligent zu setzen und sich an sie zu halten, bis die wichtigsten Aufgaben erfüllt sind. Die Kraft der Sonne ist warm und mild, bis man sie durch ein Brennglas auf einen einzigen Punkt konzentriert. Dann kann sie intensiv brennen und Großbrände verursachen. Eine kleine Glühbirne mag ein bisschen Licht geben, vielleicht nicht einmal genug, um dabei zu lesen, doch wenn sie durch einen Laser konzentriert wird, kann man damit Stahl schneiden. Genauso ist es mit dem Setzen von Prioritäten und der kontinuierlichen Ausrichtung und Konzentration darauf, bis diese Konzentration für Sie so natürlich wird wie das Atmen.

Planen Sie Ihre Aktivitäten!

Um klare Prioritäten setzen und viel mehr schaffen zu können als die Menschen in Ihrer Umgebung, sind mehrere Schritte erforderlich. Der erste besteht darin, Listen der Aktivitäten und Aufgaben aufzustellen, *bevor* Sie anfangen. Allein dadurch, dass Sie nach einer Liste arbeiten, werden Sie Ihre Produktivität schon beim ersten Mal um 25 Prozent steigern. Alle wirklich guten Zeitmanager und alle sehr produktiven Menschen benutzen Listen. Ist es nicht selbstverständlich für Sie, nie ohne eine Einkaufsliste zum Supermarkt zu fahren? Sie dürfen niemals ohne eine sehr klare Liste – eine Art Landkarte – der Aktivitäten, die Sie erledigen möchten, in einen Tag gehen!

Jahresplanung

Es gibt verschiedene Arten von Listen. Den Kern Ihres Zeitmanagementprogramms sollte Ihre Hauptliste bilden, die alles enthält, was Sie in absehbarer Zeit tun wollen. Immer, wenn etwas Neues dazukommt, müssen Sie es auf diese Liste schreiben, damit Sie es nicht vergessen. Ihre Hauptliste kann durchaus aus Hunderten von Punkten bestehen, die zum Teil zwei, drei oder fünf Jahre in die Zukunft hineinreichen.

Monats-, Wochen- und Tagesplanung

Die zweite Liste ist Ihre Monatsliste. Sie enthält die Dinge, die Sie unbedingt tun müssen, um bei der Arbeit Erfolg zu haben, und außerdem die Punkte von Ihrer Hauptliste, die Sie in den nächsten 30 Tagen erledigen wollen. Ihre Wochenliste, eine verfeinerte Fassung Ihrer Monatsliste, besteht aus den Dingen, die Sie in dieser Woche tun wollen. Ihre Tagesliste schließlich ist ein vollständiger Plan für Ihren Tag vom Morgen bis zum Abend.

Fangen Sie jeden Tag, jede Woche und jeden Monat mit einer Liste an. Machen Sie für alles Listen. Denken Sie schriftlich! Alle besonders produktiven Menschen denken mit dem Füller, Kuli oder Bleistift in der Hand.

Planen Sie jeden Tag im Voraus, und zwar so, als ob es der wichtigste Tag in Ihrem Leben und Ihnen jede Minute kostbar wäre. Sie dürfen nicht den Fehler begehen, einfach mit der Aufgabe anzufangen, die Ihnen am angenehmsten oder am bequemsten erscheint. Denken Sie nach, bevor Sie handeln, und handeln Sie dann effizient und richtig. Die folgende Übung hilft Ihnen bei einer durchdachten Lebensplanung.

Übung: Berufliche Aktivitäten planen

Notieren Sie zunächst Ihre langfristigen beruflichen Ziele: Was möchten Sie in den nächsten fünf und in den nächsten zwei Jahren erreichen? Seien Sie präzise, auch wenn Ihre Liste dadurch zahlreiche Punkte umfasst!

Meine Fünf-Jahres-Ziele:

1. ______________________________

2. ______________________________

3. ______________________________

usw.

Meine Zwei-Jahres-Ziele:

1. ______________________________

2. ______________________________

3. ______________________________

usw.

Überlegen Sie dann, welche Teilziele Sie sich für das kommende Jahr setzen wollen.

Ordnen Sie auch diese Teilziele der Wichtigkeit nach.

Meine Ziele für das nächste Jahr:

1. ______________________________

2. ______________________________

3. ______________________________

usw.

Machen Sie nun Ihre Monatsplanung. Welche konkreten Schritte wollen Sie in den nächsten 30 Tagen zur Erreichung Ihrer Ziele unternehmen? Auch hier sollten Sie Ihre Liste der Wichtigkeit nach ordnen.

Meine Monatsziele:

1. ______________________________

2. ______________________________

3. ______________________________

usw.

Am Ende steht Ihre Planung für den nächsten Tag. Was wollen Sie morgen erreichen? Welche Tätigkeiten sind besonders wichtig?

1. ______________________________

2. ______________________________

3. ______________________________

usw.

Planen Sie den folgenden Tag genau; beginnen Sie dabei mit den wichtigsten Aktivitäten. Aktualisieren Sie Ihre Tages- und Monatsplanung laufend, und passen Sie auch Ihre Jahresziele geänderten Prioritäten an!

Schlüsselfaktor Effizienz

Für Effizienz im Leben ist der gleiche Faktor entscheidend wie für die Bewertung einer Firma oder Aktie und entsprechende Investitionen: die Rentabilität. Es ist Ihre Aufgabe, dafür zu sorgen, dass Sie für den Anteil Ihres Lebens, den Sie in Ihre Aktivitäten investieren, eine möglichst hohe Rendite bekommen.

Liste – Priorität – Reihenfolge

Wenn Sie – am besten am Abend vorher, sodass Ihr Unterbewusstsein an einigen Ihrer Aufgaben arbeiten kann, während Sie schlafen – eine Liste für den Tag geschrieben haben, müssen Sie Prioritäten setzen. Sie müssen entscheiden, was Sie als Erstes tun werden, was als Zweites, und was gar nicht. Sie müssen die logische Reihenfolge bestimmen, durch die Sie für die von Ihnen investierte Zeit eine möglichst hohe Rendite bekommen.

Die 80/20-Regel

Eine einfache Technik des Zeitmanagements ist die kontinuierliche Anwendung der »80/20«-Regel. Sie besagt schlicht und einfach, dass bei jeder Liste von Aktivitäten 80 Prozent der Relevanz in 20 Prozent der Punkte enthalten sind. Manchmal werden sogar 90 Prozent des Wertes Ihrer ganzen Aktivitätenliste in nur zehn Prozent der Punkte oder in einem einzigen Punkt auf dieser Liste stecken!

Das Wichtigste zuerst

Sie dürfen niemals der Versuchung nachgeben, zuerst die kleinen Dinge zu erledigen. Wenn Sie einmal Prioritäten gesetzt und die 20 Prozent der Punkte ermittelt haben, die die wertvollsten Ergebnisse bringen können, müssen Sie oben anfangen, nicht in der Mitte oder unten. Mit den unwichtigeren Aufgaben dürfen Sie deshalb nicht anfangen, weil sie sich im Allgemeinen immer weiter vermehren. Wenn Sie sich zuerst mit diesen Dingen beschäftigen, werden Sie am Ende des Tages feststellen, dass Sie noch immer an kleinen Punkten arbeiten, und Ihre großen Aufgaben und Pflichten weiterhin auf ihre Erledigung warten.

Die A-B-C-D-E-Methode

Benutzen Sie die »A-B-C-D-E«-Methode, um Ihrer Liste eine Struktur zu geben. Denken Sie daran, dass der Wert jeder Aktivität von ihren möglichen Auswirkungen abhängt. Alles, was besonders wichtige Auswirkungen auf Ihr Leben oder Ihre Arbeit haben kann, hat hohe Priorität. Etwas, das nur unbedeutende oder gar keine Auswirkungen hat, hat immer niedrige Priorität.

Beispiele: Was ist wichtig?

Kontinuierliches Lesen, Lernen und Erweitern Ihrer Fertigkeiten zum Beispiel hat hohe Priorität, denn die langfristigen Auswirkungen auf Ihr Leben und Ihre Karriere können extrem groß sein. Das sind vielleicht keine dringenden Aktivitäten, aber sie sind ungeheuer wichtig, und deshalb müssen Sie sie regelmäßig in Ihr Leben einbauen.
Kaffee- oder Mittagspausen dagegen haben überhaupt keine Auswirkungen. Auch wenn Sie 40 Jahre lang Kaffeepausen machen und zum Mittagessen gehen und dadurch ein hervorragender Fachmann für die Auswahl der Kaffeesorte und des Gerichts werden würden, hätte das keinerlei Folgen für das, was Sie in Ihrem Leben erreichen.

Denken Sie immer an die Folgen, bevor Sie anfangen! Was sind die wahrscheinlichen Auswirkungen, wenn Sie etwas Bestimmtes tun oder nicht tun? Hier ist die A-B-C-D-E-Methode enorm hilfreich:

A-Aufgaben

Eine »A«-Aufgabe ist etwas, das Sie tun *müssen*. Wenn Sie sie erledigen, hat das schwerwiegende Auswirkungen, und wenn Sie sie nicht erledigen, auch. Sie ist wichtig für Ihr Leben und Ihre Karriere. Andere verlassen sich dabei auf Sie. Sie hat oberste Priorität. Schreiben Sie neben alle Punkte auf Ihrer Liste, die in diese Kategorie gehören, die Sie also unbedingt erledigen müssen – und zwar bald und gut! –, den Buchstaben »A«.

B-Aufgaben

Eine »B«-Aufgabe ist etwas, das getan werden *sollte*. Wenn Sie diese Aufgabe erledigen oder nicht erledigen, hat das Auswirkungen, die nicht so schwer wiegen. Andere wären dann vielleicht unzufrieden oder verärgert, doch diese Aufgaben sind nicht so wichtig wie die »A«-Aufgaben auf Ihrer Liste. Als Grundregel muss deshalb gelten: Beschäftigen Sie sich nie mit einer »B«-Aufgabe, wenn es noch eine unerledigte »A«-Aufgabe gibt!

C-Aufgaben

»C«-Aufgaben haben noch niedrigere Priorität – es wäre *schön*, wenn Sie sie erledigen könnten. Es ist wie bei Kaffee- oder Mittagspausen – wenn man sie hat, ist das angenehm, doch sie haben weder positive noch negative Auswirkungen auf Ihre Zukunft. Nette Unterhaltungen mit Ihren Kollegen, Zeitunglesen oder Anrufe nach Hause, bei denen es um private Dinge geht, sind ganz schön, aber sie haben praktisch keine über den Augenblick hinausreichenden Auswirkungen.

D-Aufgaben

Die »D«-Aufgaben auf Ihrer Liste sind die Aufgaben, die Sie *delegieren* müssen. Die Grundregel lautet, dass Sie so viele Aufgaben mit niedriger Priorität delegieren müssen wie möglich, damit Sie mehr Zeit für die wenigen Dinge haben, die sich wirklich massiv auf Ihr Leben auswirken werden. Wenn Sie jemand anderen einen Brief schreiben, einen Anruf erledigen, einen Vertrag abheften oder eine andere Aufgabe dieser Art erledigen lassen, delegieren Sie. Wenn Sie sich auf dem Heimweg eine fertige Mahlzeit kaufen, die Sie zu Hause nur noch in die Mikrowelle stellen müssen, delegieren Sie die Zubereitung Ihres Abendessens und sparen dadurch ein bis zwei Stunden Zeit, die die Einkäufe, die Zubereitung und der Abwasch Sie sonst gekostet hätten.

Die klügsten und produktivsten Menschen in unserer Gesellschaft sind diejenigen, die absolut hervorragend darin sind, so viele Aufgaben wie möglich zu delegieren, sodass sie selbst mehr Zeit für die ein oder zwei Dinge haben, die sich am meisten auszahlen.

E-Aufgaben

Das »E« in der »A-B-C-D-E«-Formel steht für *eliminieren*. Es bringt eine besonders große Zeitersparnis, wenn Sie etwas nicht mehr tun, das Sie in der Vergangenheit getan haben, das aber nicht mehr so wertvoll oder relevant ist wie etwas anderes, das Sie jetzt tun müssen.

Es ist sehr wichtig, dass Sie auch nachrangige Prioritäten setzen. Tatsache ist, dass Ihr Zeitplan bereits voll ist – die meisten Leute verplanen sogar mehr als 100 Prozent ihrer Zeit! Um Zeit für neue Dinge zu haben, müssen Sie also mit alten Dingen aufhören. Wenn etwas Neues in Ihren Zeitplan hinein soll, müssen Sie dafür etwas Altes streichen.

Zu entscheiden, welche Dinge Sie teilweise oder gar nicht mehr machen wollen, ist eine der schnellsten Methoden, um in Ihrem Zeitplan Platz für die Aufgabe mit der höchsten Priorität zu schaffen.

Welche Aufgaben können und müssen Sie eliminieren? Welche der Aktivitäten, die Sie im Laufe der Monate und Jahre »geerbt« haben, sind inzwischen nicht mehr so wertvoll und wichtig für

Sie wie andere Dinge, die Sie jetzt erledigen müssen? Die Fähigkeit, sich diese Frage zu stellen und zu beantworten, ist ein Schlüsselfaktor für Ihre Effektivität bei der Arbeit und in Ihrem Privatleben.

Der Schlüssel zu besseren Arbeitsergebnissen

5 Fragen für mehr Leistung

Es gibt fünf Schlüsselfragen, mit deren Hilfe Sie bessere Ergebnisse erzielen und mehr als jeder andere in Ihrer Umgebung leisten werden. Sie sollten sich diese fünf Fragen jeden Tag in jeder Minute und jeder Stunde stellen, sie beantworten und dann entsprechend handeln.

Frage 1: Wert

Die erste Frage lautet: »Welche meiner Aktivitäten haben den höchsten Wert?« Welche Dinge, die Sie tun, tragen den höchsten Wert zu Ihrer Firma, Ihrem Leben, Ihrer Arbeit und Ihrem Einkommen bei? Falls Sie nicht sicher sind, wie die Antwort auf diese Frage lautet, sollten Sie gründlich darüber nachdenken. Sprechen Sie mit Ihrer Frau oder Ihrem Mann, Ihrem Chef und Ihren Kollegen darüber. Ihnen muss ganz klar sein, welche Ihrer Aktivitäten den höchsten Wert haben. Ein Ziel, das man nicht sehen kann, kann man nämlich auch nicht treffen. Sie können in Ihrem Beruf nicht schnell vorankommen, wenn Sie nicht wissen, welche Aufgaben Sie unbedingt erledigen müssen, um Erfolg zu haben und befördert zu werden.

Frage 2: Ergebnisbereiche

Die zweite Frage bei der Prioritätensetzung ähnelt der ersten: »Was sind meine Schlüssel-Ergebnisbereiche?« Für welche Ergebnisse hat man Sie eingestellt? An welchen von all Ihren Tätigkeiten wird Ihr Erfolg gemessen? Wovon hängt Ihre Karriere ab? Auf welchen Gebieten müssen Sie unbedingt gute Ergebnisse erzielen? Es ist sehr wichtig, dass Sie diese Gebiete klar identifizieren und die entsprechenden Aufgaben in hervorragender Weise erledigen.

Frage 3: Bezahlung

Die dritte Frage bei der Prioritätensetzung ist einfach: »Warum stehe ich auf der Gehaltsliste?« Warum zahlt man Ihnen Geld für das, was Sie tun? Welchen Beitrag leisten Sie für das Geld, das Sie bekommen? Durch die intensive Beschäftigung mit dem Grund für Ihre Anstellung können Sie Ihre Fähigkeit verbessern, die ein oder zwei Punkte zu erkennen, die am wichtigsten für Sie sind.

Frage 4: Individuelle Chancen

Die vierte Frage ist von besonders großer Bedeutung: »Es muss etwas geben, das nur ich tun kann und das wirklich große Auswirkungen haben wird, wenn ich es gut tue – was ist das?« Denken Sie daran, dass Sie ein Wissensarbeiter sind! Sie arbeiten mit Ihrem Verstand, nicht mit Muskelkraft, sondern mit »Brainpower«. Und es gibt immer etwas, das nur Sie tun können und das wirklich wichtig ist. Wenn Sie es nicht tun, wird es gar nicht gemacht werden. Wenn Sie es aber tun, und zwar gut und zur richtigen Zeit, kann es einen sehr wertvollen Beitrag zu Ihrem Berufs- oder Privatleben bedeuten.

Frage 5: Aktuelle Prioritäten

Die letzte Frage bei der Prioritätensetzung ist schon uralt: »Wie kann ich meine Zeit jetzt, in diesem Augenblick, so einsetzen, dass sie mir den größten Wert bringt?« Die Fähigkeit, sich diese Frage zu stellen, sie zu beantworten und sich dann nur mit diesem Punkt zu beschäftigen, ist der Schlüssel für große Effizienz und Effektivität und der wahre Maßstab für Selbstdisziplin und Charakter.

»Zero-based Thinking«

Sie sollten jeden Tag das Gesetz des »Zero-based Thinking«, des Denkens von der Null-Linie aus, auf Ihr Leben und Ihre Aktivitäten anwenden. Dieses Gesetz verlangt, dass Sie sich fortwährend fragen:

> **Gibt es irgendetwas in Ihrem Leben, das Sie mit Ihrem heutigen Wissensstand gar nicht erst anfangen oder nicht wieder tun würden, wenn Sie noch einmal vor der Entscheidung stünden?**

In den vielen Jahren meiner Forschung habe ich festgestellt, dass jeder von uns etwas oder sogar mehrere Dinge tut, mit denen er gar nicht erst angefangen hätte, wenn er damals schon gewusst hätte, was er heute weiß. Sie können Ihre Zeit und Ihr Leben nicht gut organisieren, wenn Sie damit beschäftigt sind, solche Dinge zu tun. Eine der schnellsten Möglichkeiten, Ihre Effizienz zu steigern, besteht darin, mit solchen Dingen aufzuhören.

Hinterfragen Sie Ihr Leben!

Denken Sie über Ihren Job und Ihre Karriere nach: Ist Ihr Job der richtige für Sie? Ist Ihre Karriere die richtige für Sie? Falls nicht – welche Entscheidungen müssen Sie treffen? Denken Sie auch über Ihre Ehe und Ihre Beziehungen zu anderen nach: Würden Sie diese Beziehungen heute noch einmal eingehen? Schlechte Beziehungen aufrechtzuerhalten, obwohl man bereits erkannt hat, dass man unglücklich ist, ist eine der allergrößten Zeitverschwendungen im Leben.

Schneiden Sie »alte Zöpfe« ab!

Sehen Sie sich an, was Sie mit Ihrer Zeit und Ihrem Geld machen. Gibt es etwas, das einen erheblichen Teil Ihrer mentalen, emotionalen oder finanziellen Kraft in Anspruch nimmt und mit dem Sie angesichts dessen, was Sie heute wissen, gar nicht erst anfangen würden? Wenn Sie solche Dinge eingegrenzt haben, muss Ihre nächste Frage lauten: »Wie kann ich möglichst schnell aus dieser Situation herauskommen?«

Karriere durch »wertvolle« und schnelle Leistung

Nie zuvor haben wir so viel darüber gewusst, wie man mehr Erfolg, Lebensglück und Wohlstand erreichen kann. In diesem Kapitel habe ich mich mit dem wichtigsten Glücksfaktor befasst: mit der Fähigkeit, schnell Ergebnisse zu erzielen, für die andere Sie bezahlen wollen und die gleichzeitig die Bereitschaft in ihnen wecken, Sie zu fördern und Ihnen den Aufstieg an die Spitze zu ermöglichen. Je besser Sie dabei werden, immer größere Beiträge zum Leben und zur Arbeit anderer zu leisten, desto mehr Chancen und Möglichkeiten werden sich Ihnen bieten. Sie werden schneller vorankommen als die anderen auf Ihrem Gebiet, Sie werden bald an die Spitze Ihrer Branche aufsteigen und ein hohes Einkommen, große Anerkennung und viel Prestige genießen. Und jeder wird sagen, Sie hätten ja wirklich viel Glück!

Kapitel 10
Packen Sie es an!

Das Gesetz des Handelns

Erfolgsgeheimnis: Handeln!

Alle besonders erfolgreichen Menschen haben eine Eigenschaft: Sie sind handlungsorientiert. Das Gesetz der Wahrscheinlichkeit macht Glück planbar und ist daher der entscheidende Glücksfaktor. Es besagt schlicht und einfach, die Wahrscheinlichkeit, dass Sie zur richtigen Zeit und auf die richtige Weise das Richtige tun, ist umso größer, je mehr verschiedene Dinge Sie probieren. Je mehr Sie versuchen, desto mehr Erfolg werden Sie haben – desto mehr »Glück« werden Sie in den Augen anderer haben.

Das Glück des Wachen

Handlungsorientierung bedeutet, Ihr Leben so zu organisieren, dass Sie in kürzerer Zeit mehr erledigen können. Sie beruht auf Wachheit, einem ebenfalls sehr wichtigen Glücksfaktor. Je wacher Sie sind, desto größer ist die Wahrscheinlichkeit, dass Sie Chancen und Situationen wahrnehmen, aus denen Sie einen Vorteil ziehen können. Die Wende im Leben vieler Menschen wurde durch eine kleine Anzeige oder das Lesen einer Geschichte ausgelöst, die sie auf eine Idee brachte. Sie setzen die Idee sofort um, bevor irgendjemand anders das tun konnte, und veränderten so ihr ganzes Leben.

Beispiel: Durch eine Annonce zur Geschäftsidee

Peter Thomas, ein sehr tatkräftiger Unternehmer aus Kanada, saß eines Tages auf Hawaii am Strand und las das Wall Street Journal. *Dabei stieß er auf eine Anzeige, mit der eine neue Firma aus Newport Beach*

(Kalifornien) Franchisenehmer für Immobiliengeschäfte suchte. Er wusste recht viel über Immobilien und sah nun die Möglichkeit, dieses Konzept schneller als irgendjemand anders in Kanada einzuführen. Also stand er auf, ging ins Hotel, packte seinen Koffer, nahm ein Flugzeug nach Los Angeles und fuhr mit einem Taxi zum Büro von Century 21.
Die Manager bei Century 21 hatten sich bis dahin kaum mit Kanada befasst. Peter Thomas konnte sich die Exklusivrechte am Immobilienfranchisekonzept von Century 21 für Kanada sichern. Schon ein paar Jahre später gab es in Kanada zahlreiche Century-21-Büros, und Peter Thomas war Multimillionär, wohnte in einem Penthouse über einem Hafen und besaß selbst eine große Jacht.
Tausende anderer Menschen hatten diese Anzeige auch gesehen. Und sie alle hatten die Seite umgeblättert, ohne sie zu beachten. Einem Mann aber gelang es aufgrund seiner Wachheit, Schnelligkeit und Handlungsorientierung, sie zu seinem Vorteil zu nutzen und dadurch ein Vermögen zu machen.

Falls Ihnen diese Geschichte wie ein Zufallstreffer vorkommt, der Ihnen selbst wohl nie gelingen wird, irren Sie sich. Überall um Sie herum bieten sich jeden Tag Tausende solcher Gelegenheiten. Wenn Sie aber nicht wachsam sind und sie nicht wahrnehmen, werden sie einfach an Ihnen vorübergehen.

Beispiel: Millionär in 12 Monaten

Vor ein paar Jahren beschloss ein junger Mann, eine eigene Firma zu gründen. Er besuchte ein Seminar für Unternehmensgründer und lernte dort, dass 95 Prozent aller Produkte in allen Ländern niemals exportiert werden. Er erfuhr außerdem, dass in Europa und dem Fernen Osten jedes Jahr Tausende von neuen, kreativen, innovativen Produkten erfunden und auf den Markt gebracht werden, von denen in Amerika niemand etwas hört oder gar sieht.
Also ließ er sich einen Katalog europäischer Hersteller schicken, die Leute für den Vertrieb ihrer Produkte in Amerika suchten. Er wusste einiges über Gartenbau und stieß auf die Beschreibung eines sehr leichten, billigen, aber qualitativ hochwertigen Schubkarrens von bemerkenswert innovativem Design. Er war überzeugt, dass es in den USA einen Markt für diesen Schubkarren geben würde.
Er schrieb die Firma sofort an und bat sie, ihm ein Exemplar dieses Schubkarrens zu schicken. Einen Monat später fuhr er damit zu einer großen nationalen Gartenbau-Ausstellung. Da er sich keinen eigenen Stand leisten konnte, mietete er sich bei einem anderen Hersteller von

Gartengeräten eine kleine Ecke. Die Einkäufer von drei großen Kaufhausketten kamen vorbei, sahen den Schubkarren, erkannten sein Marktpotenzial und bestellten nur bei dieser Ausstellung 64 000 Stück! Als der junge Mann diese Aufträge ausgeführt hatte, war er Millionär. Der ganze Prozess – von dem Zeitpunkt an, als er sich das Ziel der Selbstständigkeit setzte, bis zum Verkauf der 64 000 Schubkarren – dauerte nicht einmal ein Jahr, und er verdiente an jedem Schubkarren fast 20 Dollar.

Wichtiger als Ausbildung und Erfahrung

Ich habe mit Millionären und Multimillionären gearbeitet, die keine großartige Ausbildung und nur begrenzte Geschäftserfahrung hatten. Eines aber hatten sie alle gemeinsam: die Bereitschaft, schnell zu handeln, wenn sich ihnen Chancen boten oder wenn sie sich mit Problemen konfrontiert sahen. Und je länger Sie sich mit Ihrem Arbeitsgebiet beschäftigen, je mehr Wissen und Fertigkeiten Sie erwerben, desto klüger und wacher werden Sie und desto einfacher wird es für Sie sein, Chancen und Möglichkeiten zu erkennen, wenn sie sich Ihnen bieten.

Einer der wichtigsten Glücksfaktoren ist *die Erfolgsstrategie der »Schwungausnutzung«:*

> **Jemand, der in Bewegung ist, neigt dazu, in Bewegung zu bleiben. Daher kostet es viel weniger Energie, sich weiter zu bewegen, als anzuhalten und sich dann wieder in Bewegung zu setzen.**

Sobald Sie mit etwas angefangen haben, ist es also leichter für Sie, weiterzumachen, als aufzuhören und dann wieder neu anzufangen. Sie haben doch wahrscheinlich auch schon einmal die Erfahrung gemacht, dass es nach zwei oder drei Wochen Urlaub schwierig für Sie war, Ihre Arbeit wieder aufzunehmen und auf Hochtouren zu kommen. Das kann durchaus mehrere Tage dauern, manchmal sogar so lange, wie Sie im Urlaub waren. Wenn man zehn Energie-Einheiten braucht, um sich in Bewegung zu setzen, braucht man nur zwei, um in Bewegung zu bleiben. Wenn man aber zwischendurch aufhört, braucht man erneut zehn Energie-Einheiten, um wieder in Bewegung zu kommen. Viele Leute, die irgendeine Aktivität unterbrechen, nehmen sie danach gar nicht wieder auf.

Nicht zögern, handeln!

Ein in Amerika sehr bekanntes Zitat lautet: »An den Stränden des Zögerns liegen die ausgebleichten Gebeine derjenigen, die sich im Augenblick des Sieges ausruhten und dabei alles verloren.« Das ist wie beim Teller-Jonglieren im Zirkus. Solange der Artist Druck auf den Stab ausübt, drehen die Scheiben sich immer weiter. Wenn er aber nicht aufpasst und ihre Geschwindigkeit zu stark absinkt, fallen sie von dem Stab herunter.

Bleiben Sie in Bewegung!

Auch Sie müssen ständig in Bewegung bleiben, Sie müssen dafür sorgen, dass Ihre Teller sich immer drehen. Sie müssen jeden Tag etwas tun, durch das Sie sich auf Ihre Ziele zubewegen. Sie selbst müssen ein bewegliches Ziel sein, das sehr schwer zu treffen ist oder das man überhaupt nicht treffen kann. Und je schneller Sie sich bewegen, desto mehr schaffen Sie. Je schneller Sie sich bewegen, desto größer ist die Wahrscheinlichkeit, dass Sie für die richtige Person zur richtigen Zeit das Richtige tun. Aber der entscheidende Faktor ist immer die Zeit.

Das Gesetz der Flexibilität ist für Glück und Erfolg sehr wichtig. Es lautet:

> **»Ihr Ziel muss klar sein, aber im Hinblick auf den Weg zum Ziel müssen Sie immer flexibel bleiben.« (Gesetz der Flexibilität)**

Flexibilität ist einer der wichtigsten Glücksfaktoren. In unserer sich schnell verändernden Welt ist sie die wichtigste psychische Voraussetzung für Erfolg. Sie müssen bereit sein, sich dem Wind der Veränderung wie die Weide zu beugen, damit Sie nicht wie eine Kiefer bersten, wenn die Situation um Sie herum sich in unerwarteter Weise ändert.

Hartnäckigkeit und Flexibilität

Um einen Vergleich aus der Waffentechnik zu zitieren: Eine moderne Rakete wird unfehlbar auf das programmierte Ziel zufliegen, auch wenn das Ziel sich bewegt. Hochmoderne Flugkörper wie Exocets oder Cruise Missiles werden ihren Kurs und ihre

Richtung immer wieder ändern, bis sie das anvisierte Ziel treffen. Entgehen kann ihnen das Ziel nicht. Genauso hartnäckig und gleichzeitig flexibel müssen Sie Ihre Ziele verfolgen! Ihr Überbewusstsein lenkt Sie unfehlbar um jedes Hindernis auf dem Weg dorthin herum und durch alle Probleme hindurch. Es lehrt Sie alles, was Sie wissen und können müssen. Wenn Sie in Bewegung bleiben, werden Sie Ihr Ziel schließlich erreichen, manchmal auf ganz unerwartete Weise.

Nur wer sich bewegt, kann ankommen!

Aber: Solange Sie sich nicht auf den Weg machen, haben Sie nicht die geringste Chance. Erst wenn Sie sich auf Ihre Ziele zubewegen, werden Sie ständig Feedback und Anregungen aus Ihrer Umgebung bekommen, die es Ihnen ermöglichen, die nötigen Kurskorrekturen vorzunehmen, und so schließlich unfehlbar Ihr Ziel erreichen. Aber Sie müssen in Bewegung bleiben, und Sie müssen sich schnell bewegen!

Spitzenleute zeigen mehr Initiative

Eine vor kurzem von der *American Management Association* durchgeführte Untersuchung hat ergeben, dass die Eigenschaft, durch die sich die erfolgreichsten Menschen von den am wenigsten erfolgreichen unterscheiden, Initiative ist. Die Spitzenleute zeigten viel mehr Initiative als die Leute, die nur durchschnittliche Leistungen brachten, sie übernahmen viel schneller die Verantwortung und handelten viel schneller, wenn sie sahen, dass etwas getan werden musste. Sie waren »pro-aktiv«, nicht reaktiv. Sie sahen voraus, dass es wichtig sein würde, etwas Bestimmtes zu tun, und handelten unmittelbar.

Was ist »Initiative«?

Und jetzt kommt der interessanteste Punkt: Als durchschnittliche Manager danach gefragt wurden, ob sie ihrer Ansicht nach Initiative zeigten, antworteten alle mit Ja – sie hatten alle das Gefühl, bei ihrer Arbeit recht viel Initiative zu zeigen. Die Forscher baten sie daraufhin, »Initiative« zu definieren. Die durchschnittlichen Manager nannten folgende Handlungen als Beispiele für Initiative: den Hörer abzunehmen, wenn das Telefon klingelt; jemanden anzurufen, um ihn an eine Besprechung oder einen Termin zu erinnern; andere über etwas Neues zu informieren. Die Spitzenleute dagegen betrachteten solche Dinge als Teil ihres Jobs. Sie definierten Initiative als etwas, das jenseits der Alltagsroutine liegt. Für sie bedeutete Initiative, Risiken einzugehen, sich aus der »Komfort-Zone« herauszubewegen, länger zu arbeiten und Dinge zu tun, mit denen der Durchschnittsmensch sich gar nicht befassen würde.

Mehr leisten als andere

Das gilt auch für Sie. Je mehr Initiative Sie zeigen, umso stärker werden Sie als wertvoller Mitarbeiter der Firma betrachtet. Wenn Sie ständig versuchen, neue, schnellere, bessere, leichtere, praktischere Wege zu finden, um Ihre Arbeit für Ihre Firma und Ihre Kunden zu machen, werden Sie schnell die Aufmerksamkeit derjenigen erregen, die Ihnen helfen können.

Beispiel: Mehr Erfolg durch mehr Initiative

Der Präsident von Amoco Petroleum, einer großen Ölfirma, die den Ruf hat, mehr Öl- und Gasreserven zu erschließen als alle anderen Firmen in diesem Wirtschaftszweig, wurde einmal gefragt, warum seine Firma so viel mehr Erfolg habe als andere. Er sagte, die Antwort sei ganz einfach: Auch die anderen Firmen hätten ähnliche Pachtverträge für Land, ähnliche geologische Gutachten und ähnliche Bohrausrüstungen und Ingenieure. Dafür, dass seine Firma vor den anderen liege, gebe es nur einen Grund: »Wir bohren mehr Löcher!« Es war also kein Wunder – Amoco zeigte mehr Initiative und entdeckte daher mehr Öl.

Durch Eigeninitiative zum neuen Job

Bei meinen Untersuchungen über Arbeitslose, die nach einer neuen Stelle suchten, habe ich etwas Bemerkenswertes festgestellt: Wie kommt es, dass manche schnell wieder eine Stelle finden (und zwar eine, bei der sie gut bezahlt werden und viele Möglichkeiten haben), während andere lange arbeitslos bleiben? Diejenigen, die schnell wieder einen Job finden, betrachten die Suche als Vollzeitbeschäftigung. Sie stehen früh auf, fangen um 7 oder 8 Uhr an und arbeiten den ganzen Tag über hart und schnell. Sie studieren die Stellenangebote, führen Telefongespräche, schicken ihre Unterlagen ein und gehen zu Vorstellungsgesprächen. Doch die meisten Leute, die arbeitslos geworden sind – vor allem, wenn sie lange bei derselben Firma waren –, beschäftigen sich pro Woche vielleicht gerade einmal mit zwei Stellenanzeigen.

Beispiel: Arbeitslose Manager

Eine Gruppe arbeitsloser Manager hatte einen Berater für die Stellensuche engagiert. Dieser bemerkte bald, dass seine Kunden die wöchentlichen Treffen größtenteils damit verbrachten, sich über ihre früheren Arbeitgeber und Chefs zu beklagen. Er schlug vor, beim nächsten Treffen

nicht über negative Dinge zu sprechen; stattdessen sollte jeder von einem Vorstellungsgespräch für eine neue Stelle erzählen.
Eine Woche später kamen nur zwei der sechzehn Manager zum Treffen. Als der Berater herumtelefonierte, um herauszufinden, warum die anderen nicht erschienen waren, erfuhr er, dass keiner von ihnen in der letzten Woche auch nur ein einziges Vorstellungsgespräch gehabt hatte. Sie alle hatten ihre Zeit damit verbracht, zu Hause vor dem Fernseher zu sitzen oder beispielsweise im Garten zu werkeln. Ihre Klagen rührten also auch daher, dass keiner von ihnen auf dem Markt aktiv war und versuchte, sich neue berufliche Möglichkeiten zu erschließen.

3 Gründe für schnelles Handeln

Initiative und rasches Handeln zahlen sich aus drei Gründen aus:

1. Je schneller Sie sich bewegen, desto mehr Energie haben Sie und desto mehr Erfahrung bekommen Sie.
2. Je schneller Sie sich bewegen und je mehr Erfahrung Sie haben, desto besser und klüger werden Sie.
3. Je schneller Sie sich bewegen, desto mehr Menschen treffen Sie und desto größer ist die Wahrscheinlichkeit, dass Sie Glück und Erfolg haben.

Erfolgsbremse Nr. 1: Angst

Angst ist das größte Hindernis für Erfolg, vor allem Angst vor Misserfolg. Manche Mitarbeiter im Vertrieb werden durch die Angst vor einer Zurückweisung regelrecht gelähmt; sie bleiben dann in ihrem Büro und erfinden alle möglichen Ausreden, damit sie nicht hinausgehen und mit Kunden sprechen müssen, die Nein sagen könnten. Wenn Sie sich aber wirklich erfolgreiche Menschen ansehen, werden Sie feststellen, dass keiner von ihnen Risiken scheut. Sie sind keine Spieler, sie fahren nicht nach Las Vegas oder kaufen Lotterielose – Glücksspiele mögen sie nicht. Sie sind aber immer bereit, kalkulierte Risiken einzugehen, das heißt, Risiken, deren Auswirkung sie durch ihre Intelligenz und ihr Handeln beeinflussen können.

Kalkulierte Risiken eingehen

Wenn man kalkulierte Risiken eingeht, wenn man sich auch ohne Erfolgsgarantie aus seiner Komfort-Zone hinausbewegt, kann man schließlich seine Ängste überwinden. An ihre Stelle tritt dann der Rausch des Erfolges. Wer einmal im positiven Sinn nach diesem Rausch, den das erfolgreiche Eingehen von Risiken hervorruft, süchtig geworden ist, wird durch nichts anderes den gleichen »Kick« erfahren.

Je positiver und begeisterter Sie zu Ihren Taten stehen, desto größer sind Ihre Energie und Ihre Wachheit, desto schneller bewegen Sie sich, desto stärker aktivieren Sie all Ihre mentalen Kräfte.

Und: Je positiver Sie sind, desto schneller fängt Ihr Überbewusstsein an, die Menschen und Chancen zu aktivieren, die Sie zur Erreichung Ihrer Ziele brauchen.

Sieben Erfolgstipps für mehr Leistung

Es gibt sieben Schlüsselideen, durch die Sie Ihre Produktivität, Ihre Leistung und Ihre Ergebnisse sofort verbessern können. Hoch bezahlte Spitzenleute in allen Branchen und Berufen wenden diese Techniken erfolgreich an.

Erfolgstipp 1: Arbeiten Sie schneller!

Der erste Schlüssel zu hoher Produktivität liegt darin, *schneller* zu arbeiten. Beschleunigen Sie Ihren Schritt, entwickeln Sie ein Gefühl der Dringlichkeit. Was Sie auch tun müssen – tun Sie es in »Echtzeit«! Fangen Sie gleich damit an. Schnelligkeit ist ein wesentlicher Faktor für Erfolg. Sagen Sie sich immer wieder: »Tu es jetzt! Tu es jetzt!«

Sie können doppelt so viel schaffen wie bisher, wenn Sie einfach nur beschließen, schneller zu gehen, sich schneller zu bewegen, schneller Entscheidungen zu treffen und dann auch sofort zu handeln.

Alle erfolgreichen Menschen sind schnell und effizient, alle ineffektiven Menschen zaudern und zögern. Je schneller Sie handeln, desto mehr Glück werden Sie haben.

Erfolgstipp 2: Arbeiten Sie härter!

Der zweite Schlüssel zu hoher Produktivität liegt darin, *länger und härter* zu arbeiten. Ich habe ja schon gesagt, dass die meisten Leute faul sind und selbst in ihrer Arbeitszeit nicht besonders hart arbeiten. Harte, konzentrierte Arbeit ist der Schlüssel zu guten Leistungen und hoher Produktivität.

Ein Dilemma bei der Arbeit im Büro ist, dass man dort nichts erledigen kann. Wenn man in einem Büro sitzt, wird man ständig unterbrochen – durch Leute, durch das Telefon, durch Besprechungen, unerwartete Notfälle und Dutzende von anderen Dingen, die Sie Zeit und Energie kosten und dazu führen, dass Sie am Ende des Tages das Gefühl haben, dass Sie umso weniger schaffen, je mehr Sie zu tun haben.

In einer einzigen Stunde ohne Unterbrechungen können Sie so viel schaffen wie in drei Stunden normaler Bürozeit, in denen Sie ständig gestört werden.

Fangen Sie deshalb eine Stunde früher an, arbeiten Sie mittags durch und bleiben Sie eine Stunde länger. Dadurch haben Sie jeden Tag drei Stunden produktiver Zeit ohne Unterbrechungen, in denen Sie die gleiche Arbeit leisten können wie andere in neun Stunden. Wenn Sie eine Stunde früher anfangen, mittags durcharbeiten und eine Stunde länger bleiben, werden Sie so viel schaffen wie zwei Leute, die in Ihrem bisherigen Tempo arbeiten.

Kontakte zu Topleuten

Wenn Sie ein bisschen früher aufstehen und eine Stunde vor den anderen ins Büro gehen, haben Sie die Weichen für Ihren Aufstieg gestellt. Im Verkauf weiß man schon lange, dass man anrufen muss, bevor die Sekretärin kommt, wenn man mit den Spitzenleuten sprechen will. Die Spitzenleute sind immer die Ersten im Büro, manche kommen schon um sechs oder um halb sieben. Sie können natürlich auch warten, bis die Firma schließt, und um 18 oder 19 Uhr anrufen. Derjenige, der dann den Hörer abnimmt, wird oft der Spitzenmann in der Firma sein. Er hat diese Position auch deshalb, weil er morgens früh kommt und abends lange bleibt.

Die Mittagspause nutzen

Es gibt übrigens auch kein Gesetz, das Sie zwingen würde, um Punkt 12 Uhr alles fallen zu lassen und mit demjenigen, der Ihnen gerade über den Weg läuft, zum Mittagessen zu gehen. Erfolgreiche Leute tun das einfach nicht. Wenn Sie in der Stunde zwischen 12 und 13 Uhr Ihre Tür schließen, den Kopf in Ihre Unterlagen stecken und sich darauf konzentrieren, Ihre wichtigsten Aufgaben zu erledigen, werden Sie so viel schaffen wie in drei Stunden Zeit voller Unterbrechungen während der üblichen Arbeitszeit.

Karriere im 8-Stunden-Takt?

Die höchstbezahlten Leute, die oberen 10 oder 20 Prozent, arbeiten durchschnittlich knapp 60 Stunden in der Woche. Das bedeutet sechs Zehn-Stunden-Tage oder fünf Zwölf-Stunden-Tage. In den dreißig Jahren, in denen ich mich jetzt schon mit dem Erfolg beschäftige, bin ich noch nie einem Menschen begegnet, der bei acht Stunden Arbeit am Tag etwas Nennenswertes erreicht hätte. Ihr eigener Erfolg in unserer Wettbewerbsgesellschaft wird davon abhängen, wie viele Stunden Sie über acht Stunden am Tag und 38 Stunden in der Woche hinaus arbeiten. Wenn Sie anfangen, 50, 60 oder 70 Stunden zu arbeiten, und diese Zeit gut nutzen, indem Sie sich mit den Aufgaben beschäftigen, die höchste Priorität haben, werden Sie schnell aufsteigen – ganz egal, in welchem Beruf oder welcher Branche Sie arbeiten.

Erfolgstipp 3: Setzen Sie Prioritäten!

Der dritte Schlüssel zu hoher Produktivität besteht darin, *wichtigere Dinge zu tun*. Da Ihnen jeden Tag nur eine begrenzte Zahl von Stunden zur Verfügung steht, müssen Sie dafür sorgen, dass Sie jede Minute für die Dinge aufwenden, die für Sie und Ihre Firma besonders wertvoll sind. Stellen Sie sich immer wieder die folgende Frage:

Wenn Sie für einen Monat ins Ausland fahren müssten und vorher nur noch eine Aufgabe erledigen könnten, welche Aufgabe wäre das?

Danach widmen Sie sich einzig und allein dieser Aufgabe, bis sie erledigt ist. Völlige Konzentration auf eine einzige Aufgabe, nämlich auf die mit der höchsten Priorität, ist ein Grundprinzip des Zeitmanagements. Sie werden dadurch in der gleichen Zeit immer mehr schaffen können. Ihr Verstand wird geschärft, Ihr Überbewusstsein wird aktiviert, und Ihr Leben wird vor Ideen und Erkenntnissen sprühen, die Sie nutzen können, um noch schneller zu arbeiten.

Schnell Ergebnisse erzielen

»Wenn eine Aufgabe erledigt werden soll, muss man sie immer einem viel beschäftigten Mann oder einer viel beschäftigten Frau übertragen.« Kennen Sie diesen Spruch? Er stimmt, und der Grund dafür ist ganz einfach: Ein wirklich beschäftigter Mensch erzielt schneller Ergebnisse als jemand, der seine Aufgaben erst dann erledigt, wenn er »dazu kommt«. Wirklich beschäftigte

Menschen schaffen im Laufe des Tages zwei- oder dreimal so viel wie jemand, der langsamer oder auf einer niedrigeren Aktivitätsebene arbeitet.

Erfolgstipp 4: Werden Sie immer besser!

Der vierte Schlüssel zu höherer Leistung und Produktivität liegt darin, die Dinge zu tun, bei denen man *besser ist*. Wenn Sie an den Aufgaben arbeiten, die Sie am besten beherrschen, macht Ihnen das nicht nur mehr Spaß, sondern Sie sind auch schneller und begehen weniger Fehler. Sie leisten dann einen wertvolleren Beitrag.

Eine der wichtigsten Strategien des Zeitmanagements überhaupt lautet: Sorgen Sie dafür, dass Sie Ihre wichtigsten Aufgaben immer besser beherrschen.

Das ist ein entscheidender Glücksfaktor! Der Grund dafür liegt auf der Hand: Der größte Teil Ihres Einkommens und der Anerkennung, die andere Ihnen zollen, basiert auf Ihrer Fähigkeit, Ihre Schlüsselaufgaben gut zu erledigen. Sie werden daher umso mehr Geld, Anerkennung und Chancen ernten, je besser Sie bei diesen Aufgaben werden – Sie werden automatisch mehr »Glück« haben als jene Kollegen, die weniger Einsatz zeigen.

Erfolgstipp 5: Arbeiten Sie effektiver!

Der fünfte Schlüssel zu hoher Produktivität besteht darin, Aufgaben zu *bündeln*, das heißt, gleichartige Aufgaben zusammen anzugehen. Sie sollten also alle Ihre Anrufe und Ihre ganze telefonische Kundenakquisition auf einmal erledigen. Füllen Sie Ihre Spesenrechnungen alle zusammen aus. Schreiben Sie Ihre Briefe, Memos und Berichte gebündelt.

Die »Lernkurve« nutzen

Eine der besten Techniken zur Zeitersparnis auf allen Gebieten ist die Ausnutzung der »Lernkurve«. Die Erkenntnis der Lernkurve besagt:

Je öfter Sie eine sich wiederholende Arbeit tun, desto schneller und leichter können Sie sie jeweils erledigen.

Wenn Sie zehn Minuten brauchen, um die erste Aufgabe aus einem Bündel zu erledigen, brauchen Sie für die zweite Aufgabe nur neun, für die dritte Aufgabe dann acht, für die vierte sieben

Minuten und so weiter. Sie können die erforderliche Zeit bis auf zwei Minuten pro Aufgabe drücken und damit 80 Prozent der Zeit sparen, die Sie brauchen würden, wenn Sie diese Aufgaben zu verschiedenen Zeiten erledigen würden.

Erfolgstipp 6: Arbeiten Sie im Team!

Der sechste Schlüssel zu hoher Produktivität liegt darin, Aufgaben *zusammen mit anderen* zu erledigen. Ohne die Fähigkeit zur Teamarbeit werden Sie nie Erfolg haben. Wenn jeder im Team dabei den Teil der Aufgabe übernimmt, den gerade er am besten beherrscht, können Sie Ergebnisse erzielen, über die Sie selbst staunen werden.

Beispiel: Schiffbau in vier Tagen

Im Zweiten Weltkrieg versprach die amerikanische Regierung der Bevölkerung, die Frachtschiffe für die Nordatlantikroute schneller zu bauen, als die deutschen U-Boote sie versenken konnten. Die Amerikaner führten eine Reihe industrieller Neuerungen ein, die noch heute weltweit eingesetzt werden. Dadurch wurde die für den Bau eines Schiffes erforderliche Zeit zunächst von zwei Jahren auf 42 Tage gesenkt. Anschließend entwarfen die beteiligten Arbeiter gemeinsam einen Produktionsplan, mit dem Sie ein ganzes Schiff, fertig für den Stapellauf, in nur vier Tagen bauen konnten – ein schier unglaubliches Beispiel für gute Teamarbeit! Möglich wurde dies nicht zuletzt dadurch, dass die Beteiligten die Lernkurve nutzten und ihre Aufgaben bündelten. Sie steigerten ihre Effizienz enorm und arbeiteten die ganze Zeit hindurch als gut eingespieltes und funktionierendes Team.

Erfolgstipp 7: Arbeiten Sie ökonomischer!

Der siebte Schlüssel zur Steigerung Ihrer Produktivität besteht darin, dass Sie Ihre Arbeit *vereinfachen und stromlinienförmiger machen*. Setzen Sie die Zeitmanagementtechnik der »Prozessanalyse« ein. Unternehmen Sie dazu die folgenden Schritte:

1. Erstellen Sie eine Liste aller Schritte in einem bestimmten Arbeitsprozess.
2. Gehen Sie diese Liste durch: Welche Schritte können Sie vereinfachen, sodass sie weniger Zeit beanspruchen?
3. Welche Schritte können Sie bündeln, welche können Sie delegieren?
4. Schließlich sollten Sie auch darüber nachdenken, ob die Aufgabe Teile hat, die Sie weglassen könnten, sodass Sie für den ganzen Prozess weniger Zeit brauchen.

Es gibt eine sehr wirkungsvolle Technik zur Verbesserung der Produktivität: die »zeitliche Verdichtung durch Ausweitung der Verantwortung«.

Beispiel: Vertragsprüfung in 24 Stunden

Eine Untersuchung der Bearbeitung von neu abgeschlossenen Lebensversicherungen ergab, dass es sechs Wochen dauerte, bis die von den Außendienstlern eingereichten Policen akzeptiert oder abgelehnt wurden. Die Berater beantragten daraufhin selbst eine Lebensversicherung und verfolgten die verschiedenen Schritte bis zu ihrer Bewilligung. Sie fanden heraus, dass die Police in den sechs Wochen 24 Schritte durchlief, dabei aber nur ganze 17 Minuten bearbeitet wurde. Deshalb veränderten sie die Bearbeitung der Policen – die Papiere mussten jetzt statt 24 Mitarbeitern nur noch zwei Leuten vorgelegt werden.
Der erste Bearbeiter überprüfte jede Einzelheit der Policen gründlich. Dann wurden sie an den anderen, höher gestellten Bearbeiter weitergeschickt, der die Arbeit des ersten noch einmal überprüfte. Mithilfe dieser Technik konnte die Bearbeitungszeit für eine Police von sechs Wochen auf 24 Stunden gesenkt werden. Und im nächsten Jahr verkaufte die Versicherung Policen im Wert von vielen Millionen Dollar mehr.

Zeit ist Geld

Zeit ist heute das wertvollste Gut im Berufs- und Privatleben. Jeder denkt in zeitlichen Kategorien und versucht, den Zeitaufwand für die Erledigung seiner Aufgaben zu reduzieren. Die Mitarbeiter, die Aufgaben schnell erledigen können, weil sie die effektivsten Zeitmanagementtechniken benutzen, werden in allen Firmen am meisten geschätzt und am schnellsten befördert. Sie sind diejenigen, die immer »Glück haben«.

Die Schlüsselfaktoren für mehr Energie

Glücksfaktor Energie

Um in möglichst guter Form, handlungsorientiert und ungeheuer produktiv zu sein und sich schnell bewegen zu können, brauchen Sie sehr viel Energie und Begeisterung. Energie ist ein ganz wichtiger Glücksfaktor. Sie werden die Möglichkeiten um Sie herum nur dann erkennen und stets genug Energie haben, sie auch zu nutzen, wenn Sie dafür sorgen, dass Sie sich fast immer großartig fühlen. Heute wissen wir mehr als je zuvor darüber, was Sie tun können oder nicht tun dürfen, um mehr Energie zu haben. Ich möchte Ihnen jetzt die Schlüsselfaktoren vorstellen, von denen Ihr persönlicher Energielevel abhängt. Diese Faktoren müssen Sie unbedingt in Ihr tägliches Leben einbauen!

Energiefaktor 1: Gesunde Ernährung

Der erste Schlüssel zu viel Energie ist die richtige Ernährung: Sie müssen das Richtige in der richtigen Kombination essen und darauf achten, dass Sie sich ausgewogen ernähren. Ihre Ernährung kann sich nämlich nicht nur direkt stark auf Ihr Energielevel auswirken, sondern auch darauf, wie gut Sie schlafen, wie gesund und fit Sie sind und wie gut Sie Tag für Tag – und oft bis in die Nacht hinein – in Ihrer Firma bestehen können.

Lernen Sie von Olympiateilnehmern!

Bei einer Untersuchung von Olympiateilnehmern aus über hundert Ländern stellte sich heraus, dass ihre Ernährung drei gemeinsame Faktoren aufwies, die auch Sie selbst leicht umsetzen können.

Obst, Gemüse, Vollkornprodukte

Erstens essen Olympiateilnehmer sehr viel Obst, Gemüse und Vollkornprodukte, außerdem viel Nudeln und Reis, also komplexe Kohlehydrate, die der Körper schnell in Glukose umwandelt und die daher als »Treibstoff« für hohe körperliche und geistige Leistungen dienen. Ernährungsspezialisten, die sich mit Fitness und Energie beschäftigen, empfehlen, zu 70 Prozent auf Wasser basierende Nahrungsmittel wie Obst und Gemüse zu essen, weil unser Körper zu 70 Prozent aus Wasser besteht. Vollkornprodukte wie Vollkornbrot, makrobiotischer Reis, Kleie- oder Weizenflocken geben uns die nötigen Ballaststoffe, damit unsere Verdauung gut funktioniert.

Wenig Fett, mageres Fleisch

Der zweite gemeinsame Bestandteil, den man bei der Ernährung der Olympiateilnehmer fand, waren Proteine aus mageren Quellen. Dazu gehören Fisch, Hähnchen ohne Haut und mageres Rindfleisch, also Fleischsorten, die weniger Fett enthalten als viele andere Nahrungsmittel. Fett ist für sehr viele Gesundheitsprobleme und Krankheiten verantwortlich. Bei einer möglichst fettarmen Ernährung werden Sie sofort anfangen, überschüssige Pfunde zu verlieren und Energie zu tanken. Sie werden schnell abnehmen und sich viel besser fühlen.

Viel Wasser

Der dritte Bestandteil einer Hochleistungsernährung besteht darin, reichlich Wasser zu trinken. Viele Leute nippen nur an einem Wasserglas. Wir müssen aber schon mindestens zwei Liter am Tag trinken, um den täglichen Wasserverlust auszugleichen. Falls Ihr Urin dunkelgelb ist, sind Sie dehydratisiert. Dann wird Ihre Verdauung sich verlangsamen und Ihre Energie wird abnehmen. Wenn Sie aber sehr viel Wasser trinken, spülen Sie ständig Salze, Gifte, Ausscheidungsstoffe und andere Rückstände aus Ihrem Körper.

Die »weißen Gifte«

Sie sollten sich also wie die untersuchten Olympiateilnehmer ernähren: viel Obst und Gemüse, Vollkornprodukte, Proteine aus mageren Quellen und sehr viel Wasser. Außerdem sollten Sie die drei »weißen Gifte« aus Ihrer Nahrung verbannen, die die Ursache für Fettleibigkeit und viele Gesundheitsprobleme in unserer Wohlstandsgesellschaft sind: weißes Mehl, weißer Zucker und weißes Salz.

Salz und Zucker

Konserven, die im Supermarkt verkauft werden, enthalten extrem viel Salz. In den meisten Dosensuppen ist mehr Salz als Wasser, und die meisten Snackprodukte sind entweder Salz- oder Zuckerbomben. Das hat natürlich seinen Grund: Um Nahrungsmittel möglichst lange haltbar zu machen, sind diese Stoffe am besten geeignet. Daher enthalten die meisten Snackprodukte und Konserven kaum noch Nährstoffe, sondern viel Salz oder Zucker und oft auch viel Fett. Das Salz bindet Wasser im Körper, und der Zucker bewirkt, dass Sie zunehmen. Tatsache ist, dass Sie kein zusätzliches Salz und keinen zusätzlichen Zucker in Ihrer Nahrung brauchen. Schon die Nahrungsmittel, die Sie regelmäßig essen, enthalten zu viel Zucker und Salz. Sie brauchen das, was Sie verzehren, zumindest nicht noch zu süßen oder zu salzen.

Weißes Mehl

Das raffinierte weiße Mehl hat zu einer dramatischen Verschlechterung des Gesundheitszustands der Bevölkerung in den Industrieländern geführt. Weil es so schön aussieht, wurde es im 19. Jahrhundert in den oberen Klassen in Großbritannien und Amerika schnell sehr beliebt. Um aber aus Weizenkörnern weißes Mehl herzustellen, muss der Weizen sehr fein gemahlen und von Spelzen und Schalen befreit werden. Dadurch wird ihm ein großer Teil seiner Nährstoffe entzogen. Das anschließende Bleichen des Mehls zerstört auch die letzten noch verbliebenen Nährstoffe. Weißbrot und aus ihm hergestellte Produkte sind daher wertlose Nahrungsmittel.

Übergewicht und die Folgen

Sie allein sind für das, was Sie Ihrem Körper zuführen, verantwortlich. Heute sind zahlreiche Amerikaner und Europäer übergewichtig, viele sogar fettleibig. Übergewicht führt aber schnell dazu, dass Ihr Energielevel absinkt. Außerdem verkürzen Sie Ihr Leben – und verlieren womöglich in den Augen gesundheitsbewusster Kunden Ihre Glaubwürdigkeit.

Körperlich wirklich fit zu werden sollte eines Ihrer Ziele sein. Sie können schon heute anfangen, Ihr Gewicht zu reduzieren und mehr Energie zu tanken.

Stellen Sie Ihre Ernährung von stark fett-, zucker- und salzhaltigen Nahrungsmitteln auf solche um, die viele Energie spendende Nährstoffe enthalten und mit Vitaminen angereichert sind.

Energiefaktor 2: Ausreichend Bewegung

Der zweite Schlüsselfaktor für viel Energie ist genügend Bewegung. Besonders eignen sich dafür Aerobic-Übungen. Dabei wird Ihr Puls allmählich bis zur so genannten Trainingszone (etwa 140 Schläge in der Minute) beschleunigt. Diese Übungen sollten Sie dreimal pro Woche 20 bis 30 Minuten machen. Alternativ können Sie drei- bis fünfmal pro Woche etwa drei bis fünf Kilometer spazieren gehen. Wenn Ihnen das mehr Spaß macht, können Sie aber auch schwimmen, Rad fahren, joggen oder zu Hause oder in einem Studio an Trimm-dich-Geräten arbeiten. Ohne regelmäßige und ausreichende Bewegung werden Sie auf die Dauer nicht so viel Energie und Widerstandskraft aufbringen, wie Sie brauchen, um wach und handlungsorientiert zu sein.

Energiefaktor 3: Genügend Entspannung

Der dritte Schlüssel zu viel Energie ist genug Ruhe. Sie brauchen durchschnittlich sieben bis acht Stunden Schlaf pro Nacht und außerdem mindestens einen Tag in der Woche, an dem Sie überhaupt nicht arbeiten. Sie werden feststellen, dass Sie in den ersten zwei oder drei Tagen nach einem Urlaub besonders wach und kreativ sind, selbst wenn es sich nur um einen zwei- oder dreitägigen Wochenendurlaub gehandelt hat.

Eine gute Möglichkeit zur Steigerung Ihrer Wachheit, Energie und Produktivität sind ein mehrwöchiger Urlaub im Jahr und regelmäßige Kurzurlaube von zwei oder drei Tagen, an denen Sie sich einfach nur entspannen und bewusst nicht an die Arbeit denken. In den ersten zwei Tagen danach werden Sie viele Ideen haben und viele gute Ergebnisse erzielen. Wenn Sie dagegen ununterbrochen weiterarbeiten, sind Sie irgendwann erschöpft und ausgebrannt.

Energiefaktor 4: Nicht rauchen

Der vierte Schlüssel zu einer ausgezeichneten Gesundheit und viel Energie lautet: »Rauchen verboten!« Das Rauchen ist mit zahlreichen Krankheiten und Leiden in Zusammenhang gebracht worden. Es ist extrem schädlich für Ihre Gesundheit und Ihre geistige Fitness! Sie können mit dem Rauchen aufhören, indem Sie sich das zum Ziel setzen und dann entsprechende Affirmationen formulieren, sich als Nichtraucher visualisieren und genug Disziplin aufbringen, um angebotene Zigaretten abzulehnen. Sie wissen doch, dass Sie alles schaffen können, was Sie wollen, wenn Sie es sich wirklich fest vornehmen!

Energiefaktor 5: Vitamine, Mineralstoffe, Spurenelemente

Der fünfte Schlüssel zu viel Energie besteht in einer regelmäßigen Ergänzung der Nahrung durch Vitamine, Mineralstoffe und Spurenelemente. Auch wenn manche anderer Ansicht sind, leiden wir durch unsere heutige Ernährung an einem Mangel dieser wichtigen Stoffe. Die gesündesten Leute sind diejenigen, die diese Defizite regelmäßig durch die Einnahme qualitativ hochwertiger Vitamine, Mineralstoffe und Spurenelemente ausgleichen. Diese Ergänzung sollte aus natürlichen Quellen stammen, nicht aus der Chemiefabrik. Vitamine aus natürlichen Quellen sind gewöhnlich chelatgebunden. Solche Produkte sind teurer, doch dafür wird ein größerer Teil der in ihnen enthaltenen Vitamine, Mineralstoffe und Spurenelemente vom Körper aufgenommen.

Einer der großen wissenschaftlichen Durchbrüche in den letzten Jahren war die Entdeckung, wie wichtig die Antioxidantien sind. Diese Stoffe sind vor allem in grünem Gemüse und einigen wirklich hervorragenden Vitaminpräparaten enthalten. Sie entfernen freie Radikale aus dem Blutstrom, und fördern dadurch Ihre Gesundheit entscheidend.

Energiefaktor 6: Think positive!

Der sechste Schlüssel zu viel Energie hat etwas mit Ihrer mentalen Gesundheit zu tun: Sie müssen negative Gefühle ausschalten, statt ihnen freien Lauf zu lassen. Je mehr Sie über die Dinge, die Sie wütend oder unglücklich machen, nachdenken oder sprechen, desto wütender und unglücklicher werden Sie. Ihre negativen Gefühle laugen Ihren Verstand und Ihren Körper aus, sie ermüden und erschöpfen Sie, sie untergraben Ihr Selbstvertrauen und Ihre Begeisterung. Ein einziger hemmungsloser, unkontrollierter Wutausbruch kann so viel Energie verschlingen wie acht Stunden normaler Arbeit!

Verantwortlichkeit und negatives Denken

Wie kann man die Neigung zum Schimpfen und Klagen, die heute so verbreitet ist, überwinden? Indem man negative Gefühle durch das Gesetz der Ersetzung auslöscht. Immer, wenn Sie aus irgendeinem Grund aufgebracht sind, sagen Sie sich sofort: »Halt! Ich bin verantwortlich! Ich bin verantwortlich! Ich bin verantwortlich!« Es ist unmöglich, die Verantwortung für alle Teile des eigenen Lebens zu übernehmen und gleichzeitig wütend zu sein. Praktisch alle Negativität beruht auf Wut, Groll und darauf, dass man anderen die Schuld zuschiebt.

In dem Augenblick, in dem Sie selbst die Verantwortung für Ihre Situation übernehmen, werden Sie ein enorm starkes Gefühl der Kontrolle über Ihr Leben verspüren und von positiver Energie durchströmt werden.

Wenn Sie noch durch negative Situationen aus der Vergangenheit belastet werden, müssen Sie *das Gesetz des Verzeihens* befolgen, das wohl einer der wichtigsten Glücksfaktoren ist. Es lautet:

»Sie sind mental umso gesünder, je rückhaltloser Sie Menschen, die Sie irgendwie verletzt haben, vergeben können.« (Gesetz des Verzeihens)

Immer, wenn Sie an jemanden denken, dem Sie negative Gefühle entgegenbringen, müssen Sie diese Gefühle sofort auslöschen, indem Sie sich sagen: »Ich verzeihe ihm oder ihr alles! Ich verzeihe ihm oder ihr alles!«

Wenn Sie einerseits selbst die Verantwortung übernehmen und andererseits verzeihen, können Sie nicht mehr wütend oder aufgebracht sein.

Übung: Positives Denken

Fassen Sie heute den Entschluss, in den nächsten drei Wochen eine »Diät« in Sachen positiver Einstellung zu machen:

Nehmen Sie sich fest vor,

1. in den nächsten 24 Stunden nur über die Dinge zu sprechen, die Sie wollen, und nicht über solche, die Sie nicht wollen;
2. nur an die Dinge zu denken, die Sie wollen, und nicht an Dinge, die Sie nicht wollen.

Wenn Sie das 24 Stunden lang gemacht haben, nehmen Sie sich das Gleiche für die nächsten 24 Stunden vor. Sagen Sie sich jeden Tag:

»Heute werde ich an meine Ziele denken und über sie sprechen! Ich werde an nichts denken und über nichts sprechen, das ich nicht in meinem Leben haben will.«

Wenn Sie das jeden Tag tun, bis Ihre Einstellung drei Wochen lang positiv gewesen ist, wird sich Ihr ganzes Leben verändern!

Durch eine Drei-Wochen-»Diät« für eine positive mentale Einstellung – Tag für Tag, Stunde für Stunde, von einer Situation zur nächsten – können Sie in Ihrem Inneren allmählich ein Reservoir positiver Energie aufbauen, das Sie mit allen negativen Situationen fertig werden lässt.

Mit Energie zum »Glück«

Wenn Sie Ihr Leben an den Erfolgstipps und Schlüsselfaktoren ausrichten, über die ich gesprochen habe, und Ihre Gespräche auf Ihre Ziele und das, was Sie wollen, konzentrieren, werden Sie mehr Energie und Vitalität haben, wacher und bewusster sein, sich positiver fühlen und handlungsorientierter werden. Dadurch wird sich Ihr ganzes Leben enorm beschleunigen – Sie werden viel schneller vorankommen, als Sie sich jemals hätten vorstellen können. Sie werden mehr schaffen können, mehr Geld, Anerkennung und Wertschätzung verdienen, Ihnen werden sich mehr Türen öffnen, und Sie werden mehr von dem haben, was andere Glück nennen.

Kapitel 11
Ihr Charakter zählt!

Das Streben nach Glück

Ursache und Wirkung

Um 425 v. Chr. legte der griechische Philosoph *Sokrates* die Grundlagen für das westliche Denken: Er lehrte, dass wir in einem geordneten Universum leben und dass den Dingen Ursache und Wirkung zugrunde liegen. Alles, was geschieht, geschieht aus einem Grund. Auch wenn wir diesen Grund nicht kennen, bedeutet das nicht, dass er nicht existiert. Jeder Erfolg beruht darauf, dass wir die Kausalitätsbeziehungen zwischen dem, was wir tun, und dem, was wir wollen, ermitteln und unsere Aktivitäten an unseren Interessen ausrichten.

Jeder Mensch wünscht sich Glück

Sokrates war der Lehrer von Platon, und Platon wiederum war der Lehrer von *Aristoteles*. Aristoteles gilt als der vielleicht wichtigste Philosoph der Menschheitsgeschichte. Ein kluger Kopf hat einmal gesagt, die ganze Philosophie seit 2000 Jahren habe lediglich Fußnoten zu Aristoteles hervorgebracht. Aristoteles' großer Durchbruch in der *Nikomachischen Ethik* war seine Schlussfolgerung, dass jedes menschliche Verhalten zielgerichtet ist. Alles, was wir tun, tun wir aus einem Grund. Und hinter jedem kleineren Ziel steht ein größeres, das wir erreichen wollen. Aristoteles folgerte, dass all unser Streben auf ein glückliches Leben ausgerichtet ist.

Gleichgültig, was Sie tun: Ihr ultimatives und größtes Ziel – jenseits all dessen, was Sie im Augenblick zu erreichen versuchen – ist das Glück.

Sie sind im Leben umso erfolgreicher, je besser es Ihnen gelingt, diesen Wunsch nach Glück in die Tat umzusetzen.

Beispiel: Warum beruflicher Erfolg?

Nehmen wir zum Beispiel an, dass Sie eine gute Stelle haben wollen. Warum? Damit Sie gut verdienen. Warum? Damit Sie genug Geld haben. Warum? Damit Sie sich einen angenehmen Lebensstandard leisten können. Warum? Damit Sie glückliche Beziehungen und ein gutes Leben führen können. Warum? Und die letzte Antwort lautet immer: Damit Sie glücklich sind.

Die richtigen Entscheidungen treffen

Der einzige Unterschied zwischen den Menschen besteht in dieser Hinsicht darin, dass es manchen besser gelingt, sich ein glückliches Leben zu verschaffen, als anderen. Manche Menschen treffen Entscheidungen und fassen Entschlüsse, durch die sie unglücklicher werden und schlechter dastehen, als wenn sie überhaupt nichts getan hätten. Doch das angestrebte Ziel ist immer ein glückliches Leben.

Charakterstärke und Glück

Aristoteles blieb aber nicht bei der Erkenntnis vom menschlichen Glücksstreben stehen. Er untersuchte den Zustand der Menschheit und kam zu einer bemerkenswerten Schlussfolgerung: »Nur die Guten können glücklich sein, und nur die Tugendhaften können gut sein.« Das war einer der größten Durchbrüche in der Philosophie! Sie können also nur dann glücklich sein, wenn Sie ein guter Mensch sind, und Sie können nur dann ein guter Mensch sein, wenn Sie die damit verbundenen Tugenden üben.

Tugend belohnt sich selbst

Das bedeutet schlicht und einfach, dass Sie ständig danach streben müssen, ein immer besserer Mensch zu werden, wenn Sie ein erfülltes Leben haben wollen. Jede Abweichung von diesem Kurs wird Ihr Glück und Ihre Zufriedenheit mindern. Wenn Ihre Handlungen aber im Einklang mit den höchsten Tugenden stehen, werden Sie sich glücklich und innerlich stark fühlen; Ihr Selbstvertrauen und Ihre Selbstachtung werden steigen; Sie werden in Ihren Beziehungen und bei Ihrer Arbeit effektiver werden. Tugend belohnt sich selbst, nämlich durch das innere Gefühl der Freude und Zufriedenheit, das Sie haben, wenn Sie im Einklang mit dem Besten, was Sie kennen, leben.

Glücksfaktor Charakter

Charakter ist der größte Glücksfaktor überhaupt. Ich habe in diesem Buch immer wieder betont, dass Sie unvermeidlich die Menschen, Umstände, Ideen, Chancen und Mittel in Ihr Leben ziehen, die mit Ihren vorherrschenden Gedanken harmonieren. Sie können in der äußeren Welt niemals etwas haben, was Sie nicht durch Ihr Inneres, Ihr Bewusstsein verdienen. Dem Gesetz der Übereinstimmung zufolge ist Ihre äußere Welt immer ein Spiegelbild Ihrer inneren.

Wenn Sie Ihre Lebensumstände verändern wollen, müssen Sie als Erstes Ihr Unterbewusstsein, die Welt Ihrer Werte und Überzeugungen, so »umprogrammieren«, dass Ihr Inneres zum mentalen Gegenstück des Lebens wird, das Sie in der äußeren Welt führen wollen.

Sie lesen dieses Buch, weil Sie mehr Erfolg haben wollen. Sie wollen glücklicher sein. Sie wollen befriedigendere Beziehungen haben, mehr Geld verdienen und Ihre Persönlichkeit bei allem, was Sie tun, stärker zum Ausdruck bringen. Sie wollen ein großartiges Leben haben. Und wodurch heben Sie sich von den Durchschnittsmenschen ab? Durch Ihre Bereitschaft, ständig mehr darüber zu lernen, wie Sie immer besser werden können.

Beispiel: Erfolgsmenschen zum Thema Erfolg

Doch was ist Erfolg überhaupt? Vor ein paar Jahren befragte das Meinungsforschungsinstitut Gallup 1500 Menschen, die in Who's Who in America *standen. Sie gehörten zu den berühmtesten und renommiertesten lebenden Amerikanern – Firmenpräsidenten, führende Politiker, Nobelpreisträger und andere, die bedeutsame Beiträge zum amerikanischen Leben geleistet hatten und von ihresgleichen und anderen geachtet wurden.*

Diese äußerst erfolgreichen Männern und Frauen wurden gefragt, was ihrer Ansicht nach die wichtigsten positiven Aspekte von Erfolg seien. Die ersten vier Punkte, die praktisch alle Befragten nannten, werden Sie viel-

leicht überraschen: Erstens hatten sie das Gefühl, sich die Achtung ihrer Eltern erworben zu haben. Zweitens hatten sie das Gefühl, sich die Achtung ihrer Ehepartner und ihrer Kinder erworben zu haben. Drittens hatten sie das Gefühl, sich die Achtung ihrer Kollegen und anderer, die auf ihrem Gebiet arbeiteten, erworben zu haben. Und viertens hatten sie das Gefühl, dass ihr Tun das Leben anderer Menschen beeinflusste. Als fünften positiven Aspekt von Erfolg nannten die meisten, dass sie keine Geldsorgen mehr hatten, obwohl viele von ihnen nicht besonders reich waren. Sie hatten schlicht einen Punkt erreicht, an dem das Geld im Vergleich zu der Arbeit, die sie leisteten, keine so große Rolle mehr spielte.

Erfolg und Achtung

Wenn Sie an Ihre eigenen Erfolge denken, werden Sie feststellen, dass sie eng mit der Achtung jener Menschen verbunden sind, die Sie selbst achten. Bei fast allem, was Sie tun oder nicht tun, berücksichtigen Sie, was andere von Ihnen halten und wie sie darauf reagieren werden. Ich habe es schon einmal erwähnt:

Ihr größter Aktivposten ist Ihr Ruf oder Name. Ihren Ruf kann man als das definieren, was andere von Ihnen halten und in Ihrer Abwesenheit über Sie sagen.

Sie wissen bestimmt aus eigener Erfahrung, dass es große – negative oder positive – Auswirkungen auf Ihr Denken und Ihre Gefühle hat, wenn Sie herausfinden, wie andere über Sie sprechen.

Wie sehen andere Ihr Tun?

Eine gemeinsame Eigenschaft glücklicher Menschen ist, dass sie immer darüber nachdenken, wie eine bestimmte Entscheidung oder eine bestimmte Handlung von anderen beurteilt werden wird. Es geht ihnen nicht nur darum, das Richtige zu tun, sondern sie wollen das tun, was andere für richtig halten. Wenn Sie Ihren Charakter entwickeln und sich immer mehr an hohen moralischen Grundsätzen orientieren, werden Sie glücklicher werden und aufgrund des Gesetzes der Anziehung Gleichgesinnte in Ihr Leben ziehen.

Die Rolle der Erziehung

Aristoteles wies auch darauf hin, dass der ganze Zweck der Erziehung darin bestehe, jungen Leuten die Schlüsseltugenden zu vermitteln, die sie später für ein glückliches, erfolgreiches Leben brauchen würden. Er wusste genau wie Sie, dass alles, was wir in unserer Welt machen, auf irgendeine Weise mit Beziehungen zu anderen zu tun hat. Niemand lebt ganz allein, auf einer Insel, und es gibt keine grundsätzlichere Aussage über Sie als die Beschreibung Ihres Charakters.

Taten zählen

Was kann jemand tun, dessen Erziehung unzureichend gewesen ist? Der herangewachsen ist, ohne gründlich in den entscheidenden Tugenden ausgebildet zu werden, die man braucht, um als Erwachsener ein herausragender Mensch sein zu können? Aristoteles sagte, dass Tugend nicht ein einfaches Gefühl oder eine Frage des Glaubens sei, sondern dass man sie üben müsse. Heute sagen wir, dass in den Augen anderer nicht das zählt, was man hofft, sich wünscht oder beabsichtigt, sondern nur das, was man *tut*.

Den eigenen Charakter »bilden«

Aristoteles zufolge kann man eine Tugend, die man anstrebt, dadurch in sich entwickeln, dass man sie immer dann, wenn sie angezeigt ist, übt. Wir können so handeln, als ob wir die Tugend, die wir uns wünschen, bereits hätten! *Das Gesetz der Umkehrbarkeit* lautet ja:

> **»Wie Gefühle Handlungen erzeugen, die mit ihnen im Einklang stehen, so erzeugen Handlungen Gefühle, die mit ihnen im Einklang stehen.« (Gesetz der Umkehrbarkeit)**

Sie können die Entwicklung Ihres Charakters also selbst in die Hand nehmen, indem Sie beschließen, Ihr Denken, Ihre Worte und Ihre Handlungen immer an den höchsten und besten Maßstäben auszurichten, die Sie kennen. *Das Gesetz der Konzentration* lautet:

> **»Alles, womit Sie sich intensiv beschäftigen, wächst in Ihrer Welt und nimmt zu.« (Gesetz der Konzentration)**

Dieses starke Gesetz können Sie zur Formung Ihres Charakters benutzen, indem Sie sich auf eine Tugend konzentrieren, für die Sie bekannt und geachtet werden wollen.

Kerntugend Integrität

Die Kerntugend im Leben und bei Beziehungen ist *Integrität*. Integrität kann man als »Ganzheit, Vollständigkeit, Unversehrtheit,

Unbescholtenheit, Lauterkeit, Makellosigkeit, Rechtschaffenheit« definieren. Wenn Sie über diese Tugend meditieren oder sich intensiv mit ihr beschäftigen und herauszufinden versuchen, was es bedeutet, ein integrer Mensch zu sein, können Sie an andere Menschen denken, an Menschen in Ihrem Umfeld oder auch an große Gestalten der Geschichte, die für ihre Integrität bekannt waren und geachtet wurden.

Beispiel: Durch Charakterstärke ins Präsidentenamt

Abraham Lincoln war »Honest Abe«, der ehrliche Abraham. Er erwarb sich den Ruf untadeliger Ehrlichkeit schon früh – zu der Zeit, als er ein junger Mann war und in einem Laden arbeitete. So lief er kilometerweit, um einer Frau ein paar Pennies zurückzugeben, die er versehentlich zu viel verlangt hatte.

Dieser Ruf wurde so stark, dass die neue Partei der Republikaner Lincoln bei ihrer Versammlung in Chicago als ihren Präsidentschaftskandidaten nominierte, obwohl er bis dahin nie aus Springfield in Illinois herausgekommen war. Seine Charakterstärke beeindruckte die Teilnehmer der Versammlung und machte ihn später zu einem der am meisten verehrten und geachteten amerikanischen Präsidenten.

Eine Tugend »absorbieren«

Je intensiver Sie sich mit einer Tugend wie Integrität beschäftigen, je mehr Sie sie im Geist von allen Seiten betrachten, als ob Sie ein Kunstwerk in den Händen drehen würden, desto mehr sickert diese Tugend in Ihr Unterbewusstsein ein. Und je mehr sie in Ihr Unterbewusstsein einsickert, desto größer ist die Wahrscheinlichkeit, dass Sie als integrer Mensch handeln werden, wenn die Situation es erfordert. Wenn Sie sich den Ruf der Integrität erwerben, werden immer mehr Leute Sie anerkennen und mit Ihnen in Verbindung gebracht werden wollen. Türen werden sich Ihnen öffnen. Sie werden anfangen, das Glück zu haben, das Menschen mit schwächerem Charakter nie zu haben scheinen.

Beispiel: Wirtschaftsfaktor Vertrauen

Vor einigen Jahren hat Francis Fukuyama ein Buch mit dem Titel »Trust«, »Vertrauen«, geschrieben. Darin untersucht er die Entwicklung verschiedener Länder im Laufe der Jahrhunderte und kommt zu dem Schluss, dass Staaten, in denen viel Vertrauen herrscht, blühen und gedeihen, während die wirtschaftliche Entwicklung in Ländern, in denen das nicht der Fall ist, stagniert oder nur sehr langsam voranschreitet.

Je mehr Vertrauen zwischen den Menschen und innerhalb der Wirtschaft eines Landes besteht, desto größer sind die wirtschaftliche Aktivität und Entwicklung und desto stärker wächst der Wohlstand. Je niedriger die Vertrauensebene dagegen ist, desto mehr Korruption und Unehrlichkeit herrschen und desto vorsichtiger sind alle bei Investitionen. Aus den Ländern, in denen wenig Vertrauen herrscht, fließt viel Kapital auf Banken in der Schweiz und der Karibik. Ein großer Teil des Geldes, das als Entwicklungshilfe nach Afrika und Lateinamerika geht, wird gleich wieder aus dem Land geschickt und landet auf den Konten der Machthaber. Diese mehr oder weniger korrupten Diktatoren gehen selbst davon aus, dass das Geld in ihrem eigenen Land nicht sicher angelegt werden kann – vor allem, weil Leute wie sie am Ruder stehen.

Vertrauen in Beziehungen, Vertrauen in Firmen

Bei Beziehungen gilt das Gleiche. Der Kitt, der eine Beziehung zusammenhält, ist Vertrauen. Es ist uns unmöglich, eine Beziehung aufrechtzuerhalten, wenn wir dem anderen nicht vertrauen und das Gefühl haben, uns auf ihn verlassen zu können. Alle guten Freundschaften und alle starken Familien sind auf Vertrauen gegründet. Und bei Firmen, die man als große geschäftliche Familien betrachten kann, ist Vertrauen der Hauptfaktor, von dem ihr Erfolg und ihr Gedeihen abhängen. So herrscht in den Firmen, die die allerbesten Arbeitgeber sind, sehr viel Vertrauen. Jeder in der Firma – unabhängig von seinem Status – vertraut den anderen und glaubt ihnen das, was sie sagen. In fast allen namhaften Firmen kann eine Lüge ein ausreichender Grund für eine Entlassung sein.

Vertrauen und Ehrlichkeit

Vertrauen kommt vor allem in Ehrlichkeit zum Ausdruck. Ihre allerbesten Freunde und Ihre engsten Gefährten im Leben werden immer diejenigen sein, die Ihnen die Wahrheit sagen. Die Entschlossenheit und Bereitschaft, sich selbst und anderen gegenüber absolut ehrlich zu sein, ist das entscheidende Zeichen für Charakter. Die Kerneigenschaft von Charakter ist ja Integrität, und Ehrlichkeit ist der offensichtlichste Ausdruck von Integrität.

Sich selbst treu bleiben

Shakespeare schrieb im *Hamlet*: »Dies über alles: sei dir selber treu. / Und daraus folgt, so wie die Nacht dem Tage, / Du kannst nicht falsch sein gegen irgendwen.« Sie müssen sich selbst gegenüber immer ganz ehrlich sein. Das bedeutet, Sie müssen getreu dem Allerbesten in sich handeln und in jeder Situation Ihr Bestes tun – vor allem bei der Arbeit, wo andere sich auf Sie verlassen. Der äußere Ausdruck von Integrität sind ein untadeliges Verhalten und eine hohe Arbeitsqualität.

Ehrlich zu sich selbst sein

In seinen Untersuchungen über Menschen, die sich selbst verwirklichten, stellte der Psychologe *Abraham Maslow* fest, dass ein gemeinsames Kennzeichen der anerkanntesten Leute darin bestand, sich selbst gegenüber ungeheuer objektiv und ehrlich zu sein – im Hinblick auf die eigenen Stärken und Schwächen und die Situation im Leben. Sie versuchten nie, sich Dinge einzureden, die nicht stimmten. Und da sie sich selbst gegenüber ehrlich waren, konnten sie auch anderen gegenüber ehrlich sein.

Sich selbst gegenüber ehrlich zu sein bedeutet, sich nie etwas vorzumachen oder Spielchen mit sich selbst zu spielen. Nicht so zu tun, als ob etwas nicht wahr wäre, wenn man tief im Inneren weiß, dass es wahr ist. Nicht zu wünschen oder zu hoffen, dass die Dinge anders sein sollten, als sie sind. Die eigene Integrität nie für Kompromisse zu opfern. *Ralph Waldo Emerson* schrieb einmal: »Heilig ist letztendlich nur die Integrität des eigenen Geistes.«

Wahrhaftigkeit

Sie müssen also mit jedem in Ihrer Umgebung in Wahrheit leben. Sprechen Sie Ihre Wahrheit schlicht und ehrlich aus. Verharren Sie nicht in Beziehungen, die falsch für Sie sind, und tun Sie nichts, dem Sie nicht zustimmen oder an das Sie nicht glauben. Sagen Sie nichts zu anderen, was gegen Ihre wahre Überzeugung ist. Achten Sie sorgfältig darauf, in allen Bereichen Ihres Lebens in Wahrheit zu leben.

Selbstvertrauen

Selbstachtung und Selbstvertrauen wurzeln tief in Ihrem Charakter. Je mehr Sie in Ihren Beziehungen zu sich selbst und zu anderen untadelige Integrität üben, desto größer wird Ihr Selbstvertrauen und desto mehr mögen und achten Sie sich selbst. Und Sie wissen ja: Je mehr Sie sich selbst mögen und achten, desto mehr mögen und achten Sie andere und desto mehr mögen und achten die anderen Sie.

Alles beginnt mit Ihrer eigenen inneren Einstellung, mit Ihren tiefsten Werten und Überzeugungen. Ihr äußerer Erfolg hängt davon ab, wie entschlossen Sie innerlich sind, sich Ihre Integrität zu bewahren.

Integrität ist der eine Wert, der alle anderen garantiert. Sie sind umso ehrlicher, je stärker Sie im Einklang mit allem leben, was Sie als richtig, gut und wahr erkannt haben. Und die Grundlage von Integrität ist Selbstdisziplin.

Selbstdisziplin

Elbert Hubbard schrieb einmal: »Selbstdisziplin ist die Fähigkeit, sich dazu zu bringen, das zu tun, was man tun sollte, und zwar dann, wenn man es tun sollte – egal, ob einem danach zumute ist oder nicht.« Selbstdisziplin ist das Eiserne am Charakter. Ihr Erfolg oder Misserfolg bei allem, was Sie tun, hängt größtenteils von Ihrer Selbstdisziplin ab. Statt Selbstdisziplin könnte man auch Selbstkontrolle oder Selbstbeherrschung sagen. Sie wissen ja schon, wie wichtig das Gefühl ist, dass Sie Ihr Leben im Griff haben.

Wenn Sie klare, unzweideutige Entscheidungen treffen, und dann genug Selbstdisziplin aufbringen, sie tatsächlich umzusetzen, auch wenn Ihnen nicht »danach ist«, werden Sie sich großartig fühlen.

Selbstdisziplin und Selbstachtung

Zwischen Selbstdisziplin und Selbstachtung besteht ein direkter Zusammenhang. Je mehr Selbstdisziplin Sie aufbringen, um das zu tun, was am besten für Sie ist, desto mehr mögen und achten Sie sich. Und umgekehrt – je mehr Sie sich mögen und achten, desto größer ist Ihre Fähigkeit, genug Selbstdisziplin aufzubringen.

Aristoteles sagte auch, in Einsamkeit und Abgeschiedenheit könne man jede Eigenschaft entwickeln – mit Ausnahme von Charakter. Charakter kann man nur durch den aktiven Umgang mit anderen Menschen und Situationen entwickeln.

Das Leben als Kette von Entscheidungen

Dass Sie die Person sind, die Sie heute sind, und dort stehen, wo Sie heute stehen, beruht auf den Entscheidungen, die Sie in der Vergangenheit getroffen haben. Sie haben entweder gründlich nachgedacht und Ihre Entscheidungen auf der Grundlage ausreichender Informationen und in Übereinstimmung mit Ihren eigenen Wertvorstellungen gefällt, oder Sie haben das nicht getan. Wie Ihre Entscheidungen in der Vergangenheit aber auch ausgesehen haben mögen – das war damals, und heute ist heute. Sie entwickeln sich jeden Tag, jede Woche und jeden Monat weiter, Sie wachsen durch das Leben. Als Kind haben Sie Entscheidungen getroffen, die Sie heute auf gar keinen Fall treffen würden. Im vergangenen Jahr haben Sie Entscheidungen getroffen, die Sie mit Ihrem heutigen Kenntnisstand nicht mehr fällen würden. Als Sie diese Entscheidungen trafen, waren Sie eine bestimmte Person, heute aber sind Sie eine andere.

Haken Sie die Fehler ab, die Sie in der Vergangenheit gemacht haben. Sie sind heute nicht mehr die Person, die diese Fehler beging, heute sind Sie ein anderer Mensch.

Heute können Sie auf der Grundlage Ihres ständig wachsenden Reservoirs an Wissen und Erfahrung neue Entscheidungen treffen, Sie können das Steuer Ihrer Zukunft in die eigenen Hände nehmen und jede Richtung einschlagen, in die Sie gehen wollen.

Die menschliche Natur: Der »E-Faktor«

Moral und Realität

Weshalb zeigen nicht alle Menschen Charakterstärke? Weshalb lassen sich nicht alle bei allen ihren Handlungen von den entscheidenden Tugenden Integrität und Ehrlichkeit leiten? Die Antwort steckt in dem, was ich den *»Expediency Factor«* nenne, den »Eilfaktor« beim menschlichen Denken und Verhalten. Er ist der Hauptgrund für Misserfolg im Leben. Nur wenn man den »E-Faktor« als grundlegende menschliche Schwäche versteht, kann man ihm entgegenwirken und ein erfolgreiches Leben führen.

Der »E-Faktor«: 7 Charakterzüge

Der E-Faktor beruht auf den fundamentalen Fehlern oder Schwächen im menschlichen Charakter. Die so genannte »menschliche Natur« umfasst viele Eigenschaften, doch ich möchte hier nur die sieben wichtigsten beschreiben. Jede von ihnen kann, wenn sie nicht richtig kontrolliert und gelenkt wird, zu Misserfolg führen. Die große Tragödie ist, dass bei den meisten Menschen ständig alle sieben aktiv sind, sodass sie nur sehr niedrige Leistungsebenen erreichen.

Die erste allgemein menschliche Eigenschaft ist, dass wir bei jeder Aufgabe versuchen, Energie zu sparen. Das liegt daran, dass unsere Zeit und unsere Energie letztlich unser Leben ausmachen, und unser Leben bedeutet uns ja viel. Wir sind psychisch so konstruiert, dass wir nicht bewusst einen schwierigeren Weg wählen können, wenn wir auch einen einfacheren sehen. Mit anderen Worten: Wir sind alle *faul*.

Eigenschaft 1: Faulheit

Nun ist gegen Faulheit gar nichts einzuwenden, solange sie konstruktiv darauf ausgerichtet ist, Möglichkeiten zu finden, wie wir eine bestimmte Aufgabe leichter erledigen können. In der ganzen Geschichte der menschlichen und technischen Entwicklung haben Männer und Frauen ihre Kreativität dafür eingesetzt, Möglichkeiten zu finden, wie sie selbst und andere die gleichen Ziele bei einem geringeren Aufwand von Energie und Mühe erreichen konnten. Erst wenn wir instinktiv nach leichten Wegen suchen, um Dinge zu tun, die sich dann als kontraproduktiv erweisen und uns und anderen sogar schaden, wird Faulheit zu einer schlechten Eigenschaft.

Die zweite Eigenschaft der menschlichen Natur ist, dass jeder lieber mehr als weniger hat. Wenn ich Ihnen für irgendeinen Gegenstand fünf *oder* zehn Mark bieten würde, würden Sie sich für die zehn Mark entscheiden. Das ist normal, natürlich und gesund. Das bedeutet, dass wir alle *gierig* sind. Auch Gier ist an sich weder positiv noch negativ. Wenn sie darauf ausgerichtet ist, das eigene Leben zu verbessern und das eigene Wohlergehen sowie das Wohlergehen anderer zu steigern, kann sie ein durchaus positiver Einfluss sein.

Eigenschaft 2: Gier

Wenn Gier aber darauf abzielt, ohne Gegenleistung etwas zu bekommen oder sich etwas zu verschaffen, was man nicht verdient, kann sie schädlich und zerstörerisch sein. Ob Faulheit oder Gier gute oder schlechte Eigenschaften sind, hängt nur davon ab, wie wir sie einsetzen.

Die dritte Eigenschaft der menschlichen Natur ist, dass wir nicht aus unserer eigenen Haut können. Ihr Glück, Ihre Freude, Ihre Unzufriedenheit oder Zufriedenheit, Ihren Hunger oder Durst können nur Sie selbst fühlen. Niemand kann diese Gefühle an

Eigenschaft 3: Egoismus

Ihrer Stelle empfinden oder entscheiden, was am besten ist. Und wir entscheiden immer auf der Grundlage dessen, was unserer Ansicht nach am besten für uns ist.

Das bedeutet schlicht und einfach, dass Sie *egoistisch* oder ichzentriert, ichbezogen und ichbestimmt sind. Wenn Sie zu einem Büfett gehen, können nur Sie entscheiden, welche Mischung von Gerichten für Ihren Appetit und Ihren Gaumen ideal ist. Sie sind immer »egoistisch«. Und auch dagegen ist nichts einzuwenden, es ist eine naturgegebene Tatsache, wie Faulheit oder Gier.

Beispiel: Altruismus in neuer Sicht

Ein Sozialarbeiter, der sich im Stadtzentrum um Obdachlose kümmert, kann im positiven Sinn »Egoist« sein: Er befriedigt möglicherweise sein ureigenstes Bedürfnis, indem er mit den vorhandenen Mitteln so vielen Menschen wie möglich hilft. Er kann daher auf eine sehr gesunde und konstruktive Weise »faul«, »gierig« und »egoistisch« sein, nämlich auf eine Weise, die anderen zugute kommt.

Eigenschaft 4: Ehrgeiz

Als vierte Eigenschaft haben wir gemeinsam, dass wir handeln, um unsere persönliche Situation zu verbessern. Jeder strebt durch alles, was er sagt oder tut, bewusst oder unbewusst nach irgendeiner Verbesserung. Das bedeutet, dass wir alle *ehrgeizig* sind. Wir alle wollen unser Leben, unsere Arbeit, unsere Beziehungen, unsere Gesundheit oder unsere finanzielle Lage verbessern.

Das Gegenteil von Ehrgeiz wäre völlige Gleichgültigkeit oder Selbstzufriedenheit, ein Sichbescheiden mit dem, was man hat, und keinerlei Interesse dafür, ob das eigene Leben besser oder schlechter wird.

Ehrgeiz ist eine sehr gesunde Eigenschaft. Er treibt Menschen dazu, Hindernisse zu überwinden und Ziele zu erreichen, die niemand für möglich gehalten hätte. Ehrgeiz wird jedoch zu einer negativen Eigenschaft, wenn er dazu führt, dass jemand sich unehrlich verhält und anderen schadet.

An sich ist Ehrgeiz aber weder positiv noch negativ. Wie alle anderen Eigenschaften der menschlichen Natur bekommt er nur durch unser jeweiliges Handeln einen positiven oder negativen Wert.

Eigenschaft 5: Unwissenheit

Die fünfte Eigenschaft der menschlichen Natur ist, dass niemand in der Lage ist, *alles* über eine bestimmte Sache zu wissen. Daher beruht jede Ihrer Entscheidungen und Handlungen zu einem gewissen Teil auf Mutmaßungen, auch wenn Sie noch so viel lernen. Da Sie nie alle Fakten kennen können, gibt es auch keine Garantie dafür, dass Ihre Handlungen zum gewünschten Ergebnis führen. Das bedeutet, dass wir alle bis zu einem gewissen Grad *unwissend* sind. Manche Leute sind viel unwissender als andere, doch niemand kann auch nur über sein Spezialgebiet wirklich alles wissen.

Der Drang, zu »wissen«, herauszufinden, das Risiko möglichst niedrig zu halten, ist der Hauptgrund dafür, dass die Gesamtheit des menschlichen Wissens sich heute alle drei Jahre verdoppelt. Heute erzeugen mehr Menschen auf mehr Gebieten mehr Informationen und mehr Wissen als je zuvor in der Geschichte der Menschheit, und die Geschwindigkeit nimmt immer noch zu. Und das liegt daran, dass wir intuitiv erkennen, dass wir bis zu einem gewissen Grad alle unwissend sind.

Eigenschaft 6: Eitelkeit

Die sechste Eigenschaft der menschlichen Natur ist, dass wir stolz auf uns selbst sein wollen, auf unser Aussehen, unsere Leistungen, unsere Familie, unsere Arbeit und unseren Besitz. Wir wollen gut aussehen, und wir wollen, dass andere gut von uns denken. Das bedeutet, dass jeder von uns *eitel* ist.

Das Gegenteil von Eitelkeit wäre völlige Gleichgültigkeit im Hinblick darauf, welchen Eindruck wir auf andere machen. Eitelkeit ist eine positive Eigenschaft; sie führt dazu, dass wir nach Schönheit, Gesundheit, Reichtum, Erfolg und materiellen Besitztümern streben. Sie ist die treibende Kraft hinter der Bekleidungsindustrie, der Möbel- und Heimtextilienindustrie, der Auto-, Kosmetik-, Unterhaltungs- und Sportindustrie und hinter dem Wunsch, erfolgreiche Unternehmen zu gründen und aufzubauen. Sie ist auch der Antrieb für politische Aktivitäten und beeinflusst alle unsere Entscheidungen sehr stark.

Eigenschaft 7: Ungeduld

Die siebte Eigenschaft der menschlichen Natur ist Ungeduld. *»Früher oder später«* – wenn wir die Wahl haben, ziehen wir alle das »Früher« vor. Wenn ich Ihnen 100 Mark anbieten würde und Sie sie jetzt oder in einem Jahr haben könnten, würden Sie sich dafür entscheiden, sie sofort zu bekommen. Das ist normal und natürlich, es ist ein Element der menschlichen Natur.

Wir sind also alle *ungeduldig*. Warum das so ist? Die Antwort ist ganz einfach: Unser Leben bedeutet uns etwas, und es besteht aus Zeit. Wenn wir etwas Positives oder Gutes früher haben können, werden wir es immer auch früher haben wollen, vor allem weil ja niemand weiß, was die Zukunft bringen wird. Unsere ganze heutige Gesellschaft wird von dem Wunsch der Verbraucher angetrieben, das, was sie wollen, schneller, leichter, neuer und besser zu bekommen als je zuvor. Für alle Firmen auf der Welt ist Schnelligkeit ein Muss. Wenn sie ihre Kunden nicht schneller und besser bedienen als die Konkurrenz, laufen sie Gefahr, aus dem Markt gedrängt zu werden.

Beispiel: Schnelligkeit ist Trumpf

Der erste Computer konnte 300 000 Anweisungen pro Sekunde verarbeiten. Dem in den Siebzigerjahren aufgestellten Mooreschen Gesetz zufolge verdoppelt sich die Anzahl der Transistoren auf einem Prozessor alle 18 Monate, bei einer gleichzeitigen Halbierung der Kosten. Heute verarbeitet ein Pentium-Chip 100 Millionen Anweisungen pro Sekunde, und es wird bereits an der Entwicklung noch besserer Pentium-Chips für PCs gearbeitet, die in ein paar Jahren eine Milliarde Anweisungen pro Sekunde verarbeiten können werden.

Dieses Streben nach Schnelligkeit und die menschliche Ungeduld gerade auch gegenüber der Technik haben dazu geführt, dass die für Kinder gedachte »Playstation« von Sony schon heute eine Milliarde Anweisungen pro Sekunde verarbeiten und zu einem Preis von weniger als 300 Dollar angeboten werden kann. Und die Geschwindigkeit der technologischen Entwicklung dürfte aufgrund der unglaublichen Ungeduld des Menschen noch weiter zunehmen!

Die Bilanz sieht also so aus: Es liegt in der Natur des Menschen, dass er faul, gierig, egoistisch, ehrgeizig, unwissend, eitel und ungeduldig ist. Das gilt natürlich auch für Sie! Daher hat der Durchschnittsmensch es immer eilig. Er sucht ständig nach dem schnellsten und leichtesten Weg, das zu bekommen, was er haben will, sofort, ohne große Rücksicht auf die Folgen.

Die vom »E-Faktor« ausgehenden negativen Impulse können nur durch Selbstdisziplin und Selbstbeherrschung im Zaum gehalten werden.

Nur durch die Rückkehr zu den Tugenden und Werten charakterstarker Menschen und durch die unerschütterliche Entschlossenheit, immer das Richtige zu tun und es vorher genau zu überdenken, können wir uns der Verlockung des »E-Faktors« und seinem Sog entziehen. Wir wollen uns nun einige dieser Tugenden ansehen.

Wie bekämpfen Sie Ihre Schwächen?

Sie wissen ja schon, dass die Schlüsseltugend, die alle anderen garantiert, Integrität ist. Vom Grad Ihrer Integrität hängt es ab, wie strikt Sie das leben, was Sie als richtig und wahr erkannt haben.

Verantwortungsbewusstsein

Eine andere für Ihren Erfolg und Ihr Glück extrem wichtige Tugend ist Verantwortungsbewusstsein.

Wenn Sie die Verantwortung übernehmen, akzeptieren Sie, dass Sie selbst die wichtigste kreative Kraft in Ihrem Leben sind.

Dass Sie da stehen, wo Sie stehen, und das sind, was Sie sind, verdanken Sie Ihrem eigenen Denken und Handeln. Sie müssen sich immer wieder sagen: »Ich bin verantwortlich!« Und: »Ich muss es tun, denn sonst tut es niemand!«

Wenn Sie die Verantwortung übernehmen, hören Sie auf, die Schuld auf andere zu schieben und Ausreden zu erfinden. Sie beklagen sich dann nicht und liefern auch keine Erklärungen. Sie nehmen Ihr Leben ganz in die eigene Hand und akzeptieren auch die Verantwortung für alle, die darauf angewiesen sind, dass Sie Ihre Pflichten erfüllen.

Mitleid Eine der größten Tugenden ist Mitleid. Statt ständig zu versuchen, das, was Sie haben wollen, schneller und leichter zu bekommen, müssen Sie sich in die Lage derjenigen versetzen, in deren Leben es mehr Tiefen als Höhen gibt. Wer Mitleid aufbringt, kann geduldiger, toleranter, verständnisvoller und mitfühlender gegenüber anderen sein, die unglücklich sind oder weniger Glück haben.

Die wirklich hervorragenden Männer und Frauen haben immer viel Mitgefühl für die weniger Glücklichen gehabt. Und je mehr Mitleid Sie für andere aufbringen, desto gefestigter sind Sie. Sie erkennen dann, dass Sie selbst ungeheuer viel Glück im Leben gehabt haben und dass Sie nicht über jene urteilen dürfen, die vielleicht noch einen langen Weg zurücklegen müssen.

Freundlichkeit Eine andere wichtige Tugend ist Freundlichkeit. Ein kluger Mensch hat einmal gesagt, dass man im Leben gar nicht freundlich und gerecht genug sein könne. Jeder, mit dem Sie zu tun haben, trägt eine schwere Last. Wenn Sie den ganzen Tag zu allen Menschen freundlich und höflich sind, helfen Sie Ihnen dadurch, diese Last leichter zu machen. Sie hinterlassen ein Gefühl von Wärme und Fröhlichkeit. Und die schönste Belohnung für Freundlichkeit besteht darin, dass Sie sich in Ihrer Haut viel wohler fühlen. Wenn Sie Mitleid und Freundlichkeit und Verantwortungsbewusstsein zeigen, fühlen Sie sich selbst viel besser – mehr noch: Sie werden tatsächlich ein besserer Mensch! Sie programmieren Ihr Unterbewusstsein neu und ändern Ihren Charakter zu Ihrem Vorteil.

Freundschaft Auch Freundschaft ist eine wunderbare Tugend. Sie wissen ja, dass Sie selbst ein Freund sein müssen, wenn Sie Freunde haben wollen. Auf diese Weise können Sie in wenigen Wochen mehr Freunde gewinnen, als wenn Sie jahrelang versuchen würden, andere dazu zu bringen, Sie zu mögen. *Dale Carnegie*, der Autor des Megasellers *Wie man Freunde gewinnt*, hat einmal geschrieben, der beste Weg zum Aufbau freundschaftlicher Beziehungen zu anderen sei es, sich wirklich für sie zu interessieren. Sie können Ihre eventuelle Schüchternheit und Unsicherheit überwinden, indem Sie gar nicht an sich selbst denken und dem anderen einfach nur Fragen zu seiner Person und seinem Leben stellen. »Was für eine Arbeit machen Sie?« – »Wie sind Sie überhaupt in diesen Berufszweig gekommen?« – »Wie läuft es im Augenblick bei Ihnen?« Hören Sie sich die Antworten ruhig und aufmerksam an und unterbrechen Sie den anderen nicht, nicken Sie, lächeln Sie. Je mehr Sie aus sich herausgehen und Ihre Gefühle und Ihre Aufmerksamkeit auf andere konzentrieren, desto wohler werden Sie sich in Ihrer Haut fühlen und desto besser werden andere sich in Ihrer Gegenwart fühlen. Diese positiven Gefühle verstärken sich dann selbst.

Aufgrund des »Wohlfühl-Prinzips« – der Tatsache, dass wir uns auf Angenehmes zu und vom Schmerz weg bewegen – integrieren Sie Verhalten, das positive Folgen für Sie hat, umso mehr in Ihre Persönlichkeit und machen es zu einem dauerhaften Bestandteil Ihres Charakters, je öfter Sie es praktizieren.

Sanftmut

Sanftheit ist eine weitere Tugend, die Sie kultivieren können, vor allem gegenüber den wichtigen Menschen in Ihrem Leben. Interessanterweise können nur die Starken sanft sein. Leute, die grob sind oder denen die Gefühle anderer gleichgültig sind, sind gewöhnlich schwache und unaufrichtige Menschen voller Unsicherheit und mit wenig Selbstachtung.

Das Wunderbare ist, dass Sie – unabhängig von den Umständen – innerlich ein immer besserer Mensch werden, wenn Sie sanft, geduldig, tolerant und freundlich sind und Mitleid für andere empfinden. Außerdem bringt man Ihnen mehr Bewunderung und Achtung entgegen, vor allem, wenn Sie diese Eigenschaften gegenüber Ihrer Frau oder Ihrem Mann, Ihren Kindern, Ihren Freunden und Ihren Angestellten zeigen. Große Männer und Frauen sind oft besonders freundliche und sanfte Menschen.

Lebensziel innerer Frieden

Das größte menschliche Ziel überhaupt ist der innere Frieden. Er ist der wahre Maßstab für ein erfülltes Leben. Wenn Sie sich inneren Frieden zum Ziel setzen und Ihr Leben entsprechend organisieren, werden Sie eine Vielzahl von Fehlern vermeiden.

Inneren Frieden können wir nur erlangen, wenn wir im Einklang mit den höchsten Werten und Tugenden leben, die wir kennen.

Er wird sich einstellen, wenn Sie genug Selbstdisziplin aufbringen, um dem Sog des »E-Faktors« zu widerstehen, wenn Sie wissen, dass Sie sich selbst und anderen gegenüber rückhaltlos ehrlich sind, wenn Sie auf Ihre leise innere Stimme hören.

Folgen Sie Ihrer Intuition!

Lassen Sie sich von Ihrer Intuition führen und mit dem Fluss Ihrer eigenen Natur treiben. Sie müssen das tun, was Sie als richtig und gut und wahr erkannt haben. Dann werden Sie Menschen und Chancen in Ihr Leben ziehen, mit deren Hilfe Sie in wenigen Jahren mehr Fortschritte machen als viele andere in ihrem ganzen Leben. Und alle werden sagen, Sie hätten Glück gehabt.

Kapitel 12
Wagen Sie den Erfolg!

Ihr Erfolgsmotor: Mut

Einer der zentralen Glücksfaktoren ist Mut. Selbstvertrauen, Mut, Kühnheit und die Bereitschaft, auch ohne Erfolgsgarantie seine Ziele entschlossen zu verfolgen – das sind ganz entscheidende Voraussetzungen für Glück. Wer Mut hat, kann so gut wie alles im Leben erreichen. Und wer ihn nicht hat, dem werden auch die anderen positiven Eigenschaften im Zweifelsfall nicht viel helfen.

Angst bremst Ihren Erfolg

Angst ist schon immer Ihr schlimmster Feind gewesen und wird es auch bleiben. Angst und Zweifel haben die Möglichkeiten vieler Menschen stärker beschnitten und durchkreuzt als irgendeine andere Kraft. Was Sie sind und was Sie erreichen können wird nicht durch das bestimmt, was um Sie herum geschieht, sondern durch das, was *in Ihnen* vor sich geht. Viel Mut und Entschlossenheit zu entwickeln ist der Schlüssel dazu, Ihr Leben sozusagen auf Touren zu bringen und die Ziele zu erreichen, die Sie sich gesetzt haben.

Das Gesetz der Bereitschaft, ein wichtiger Glücksfaktor, lautet:

> **»Wer Erfolg haben will, muss bereit sein, alles zu tun, was nötig ist, um sein Ziel zu erreichen.« (Gesetz der Bereitschaft)**

»Fast alles« ist nicht genug

Das gilt natürlich nur in den Grenzen des Gesetzes und der Vernunft. Sie dürfen nie etwas Ungesetzliches oder Unmoralisches tun, um Ihre Ziele zu erreichen. Innerhalb dieser Grenzen aber ist die Bereitschaft, alles zu tun, einer der wichtigsten Glücksfaktoren. Viele Menschen sind bereit, *fast* alles zu tun, was zur Umsetzung eines Zieles nötig ist. Das ist aber nicht genug. Sie müssen Ihr Ziel so intensiv anstreben, dass Sie bereit sind, *jeden* Preis zu zahlen, *jede* Entfernung zurückzulegen und *jedes* Opfer zu bringen, wenn das erforderlich ist, um von da, wo Sie jetzt stehen, dorthin zu kommen, wo Sie hin wollen.

Den Preis kennen

Das Erstaunliche ist, dass die meisten Menschen wissen, was es sie kosten würde, ihre Ziele zu erreichen. Das ist ihnen klar. Wenn sie es nicht genau wissen, können sie andere fragen, und die werden es ihnen sagen. Doch dann wenden sie sich traurig ab, wie der reiche junge Mann im Neuen Testament, weil sie nicht bereit sind, einen so hohen Preis zu zahlen.

Wie stark ist Ihr Erfolgswille?

Wollen Sie finanziell unabhängig sein? Wollen Sie reich sein? Wollen Sie im Laufe Ihres Erwerbslebens Millionär werden? Nun, es gibt nichts, was Sie daran hindern könnte, Ihre finanziellen Ziele zu verwirklichen. Im Laufe der Jahre haben Hunderttausende und Millionen von Männern und Frauen alle diese Ziele erreicht, obwohl sie mit nichts anfingen, manchmal sogar mit hohen Schulden. Auch Sie können es schaffen! Die einzige Frage ist: »Wie *sehr* wollen Sie es?«

Vom Entschluss zur Tat

Sobald Sie sich entschieden haben, was Sie genau wollen, können Sie *das Gesetz des Muts* aktivieren, um mehr Glück zu haben:

> **»Wenn Sie sich mutig auf Ihre Ziele zubewegen, werden Ihnen unsichtbare Kräfte zu Hilfe kommen.« (Gesetz des Muts)**

Viele Leute zaudern oder geben ganz auf, weil sie keinen Weg zu ihren Zielen sehen können. Sie begreifen nicht, dass auch die längste Reise mit einem einzigen Schritt beginnt. Nur dann, wenn Sie vertrauensvoll und zuversichtlich einen Schritt nach dem anderen machen, wenn Sie kühn handeln, um Ihre Träume zu verwirklichen, werden Dinge geschehen, die Ihnen weiterhelfen.

Wenn Sie sich mutig auf ein klar definiertes Ziel zubewegen, aktivieren Sie das Gesetz der Anziehung und das Gesetz von der Aktivität des Überbewusstseins.

Mut und Ausgewogenheit

Aristoteles definierte den Mut als den goldenen Mittelweg zwischen Leichtsinn und Verwegenheit als dem einen Extrem und Feigheit als dem anderen. Aristoteles schrieb außerdem, dass man in allen Situationen, in denen Mut erforderlich ist, mutig handeln muss, wenn man Mut entwickeln will.

Die Ursachen unserer Ängste

Ihre Ängste haben nur einen positiven Aspekt: Sie sind alle erlernt. Wir werden nicht mit irgendwelchen Ängsten geboren. Wenn wir auf die Welt kommen, haben wir zwei wunderbare Eigenschaften:

1. Wir kennen keine Angst. Außer der Angst zu fallen und der Angst vor lauten Geräuschen haben Babys keine natürlichen Ängste.

2. Wir sind völlig spontan. Babys bringen alles zum Ausdruck, was sie empfinden, ohne zu bedenken oder zu berücksichtigen, was irgendjemand anderes sagt oder denkt.

Doch schon bald beginnen unsere Eltern und die anderen Menschen in unserem Umfeld, uns in den Ängsten zu unterweisen, die uns dann unser ganzes Leben lang zurückhalten. Wenn wir anfangen, die Welt um uns herum zu erforschen, sagen sie: »Halt!« – »Komm da weg!« – »Fass das nicht an!« – »Stell das wieder hin!« – »Komm da raus!« Und sie benutzen das vielleicht stärkste Negativwort überhaupt: »Nein!«

Angst vor dem Misserfolg

Wenn wir als Kinder versuchen, etwas anzufassen, zu kosten, zu betasten, gibt es immer jemanden, der uns davon abhält und sagt, wir sollten das lassen. Es ist zu gefährlich. Dazu sind wir noch zu klein. Das führt dazu, dass wir unbewusst die Überzeugung entwickeln, dass wir zu klein, zu schwach und zu ineffektiv sind. Dadurch entwickeln wir bald die ersten Ansätze der Angst vor dem Misserfolg. Diese Angst kommt immer in den gleichen Worten zum Ausdruck: »Ich kann nicht!«

Wenn wir dann erwachsen werden, übernehmen wir den Prozess der negativen Verstärkung, den unsere Eltern begonnen haben, und reden uns ein »Das kann ich nicht! Ich bin nicht klug genug. Ich bin nicht kreativ genug. Meine Ausbildung ist nicht gut genug ...«, sobald wir uns etwas Neuem oder einer Herausforderung gegenübersehen.

Spontanreaktion Angst

Egal, was es ist – Ihre erste Reaktion bei neuen, schwierigen Aufgaben besteht immer darin, einen Grund zu finden, weshalb es Ihnen nicht möglich ist. Ich habe Sie in diesem Buch immer wieder gefragt, ob Sie finanziell unabhängig werden wollen. Wenn Sie nicht aufpassen, werden Sie anfangen, wie ein Anwalt gegen sich selbst aufzutreten, Sie werden bei Ihrem eigenen Fall zum Ankläger gegen sich selbst werden und sofort alle Gründe vorbringen, aus denen es Ihnen nicht möglich ist. Und schon *Henry Ford* sagte:

> **»Ob du glaubst, dass du etwas kannst, oder glaubst, dass du es nicht kannst: In beiden Fällen hast du wahrscheinlich Recht.«**

Angst vor Zurückweisung

Die zweite Angst, die wir aufgrund der Konditionierung in unserer Kindheit entwickeln, ist die Angst vor Zurückweisung. Sie entsteht dadurch, dass unsere Eltern ihre Liebe zu uns von unserem Verhalten abhängig machen.

Kinder brauchen nicht nur Essen und Wasser, Sauerstoff und Wärme, sondern auch Liebe – ohne Liebe verdorren sie wie Rosen ohne Regen. Sie werden noch ganz von Gefühlen beherrscht und daher durch die emotionale Umgebung, in der sie aufwachsen, extrem stark beeinflusst. Wenn die Eltern sie ständig kritisieren, lernen sie schon sehr früh, ihr Verhalten anzupassen und immer das zu tun, was andere ihrer Ansicht nach wollen und billigen.

Wer sich nicht vorsieht, wird viel zu abhängig von der Meinung und der Anerkennung anderer. Manche Menschen sind durch frühe Kindheitserlebnisse so traumatisiert, dass sie als Erwachsene gar keine Entscheidungen treffen können, die irgendjemand in ihrem Umfeld – oder vielleicht sogar Leute, die sie gar nicht kennen – missbilligen könnte.

Abhängigkeit von der Meinung anderer

Das größte Hindernis für Menschen, die eine eigene Firma gründen oder sich nebenher ein zweites Standbein schaffen wollen, ist die Angst vor der Missbilligung und dem Spott anderer. Weil sie so große Angst davor haben, dass jemand sie nicht mögen oder bewundern könnte, tun sie lieber gar nichts. Und wer gar nichts tut, erreicht auch nichts. Der bekannte Eishockeyspieler Wayne Gretzky *sagte einmal: »Du verpasst jeden Schuss, den du nicht annimmst.«*

Beispiel: Existenzgründung

Charakteristisch für die Angst vor Zurückweisung ist also das zwanghafte Gefühl, Dinge tun zu *müssen*, die bei anderen Zustimmung finden werden, und gleichzeitig nichts tun zu können, was andere kritisieren könnten – das Gefühl »Ich muss!«.

Schwach ausgeprägte Ängste vor Misserfolg und Zurückweisung sind durchaus gesund. Eine leichte Angst vor Misserfolg kann Sie zum Erfolg treiben. Ein leichtes Gefühl der Minderwertigkeit und Unzulänglichkeit kann Sie dazu treiben, so zu handeln, dass andere Sie bewundern und achten. Diese Gefühle wirken dann als positiver Anreiz für konstruktives Verhalten. Auch die Rücksichtnahme auf die Gefühle und Ansichten ist eine positive Folge des Wunsches, von anderen gemocht und akzeptiert zu werden – und damit die Grundlage für unsere Achtung vor dem Gesetz und die sozialen Normen und Bräuche, ohne die ein zivilisiertes Leben nicht möglich wäre. Schon den alten Griechen war Mäßigung bei allen Dingen sehr wichtig.

Die positive Kehrseite

An mäßigen Ängsten ist nichts auszusetzen, solange sie nicht zur Bremse für Ihr Potenzial werden – was aber leider bei den meisten Menschen der Fall ist.

Mentale Übung: Ängste überwinden

Wie kann man die Angst vor Misserfolg überwinden? Machen Sie diese Übung zur positiven Selbstbeeinflussung.

1. Immer, wenn Sie an etwas denken, durch das Sie angespannt oder unruhig werden, müssen Sie es auslöschen, indem Sie das Gesetz der Ersetzung benutzen und sich sagen:
   »Das kann ich! Das kann ich! Das kann ich!«

2. Um die Angst vor Zurückweisung zu überwinden, müssen Sie sich immer wieder sagen:
   »Ich muss *nicht!* Ich muss *nicht!* Ich muss *nicht!*«

Wiederholen Sie diese Sätze, sobald Ihre Ängste wieder hochzukommen drohen. Sprechen Sie sich selbst Mut zu!

Wenn Sie sich sagen, dass Sie nichts zu tun brauchen, was Sie nicht tun wollen, und dass Sie alles tun können, was Sie wirklich tun wollen, fangen Sie an, sowohl bewusst als auch unterbewusst die volle Kontrolle über Ihren Geist und Ihre Gefühle zu erlangen.

Wie man Mut entwickelt

Mut zahlt sich aus

Je öfter Sie mutig handeln und je entschlossener Sie sich auf Ihr Ziel zubewegen, desto mehr wirkt das Gesetz der Anziehung für Sie. Sie werden optimistischer und bekommen mehr Selbstvertrauen. Ihr Überbewusstsein arbeitet dann verstärkt daran, alle Ihre Gedanken und Ihr ganzes Verhalten mit der Welt um Sie herum in Einklang zu bringen, sodass Sie immer wieder Fälle von Serendipität und Synchronie erleben.

Träume leben!

In Kapitel 2 habe ich zum Thema Ziele gesagt, dass große Träume sehr wichtig sind. Ich habe Sie aufgefordert, eine Traumliste zu erstellen, eine Liste mit allem, was Sie in der Zukunft gern sein, haben oder tun würden, wenn Sie genug Zeit, Geld, Bildung, Erfahrung und die erforderlichen Mittel hätten.

Nun kommt die wichtigste Fragen, mit der Sie die Angstbarrieren, die Sie zurückhalten, einfach wegsprengen können: »Von welcher einen großen Sache würde ich zu träumen wagen, wenn ich wüsste, dass ein Misserfolg ausgeschlossen wäre?«

Welches Ziel würden Sie sich setzen, wenn Sie wüssten, dass es keine Grenzen für Sie gäbe, wenn man Ihnen bei einer einzigen großen Sache den Erfolg garantieren würde?

Fast jeder kennt die Antwort auf diese Frage, sobald er sie hört. Doch im gleichen Augenblick werden Ihre Ängste von allen Seiten auf Sie einstürmen wie eine Horde von Dämonen aus Ihrem Unterbewusstsein. Sie werden Zweifel und Befürchtungen in Ihnen wecken, Ihr Selbstvertrauen untergraben und den Glauben an die Machbarkeit Ihrer Wünsche zerstören.

Lieblingsausreden und Ausflüchte

Sie können leicht herausfinden, von welchen mentalen Hindernissen Sie sich in der Vergangenheit haben bremsen lassen. Fragen Sie sich: »Gibt es irgendjemanden in unserer Gesellschaft, der den gleichen Einschränkungen unterworfen war wie ich, der aber trotzdem erfolgreich geworden ist?« Diese Frage zwingt Sie, Ihre üblichen Ausflüchte beiseite zu stellen und sich selbst gegenüber ganz ehrlich zu sein. Wie Ihre Lieblingsausrede auch aussehen mag – Sie können sicher sein, dass es Tausende, vielleicht sogar Zehntausende von Menschen gibt, die viel schlechtere Bedingungen hatten, als Sie sich überhaupt vorstellen können, und die trotzdem erstaunliche Dinge vollbracht und einen wertvollen Beitrag zu ihrem eigenen Leben, ihren Familien und ihren Gemeinden geleistet haben. Was hält Sie also zurück?

Erlernte Hilflosigkeit

Psychologen haben zwei Hauptfaktoren ermittelt, die dazu führen, dass wir viel mehr Angst haben, als durch die Umstände gerechtfertigt ist. Der eine ist tief in der Angst vor Misserfolg verwurzelt: das Gefühl der »erlernten Hilflosigkeit«.

Dr. Martin Seligman von der Universität von Pennsylvania kam bei seiner Studie über »erlernten Optimismus« auf der Grundlage seiner fünfundzwanzigjährigen Forschungstätigkeit zu dem Schluss, dass etwa 80 Prozent der Bevölkerung mehr oder weniger stark durch diese mentale Blockade behindert werden. Erlernte Hilflosigkeit ist das Gefühl, dass man nichts tun kann. Sie manifestiert sich im ständigen Gebrauch der Worte »Ich kann nicht! Ich kann nicht!«.

Der berühmte Psychologe *Abraham Maslow* sagte einmal, die Geschichte der Menschheit sei die Geschichte von Männern und Frauen, die sich unter Wert verkauft hätten. Dass Sie sich mit weniger zufrieden geben, als Sie erreichen könnten, liegt daran, dass man Ihnen die Überzeugung eingeimpft hat, Sie könnten an den Dingen kaum etwas ändern.

Sie können alles erreichen!

Das stimmt aber nicht! Sie können dramatische Veränderungen herbeiführen, manchmal sogar sehr schnell, indem Sie die Lektionen vom Glück umsetzen, über die ich das ganze Buch hindurch gesprochen habe.

In Wirklichkeit sind die einzigen Grenzen für Ihre Fähigkeiten Ihre eigene Vorstellungskraft und Ihre Sehnsüchte.

Denken Sie an *Napoleon Hills* berühmte Worte, dass unser Verstand alles erreichen kann, was wir uns vorstellen und an das wir glauben können. Wenn Sie sich ein klar definiertes Ziel setzen und Pläne für seine Verwirklichung entwerfen können, haben Sie fast mit Sicherheit auch die angeborenen Fähigkeiten und Talente, um es zu erreichen. Schon Ihre Fähigkeit, etwas, das Sie *unbedingt* haben wollen, in Worte zu fassen und zu definieren, beweist Ihre Fähigkeit, es auch zu bekommen, wenn Ihr Wille stark genug ist.

Die »Komfort-Zone«

Der zweite Faktor, der Menschen am Fortkommen hindert und Angst – vor allem Angst vor Zurückweisung – weckt, ist die schon mehrfach erwähnte »Komfort-Zone«. Der Mensch ist ein »Gewohnheitstier«. Wir entwickeln Gewohnheiten und halten dann an ihnen fest, auch wenn wir über die Ergebnisse, die sie uns bescheren, nicht gerade glücklich sind.

Das Gesetz der Gewohnheit ist ein entscheidender Glücksfaktor. Es lautet:

»Ohne eine klare Entscheidung Ihrerseits oder einen äußeren Anreiz werden Sie immer auf den eingefahrenen Wegen weitergehen.« (Gesetz der Gewohnheit)

Dieses Gesetz ist eigentlich nur eine andere Fassung des von *Newton* formulierten Trägheitsprinzips: »Jeder Körper verharrt im Zustand der gleichförmig geradlinigen Bewegung, wenn er nicht durch äußere Kräfte gezwungen wird, diesen Zustand zu ändern.«

Gewohnheit als Erfolgsblockade

In der Praxis bedeutet das Gesetz der Gewohnheit, dass Sie weiter die gleichen Dinge tun, sich mit den gleichen Leuten umgeben, etwa genauso viel Geld verdienen und auf der gleichen Leistungsebene bleiben werden wie bisher, wenn Sie nicht eine klare Entscheidung treffen, Ihre Situation zu ändern, oder wenn nicht etwas passiert, das Sie zu entsprechenden Veränderungen zwingt.

Deshalb kann es sich letztendlich sogar als Vorteil erweisen, wenn Sie entlassen werden, Ihr ganzes Geld durch eine Fehlinvestition verlieren oder Ihre Beziehung zerbricht. Solche Ereignisse reißen Sie aus Ihrer Selbstzufriedenheit und schleudern Sie ganz plötzlich aus Ihrer Komfort-Zone, sie bringen Sie aus Ihrem gewohnten Trott und führen dazu, dass Sie andere Möglichkeiten und Richtungen erkennen.

Blicken Sie nach vorn!

Egal, was Ihnen passiert: Zwingen Sie sich, zukunftsorientiert zu sein! Statt sich mit Ihren Problemen und Ihrer Vergangenheit zu beschäftigen, sollten Sie nach vorn blicken und sich fragen: »Was mache ich jetzt, was ist der nächste Schritt?« Und vor allem: »Was kann ich aus dieser Situation lernen, damit ich in Zukunft stärker und besser bin?«

Das Gesetz der Grundannahme ist ein wichtiger Schlüssel zu Glück und Erfolg. Die Schriftstellerin *Dorothea Brande* bezeichnete es als größtes aller Erfolgsgeheimnisse und formulierte es so:

»Wenn Sie sich etwas wirklich wünschen, müssen Sie so handeln, als ob ein Misserfolg unmöglich wäre – dann wird es wahr werden!« (Gesetz der Grundannahme)

Denken Sie daran, dass Ihre Handlungen, Ihre Entscheidungen und Ihr Verhalten zeigen, woran Sie glauben und was Ihnen wichtig ist. Jeder kann Ihre wirklichen Ziele erkennen, indem er sich einfach nur ansieht, womit Sie Ihre Tage verbringen.

Inkonsequenz entlarvt

Wenn jemand sagt, er wolle glücklich, gesund und finanziell unabhängig sein und wunderbare Beziehungen haben, aber zu viel isst, nicht genug Sport treibt, sich nicht weiterbildet und seine Abende entweder vor dem Fernseher oder mit Freunden in der Kneipe verbringt, verrät er der ganzen Welt, was er wirklich will: ein leichtes, undiszipliniertes Leben, das durch Zeitverschwendung und leere Stunden geistloser Unterhaltung gekennzeichnet ist. Und Sie wissen ja, dass jeder von uns das ernten wird, was er gesät hat!

Jeder hat Angst!

Ein Wendepunkt in meinem Leben war, als ich vor ein paar Jahren endlich verstand: Jeder hat Angst! Sie haben Angst, ich habe Angst, und jeder, den Sie kennen, hat vor bestimmten Dingen Angst. Aufgrund unserer Erziehung wachsen wir alle mit einer ganzen Reihe von Ängsten auf. Manchmal helfen diese Ängste uns, doch meistens schaden sie uns oder halten uns zurück. Aber wir alle haben sie. Wo liegt dann der Unterschied zwischen mutigen und feigen Menschen? Die Antwort ist einfach:

Mutige Menschen handeln trotz ihrer Ängste, Feiglinge dagegen lassen sich von ihren Ängsten überwältigen und ihre Gedanken, Gefühle und Handlungen dadurch kontrollieren.

Ralph Waldo Emerson schrieb einmal, die wichtigste Lektion, die er in seinem ganzen Leben gelernt habe, sei: »Tu das, wovor du Angst hast – dann ist der Tod der Angst gewiss.« Eines der Kennzeichen hervorragender Menschen ist, dass sie es sich zur Gewohnheit machen, sich regelmäßig ihren Ängsten zu stellen.

Kontrollieren Sie die Angst – oder die Angst kontrolliert Sie!

Der zentrale Punkt ist: Wenn wir eine Angst erkennen können und uns dann auf sie zubewegen, wird sie schwächer und verliert ihre Macht über uns. Wenn wir aber vor ihr zurückweichen, wächst sie immer weiter, bis sie unser ganzes Leben beherrscht. Der Schauspieler *Glenn Ford* sagte einmal: »Wenn Sie nicht das tun, wovor Sie sich fürchten, beherrscht die Angst Ihr Leben.« *Mark Twain* schrieb: »Mut ist nicht das Fehlen oder die Abwesenheit von Angst, sondern die Kontrolle über Angst, ihre Beherrschung.« Das Gesetz der Gewohnheit besagt, dass etwas zu einer neuen Gewohnheit wird, wenn man es immer wieder tut. Wenn Sie es sich zur Gewohnheit machen, sich Ihren Ängsten zu stellen, werden Ihre Ängste immer kleiner, und Ihr Mut wird immer größer. Dann werden Sie bald den Punkt erreichen, an dem Sie praktisch vor nichts mehr Angst haben.

Übung: Ehrgeizige Ziele setzen

Welche großen Ziele würden Sie sich setzen, wenn Sie überhaupt keine Angst hätten? Diese Übung hilft Ihnen, es herauszufinden.

Nehmen Sie als Erstes die Liste Ihrer Visionen aus Kapitel 2. Schreiben Sie alle Ihre großen Ziele und Träume auf der linken Seite des Blatts untereinander.

Ziehen Sie dann in der Mitte der Seite einen Strich und schreiben Sie rechts neben jedes Ziel das Schlimmste, das passieren könnte, wenn Sie sofort etwas zur Erreichung des jeweiligen Zieles tun würden.

Die schlimmstmögliche Auswirkung wird fast immer weniger schwerwiegend sein, als Sie zuvor vermuteten.

Sorgen gefährden Ihren Erfolg

Eines der Symptome unterbewusster Ängste ist die Sorge. Sich zu sorgen ist eine anhaltende Form der Angst, die durch Unentschlossenheit und Selbstzweifel hervorgerufen wird. Sie beruht auf negativen Vorstellungen. Dabei denkt man gerade an die Dinge, die *nicht* passieren sollen, emotionalisiert sie und stellt sie sich vor. Denken Sie daran: Das Gesetz der Anziehung ist neutral. Ihr Überbewusstsein ist ungeheuer stark, aber es zieht genau die Dinge in Ihr Leben, über die Sie die meiste Zeit nachdenken und die Sie am meisten emotionalisieren.

Selffulfilling Prophecy

Menschen, die sich ständig Sorgen wegen des Geldes machen, haben auch tatsächlich Geldprobleme. Menschen, die die Leute in ihrer Umgebung vorwiegend negativ sehen, die deren Verhalten kritisieren und ungeduldig sind, scheinen immer Beziehungsprobleme zu haben. Menschen, die stets auf der Suche nach schnellen, einfachen Wegen zur Erledigung ihrer Aufgaben sind, ohne sich ihnen mit ganzem Herzen zu widmen, haben immer Probleme bei der Arbeit.

Wer sich Sorgen macht, zieht die entsprechenden Probleme immer stärker in sein Leben hinein. Deshalb ist es so wichtig, dass Sie sorgfältig darauf achten, sich gedanklich nur mit den Dingen zu beschäftigen, die Sie wollen, und nur über diese Dinge zu sprechen und sie sich vorzustellen. Das ist einer der größten Prüfsteine für Charakter und Selbstkontrolle und das wichtigste Element von Erfolg und Lebensglück.

Ohne Risiko kein Erfolg

Die Bereitschaft, Risiken einzugehen, sich aus seiner Komfort-Zone herauszubewegen, die Fesseln der erlernten Hilflosigkeit abzustreifen und sich auch ohne Erfolgsgarantie ganz der Erreichung seiner wirklich wichtigen Ziele zu widmen, ist einer der wichtigsten Glücksfaktoren. Alle erfolgreichen Menschen sind bereit, Risiken einzugehen.

Mut in drei Schritten

Wie kann man Mut entwickeln? Am besten mit den folgenden drei Schritten – eine Methode, die Sie immer wieder einsetzen können.

Schritt 1: Was könnte schlimmstenfalls passieren?

Erster Schritt: Wenn Sie an eine Situation denken, vor der Sie aus irgendeinem Grund Angst haben, sollten Sie sich überlegen, was schlimmstenfalls eintreten könnte. Fassen Sie den Entschluss, das Schlimmstmögliche zu akzeptieren, falls es tatsächlich passieren sollte. Dann können Sie aufhören, sich deswegen Sorgen zu machen, und haben den Kopf dafür frei, an all die Maßnahmen zu denken, die Sie ergreifen können, damit der schlimmstmögliche Fall *nicht* eintritt.

Jean Paul Getty wurde durch diese Denkweise einer der reichsten Männer der Welt. Als er einmal nach seinem Erfolgsgeheimnis gefragt wurde, antwortete er, es bestehe aus zwei Teilen. »Erstens muss man vor jedem Geschäftsabschluss überlegen, was das Schlimmste ist, das in dieser Situation passieren kann. Und zweitens«, fügte er hinzu, »muss man dafür sorgen, dass genau das nicht passiert!« Sobald Sie herausgefunden haben, was im allerschlimmsten Fall passieren würde, werden sich Ihre Ängste und Sorgen in nichts auflösen. Ihr Geist wird dann ruhig und klar.

Dann können Sie Ihre ganze Energie und Begeisterung auf den Erfolg konzentrieren, statt die Hälfte der Zeit damit zu verbringen, an einen möglichen Misserfolg zu denken!

Beispiel: Sieg durch Konzentration nach vorne

Als ich vor einigen Jahren Karate als Wettkampfsport betrieb, lernte ich von einem der besten Karatemeister der Welt eine interessante Technik: Wenn man sich bei einem Karatekampf nach vorn bewegt, und sei es auch nur Zentimeter um Zentimeter, weicht der Gegner zurück, damit der Abstand gleich bleibt. Da man selbst sich vorwärts bewegt, sind 100 Prozent der eigenen Energie und Aufmerksamkeit nach vorn gerichtet. Und da der Gegner sich rückwärts bewegt, ist die Hälfte seiner Energie darauf gerichtet, wo er sich hinbewegt und wo der Rand der Matte ist. Es gelang mir dann, bei mehreren Kämpfen bei nationalen Meisterschaften auch gegen bessere Gegner sehr gut abzuschneiden, weil ich mich immer nach vorn bewegte. Wenn Sie Ihre ganze Energie nach vorn richten, kann das also den entscheidenden Unterschied zwischen Erfolg und Misserfolg ausmachen.

Schritt 2: Welche Vorteile hätte das Erreichen Ihres Ziels?

Es gibt eine zweite sehr gute Maßnahme, um Mut zu entwickeln und gleichzeitig seine Ängste und Zweifel abzubauen: Überlegen Sie sich, welche Vorteile es Ihnen bringen wird, wenn Sie Ihre Ziele erreichen, und halten Sie all diese Vorteile schriftlich fest. *Nietzsche* schrieb einmal, der Mensch könne alles ertragen, wenn der Anreiz dafür nur groß genug sei.

Je mehr Gründe Sie dafür haben, Ihre Ziele erreichen zu wollen, desto mehr Kraft und Energie werden Sie haben.

Stellen Sie sich alle Vorteile vor, die Sie genießen können, wenn Sie die Hindernisse auf Ihrem Weg überwinden, sich Ihren Ängsten stellen und sich trotzdem vorwärts bewegen! Sie können ja immer nur an eine einzige Sache denken. Wenn Sie an die Vorteile des Erfolgs denken, können Sie also nicht gleichzeitig an die Nachteile des Misserfolgs denken.

Je mehr Sie an das denken, was Sie wollen, desto stärker werden Sie. Und je stärker Sie werden, desto mehr Mut entwickeln Sie, bis Sie den Punkt erreichen, an dem Sie vor nichts mehr Angst haben.

Dann wird Sie auf dem Weg zu Ihren Zielen nichts mehr aufhalten können. Kennzeichnend für mutiges Verhalten ist also die Bereitschaft, voller Zuversicht zu handeln und seine Ziele auch ohne Erfolgsgarantie zu verfolgen.

Schritt 3: Länger durchhalten als andere

Mut bedeutet drittens aber auch, durchzuhalten, länger weiterzumachen als irgendjemand anders. Manchmal besteht Ihr einziger Vorteil darin, dass Sie den festen Entschluss gefasst haben, niemals aufzugeben. In Wettbewerbssituationen wird fast immer derjenige gewinnen, der die größte Entschlossenheit aufbringt. Ausdauer, Beharrlichkeit und Entschlossenheit sind stets die wichtigsten Eigenschaften dafür, dass man Glück hat. Allen großen Triumphen gehen gewöhnlich Wochen, Monate und vielleicht sogar Jahre hartnäckiger Anstrengungen voraus, die zunächst sehr wenig fruchten.

Beispiel: Durch Hartnäckigkeit zum finanziellen Erfolg

Der durchschnittliche Selfmade-Millionär hat Untersuchungen zufolge 22 Jahre lang daran gearbeitet, es von einem Kontostand von null aus zu schaffen, mehr als eine Million Dollar wert zu sein. Viele Leute möchten möglichst schnell *reich werden. In der Praxis ist das eher unwahrscheinlich – aber es ist zweifellos möglich,* langsam *reich zu werden. Geduld und Entschlossenheit sowie unbeugsame Willenskraft und unerschütterliche Beharrlichkeit sind die Eigenschaften, die letztendlich Erfolg garantieren.*

Ihre Erfolgsquote: 95%

Bei einer Untersuchung zur Zielorientierung, die vor kurzem in New York durchgeführt wurde, kamen die Forscher zu dem Ergebnis, dass wir 95 Prozent der Ziele, die wir uns setzen, schließlich erreichen – vorausgesetzt, dass wir beharrlich sind und uns nicht von unserer Ausrichtung auf das Ziel ablenken lassen. Ihre mögliche Erfolgsquote beträgt also 95 Prozent! Der Hauptgrund für Misserfolg ist nicht, dass es den Betreffenden an Fähigkeiten oder Möglichkeiten mangeln würde. Es fehlt ihnen vielmehr an innerer Kraft und der Fähigkeit, sich von Schwierigkeiten und Hindernissen nicht abschrecken zu lassen.

Wie man Misserfolge nutzt

Den »Lebensstürmen« trotzen

Sobald Sie sich ein großes Ziel setzen – was es auch sein mag –, wird es so sein, als sei das Schiff Ihres Lebens in einen Sturm geraten. Sie werden schweren Böen ausgesetzt sein und von einer ganzen Reihe unerwarteter Rückschläge und Schwierigkeiten durchgeschüttelt werden. Wenn Sie sich neue, große, schwierige, aufregende Ziele setzen, löst Ihr Überbewusstsein in der Welt um Sie herum Veränderungen aus, die nur einen einzigen gemeinsamen Nenner haben: Sie bringen Ihnen die Erfahrungen und Möglichkeiten, die Sie brauchen, um schließlich den angestrebten hohen Standard zu erreichen.

Die Schlüsselfragen für Misserfolge

Es gibt zwei sehr wirkungsvolle Fragen, die Ihnen helfen, Misserfolge in Erfolg zu verwandeln und Ihr Durchhaltevermögen zu verbessern. Diese »goldenen Fragen« habe ich von einem Selfmade-Millionär gelernt und dann an viele, später ebenfalls finanziell sehr erfolgreiche Menschen weitergegeben.

Was war richtig, was falsch?

Die erste Frage, die Sie sich stellen müssen – ganz egal, was passiert ist –, lautet: »Was habe ich richtig gemacht?« Denken Sie gründlich darüber nach: Auch wenn Sie einen totalen Fehlschlag erlitten haben, haben Sie bestimmte Schritte unternommen, die gut und produktiv waren und die Sie beim nächsten Mal wieder tun sollten.

Die zweite Frage lautet: »Was würde ich anders machen, wenn ich noch einmal vor dieser Situation stände?« Diese Kernfrage zwingt Sie dazu, über die wertvollen Lehren der augenblicklichen Situation nachzudenken und Ihre Gedanken auf die Zukunft zu richten, auf das, was Sie tun können, statt auf die Vergangenheit und das, was passiert ist.

Mit Rückschlägen wachsen

Beide Fragen erfordern präzise Antworten, sodass Sie aus allen Situationen viel lernen werden. Mit ihrer Hilfe werden Sie positiv, konzentriert und zukunftsorientiert bleiben. Eines kann ich Ihnen versprechen: Wenn Sie sich diese Fragen nach jedem Ereignis stellen, werden Sie im nächsten Monat mehr lernen und stärker wachsen als jemand, der sie sich nicht beantwortet, in zwei oder drei Jahren – wenn überhaupt!

Wenn Sie mit anderen zusammenarbeiten, sollten Sie regelmäßig Übungen durchführen, die auf diesen Fragen basieren. Sie werden staunen, welche Erkenntnisse Sie dadurch gewinnen, Erkenntnisse, die es Ihnen ermöglichen werden, schneller voranzukommen als andere, und die Ihnen mehr Glück bringen werden, als Sie sich jetzt vorstellen können.

Wer zuletzt lacht ...

Eines meiner Lieblingszitate stammt von *Phil Knight* von *Nike*: »Man braucht nur beim letzten Mal Erfolg zu haben!« Das ist eine sehr wichtige Erkenntnis! Es ist langfristig unerheblich, wenn man immer wieder scheitert, denn ein einziger großer Erfolg – und er wird kommen müssen, wenn man es immer wieder versucht – löscht alle vorherigen Misserfolge aus. Viele der erfolgreichsten Männer und Frauen der Geschichte haben auch die größten Misserfolge der Geschichte gehabt.

Beispiel: Thomas Alva Edison

Thomas Alva Edison zum Beispiel, der größte Erfinder der Neuzeit, sammelte wohl auch die meisten Misserfolge in der Geschichte der Erfindungen. Er experimentierte unermüdlich, und dementsprechend häufig scheiterten seine Experimente bei der Entwicklung von Produkten und Geräten auch. Er hatte aber eine wundervolle Einstellung, die auch Ihnen und mir weiterhelfen kann: Wenn er anfing, an einer bestimmten Erfindung zu arbeiten, war er überzeugt, dass er die richtige Lösung auf jeden Fall finden würde. Er musste lediglich alle Möglichkeiten eliminieren, die nicht funktionierten, sodass schließlich nur noch die eine übrig blieb, die funktionierte.

Edison ging sehr systematisch vor. Nach jedem Experiment schrieb er genau auf, was er getan hatte, und überlegte dann, was er daraus für seine weiteren Forschungen lernen konnte. Er stürzte sich nicht in eine Unzahl vom Zufall bestimmter Experimente, sondern er achtete darauf, etwas, das nicht zum Erfolg geführt hatte, nicht noch einmal zu versuchen.

Aus Erfahrung klug werden

Diese Einstellung müssen Sie sich auch aneignen! Aus jeder Erfahrung, die Sie machen, müssen Sie Lehren ziehen. Denken Sie schriftlich, halten Sie alle Einzelheiten auf Papier fest. Analysieren Sie jeden Schritt Ihres Vorgehens und überlegen Sie sich, was Sie aus dieser Situation gelernt haben, sodass Sie Ihr Verhalten nicht bei anderer Gelegenheit wiederholen. *Thomas J. Watson Jr.*, der Präsident von IBM, sagte einmal: »Hier macht es nichts, wenn jemandem ein Fehler unterläuft. Das ist doch ganz normal und natürlich. Wer keine Fehler macht, strengt sich nicht genug an. Unentschuldbar ist es aber, den gleichen Fehler mehr als einmal zu machen, weil man nichts daraus gelernt hat.«

Beharrlich bleiben

Ralph Waldo Emerson sagte: »Ohne Begeisterung wurde noch nie etwas Großes erreicht.« Ich würde gern hinzufügen, dass ohne Beharrlichkeit auch noch nie etwas Großes erreicht wurde.

Die Entwicklung von Beharrlichkeit ist der Preis, den wir zahlen müssen, wenn wir unsere Möglichkeiten im Leben voll ausschöpfen wollen.

Niemand kann Großes leisten, ohne den »Beharrlichkeitstest« bestanden zu haben. Er ist wie eine Prüfung, der Sie sich immer wieder unterziehen müssen. Sie können in Ihrem Leben und Ihrer Karriere nur vorankommen, wenn Sie mehr Beharrlichkeit entwickeln. Das ist einer der wichtigsten Glücksfaktoren!

»Durststrecken« überwinden

Die meisten Menschen erzielen ihre größten Erfolge einen Schritt nach dem Punkt, an dem alle anderen aufgeben würden. Erfolgreiche Menschen aber machen weiter, weil sie beschlossen haben, nicht aufzugeben, bevor sie ihr Ziel erreichen, und so gelingt ihnen schließlich der Durchbruch. Manchmal kann Ihr größter Misserfolg sogar zum Sprungbrett für Ihren größten Erfolg werden. Das völlige Scheitern einer Idee oder eines Unternehmens kann sich nämlich als Anstoß erweisen, die Firma zu gründen oder die Entscheidung zu treffen, durch die Sie finanzielle Unabhängigkeit erlangen.

Beharrlichkeit versus Sturheit

Es besteht übrigens ein Unterschied zwischen Beharrlichkeit und Sturheit. *Beharrlichkeit* bedeutet, dass Sie ein klares Ziel unbeirrt verfolgen, aber im Hinblick auf die dazu erforderlichen Mittel flexibel bleiben. Sie haben den Blick immer auf den Ball gerichtet, Sie wissen immer, wohin Sie gehen. Sie sind jedoch bereit, verschiedene Wege auszuprobieren, um an Ihr Ziel zu gelangen. Und Sie geben niemals auf. *Sturheit* dagegen bedeutet, dass Sie die Wirklichkeit einfach nicht akzeptieren, dass Sie versuchen, etwas zum Funktionieren zu bringen, das offensichtlich gar nicht funktionieren kann. Sie sind sich selbst und der Situation gegenüber nicht realistisch und ehrlich.

Sie sollten sich immer wieder den Unterschied zwischen Beharrlichkeit und Sturheit vergegenwärtigen und sich davon überzeugen, dass Sie tatsächlich beharrlich sind, nicht stur.

Entscheidend: Ihre innere Überzeugung

Das Gesetz des Glaubens, das ich am Anfang dieses Buches schon einmal erläutert habe, lautet:

> **»Alles, was Sie voller Gefühl oder Überzeugung glauben, wird Realität. Was Sie glauben, manifestiert sich in der Welt um Sie herum.« (Gesetz des Glaubens)**

Sie glauben nicht das, was Sie sehen, sondern Sie sehen das, was zu glauben Sie sich bereits entschieden haben. Sie ziehen genau das in Ihr Leben, was mit Ihren innersten Überzeugungen im Einklang steht. Wenn Sie wirklich Glück haben wollen, ist es daher Ihre wichtigste Aufgabe, Ihre Überzeugungen im Hinblick auf sich selbst und Ihr Potenzial zu ändern. Und hier ist der Schlüssel dazu:

> **Je beharrlicher Sie sind, desto mehr glauben Sie an sich selbst. Und je mehr Sie an sich selbst glauben, desto beharrlicher werden Sie.**

Tatsächlich ist Ihre Beharrlichkeit der Maßstab dafür, wie stark Sie an sich selbst und an Ihre Fähigkeit, Großes zu leisten, glauben. Und Sie können Ihre Überzeugung, dass Sie schließlich Erfolg haben werden, dadurch steigern, dass Sie einfach so handeln, als ob Ihnen der Erfolg garantiert wäre, solange Sie weitermachen.

Werden Sie unaufhaltsam!

So banal es klingt: Unaufhaltsam zu werden erreicht man, indem man sich weigert, anzuhalten. Wenn Sie eine konstante Handlungsorientierung entwickeln und die Strategie der »Schwungausnutzung« auf Ihr Tun anwenden, werden Sie wie eine Naturgewalt, die sich unerbittlich in eine bestimmte Richtung bewegt.

Selbstdisziplin und Beharrlichkeit

Beharrlichkeit ist nichts anderes als praktizierte Selbstdisziplin. Wenn Sie beharrlich sind, wachsen Ihre Selbstdisziplin und Ihre Charakterstärke. Sie werden stärker und entwickeln zunehmend die Fähigkeit, all die anderen Tugenden zu üben und gemäß den Werten zu handeln, die hilfreiche Menschen und Situationen in Ihr Leben ziehen. Und je mehr Selbstdisziplin Sie aufbringen, desto eher gelingt es Ihnen, immer größere Hindernisse und Schwierigkeiten durch Beharrlichkeit zu überwinden.

Jedes Mal, wenn Sie Selbstdisziplin beweisen, jedes Mal, wenn Sie sich dazu zwingen, das zu tun, was Sie als richtig erkannt haben, werden Sie sich wohler in Ihrer Haut fühlen: Zwischen Selbstdisziplin und Selbstachtung besteht ein direkter Zusammenhang.

Sie mögen und achten sich dann mehr. Sie werden stärker, optimistischer und entschlossener, und schließlich kann Sie nichts mehr aufhalten.

Die Erfolgsformel: Entschlossenheit + Beharrlichkeit

Wenn Sie die Zwillingseigenschaften Mut und Beharrlichkeit entwickeln, werden Sie anfangen, auf eine Weise Glück zu haben, die Sie sich vorher gar nicht vorstellen konnten. Je mutiger und beharrlicher Sie handeln, desto besser und stärker werden Sie. Der erste Schlüssel zum Erfolg ist ja die Entschlossenheit, ihn zu erreichen; der zweite besteht darin, nicht aufzugeben. Sobald Sie zu Ihrem Ziel aufgebrochen sind, müssen Sie einfach beschließen, weiter einen Fuß vor den anderen zu setzen, bis Sie es schließlich erreichen.

Die Erfolgsfaktoren auf einen Blick

In diesem Buch habe ich immer wieder erklärt und gezeigt, dass man Glück planen kann. Erfolg und Lebensglück sind keine Ergebnisse des Zufalls. Alles, was in Ihrem Leben passiert, geschieht aus einem guten Grund. Dass wir da stehen, wo wir stehen, und das sind, was wir sind, liegt vor allem an den Dingen, die unser Denken beherrschen.

Das große Erfolgsgeheimnis ist, dass es keine Erfolgsgeheimnisse gibt.

Die Gründe für Erfolg sind schon seit dem Beginn der Geschichtsschreibung entdeckt und immer wieder neu entdeckt worden:

Klare Ziele

1. Die Basis für Ihren Erfolg ist, dass Sie sich absolut darüber im Klaren sind, was Sie wollen und wer Sie sein wollen.

Positives Denken

2. Der zweitwichtigste Erfolgsgrund ist, dass Sie nur an das, was Sie wollen, denken und darüber sprechen. Verbannen Sie Dinge, die Sie nicht in Ihrem Leben haben wollen, aus Ihrem Denken, reden Sie nicht darüber und hören Sie auf, sich darüber zu sorgen.

Immer besser werden

3. Drittens müssen Sie alles lernen, was Sie lernen können, um bei dem, was Sie tun, wirklich hervorragend zu werden. Entwickeln Sie Ihre Fertigkeiten und beschließen Sie, unter die besten zehn Prozent auf Ihrem Gebiet aufzusteigen. Das wird Ihnen mehr helfen als alles andere.

Sympathie wecken

4. Der vierte Schlüssel zum Glück besteht darin, ein durch und durch angenehmer Mensch zu werden, sodass andere Sie mögen, sich in Ihrer Gegenwart wohl fühlen und Ihnen helfen wollen.

Networking

5. Fünftens müssen Sie eine Strategie zur Ausweitung des Netzwerks Ihrer Kontakte und Beziehungen in allen Bereichen Ihres Lebens entwickeln. Je mehr Menschen Sie kennen und mögen, desto mehr Türen werden sich Ihnen öffnen.

Vermögen bilden

6. Sechstens müssen Sie es sich zur Gewohnheit machen, Geld zu sparen. Fangen Sie mit mindestens einem Prozent Ihrer Einkünfte an und gehen Sie dann schrittweise zu 10, 20 und sogar 30 Prozent über. Wer Geld auf der Bank hat, zieht mehr Chancen und Glück an als Menschen, die meistens pleite sind.

7. Siebtens müssen Sie Ihre angeborene Kreativität freisetzen. Sie sind ein potenzielles Genie! Es gibt kein Problem, das Sie nicht lösen können, und kein Ziel, das Sie nicht erreichen können, indem Sie geistiges Kapital voll einsetzen.

»Brainpower«

8. Der achte Schlüssel zum Glück besteht darin, dass Sie immer ergebnisorientiert vorgehen, also jede Minute Ihrer Zeit so nutzbringend wie möglich einsetzen.

Ergebnisorientierung

9. Der neunte Erfolgsfaktor ist Handlungsorientierung, die wichtigste Eigenschaft aller erfolgreichen Menschen. Werden Sie aktiv, bewegen Sie sich schnell. Sie müssen ein »Dringlichkeitsgefühl« entwickeln und sich ständig auf Ihre Ziele zubewegen.

Handlungsorientierung

10. Der zehnte Schlüssel zum Glück ist Charakterstärke. Je mehr Sie die Charaktereigenschaften entwickeln, die Sie am meisten bewundern und achten, desto erfolgreicher wird Ihr Leben sein.

Charakter zeigen

11. Schließlich brauchen Sie den Mut, anzufangen, und die Beharrlichkeit, weiterzumachen.

Mut & Hartnäckigkeit

Wenn Sie alle diese Faktoren miteinander kombinieren, werden Sie ein durch und durch positiver, auf die Zukunft konzentrierter, tatkräftiger, liebenswürdiger, talentierter, intelligenter und optimistischer Mensch, der über alle nötigen Fertigkeiten verfügt. Dann wird Sie nichts mehr aufhalten können, Sie werden jedes Ziel erreichen, das Sie sich setzen.

Und wenn andere später sagen, Sie hätten Glück gehabt, können Sie bescheiden lächeln und ihnen zustimmen. In Ihrem Herzen aber werden Sie es besser wissen: Es war kein Glück – Sie haben das alles selbst geschafft!

In diesem Sinne: Viel Glück!

Sach- und Personenregister

A-B-C-D-E-Methode 185 f.
Achtung 117, 131, 214
80/20-Regel 51, 185
Aktionspläne 99
Alleinsein 170
Angst 197, 229, 231 ff., 238
Ängste überwinden 234
Arbeit an sich selbst 93
Arbeitsergebnisse 188 f.
Arbeitshaltung 173
Arbeitsmarkt 55, 172
Arbeitszeit 200
Aristoteles 211 f., 214 f., 219, 231
Audiokassetten 70
Audioprogramme 71, 152
Ausbildung 62 f., 65
Ausdauer 242
Ausflüchte 235
Aussehen 108 ff., 111
Ausstrahlung 96, 119

Bart 109
Beharrlichkeit 245 f.
Bequemlichkeit 142, 175
Berufliche Aktivitäten planen 183
Berufliche Beziehungen 24, 124 ff., 127, 129, 131
Berufliche Krise 34
Berufsverbände 127
Bewegung 194, 206
Bewusstsein 29
Beziehungen 113 ff.
Bibliothek 67, 69
Brainpower 54, 60, 134, 154, 248
Brande, Dorothea 237
Bryant, Bear 79
Buzan, Tony 153

Carnegie, Dale 226
Chancen 22, 61, 189
Charakter 211 ff., 219, 249
Charakterstärke 220, 246
Chef 124 f.
Coué, Emile 87
Covey, Steven 106

Drucker, Peter 77

Edison, Thomas Alva 82, 244
»E-Faktor« 220 ff.
Effizienz 185, 201
Egoismus 172, 221
Ehrgeiz 222
Ehrlichkeit 217 f.
Eigeninitiative 196
Einkommen 172

Einstein, Albert 45
Einstellung 25, 78, 95, 97 ff., 101 ff., 111, 166, 180
Einzelgänger 126
Eitelkeit 223
Emerson, Ralph Waldo 14, 155, 218, 238, 245
Emotion 104 f., 107
Empathie 106 f.
Energie 203 ff.
Engagement 127 f., 174
Entscheidungen 212, 219 f.
Entschlossenheit 89, 247
Entspannung 170, 206
Erfolgsbilanz 47
Erfolgsmenschen 13, 213
Erfolgsplanung 18
Erfolgsstrategie der »Schwungausnutzung« 193
Erfolgswahrscheinlichkeit steigern 18
Erfolgswille 230
Ergebnisbereiche 188
Ergebnisorientierung 173
Erklärungsstil 100
Erlernte Hilflosigkeit 235
Ernährung 204
Erster Eindruck 108 f.
Erwartungen 25
Erziehung 214
»Etwas für nichts«-Erwartungen 75
Existenzgründung 24, 77

Fähigkeiten 23, 79
Faulheit 221
Feedback 83 f.
Fehler 28
Finanzielle Sicherheit 136
Finanzielle Unabhängigkeit 133 ff., 146 ff.
Flexibilität 194
Ford, Glenn 238
Ford, Henry 232
Formatio reticularis 26
Franklin, Benjamin 72
Freunde 116
Freundlichkeit 226
Freundschaft 226
Führung 112
Fukuyama, Francis 216

Gates, Bill 60
Gedanken 14
Gefühle 104
Gegenseitigkeit 130
Gegenwert bei der Schaffung von Reichtum 138
Gehirn 153
Geld 133 ff.
Geschäftsidee 191
Geschäftskontakte 129
Gesetz der Abstoßung 115
Gesetz der Affirmation 26
Gesetz der Anhäufung 149
Gesetz der Anziehung 20, 49, 115
Gesetz der Bereitschaft 229
Gesetz der Beziehungen 113
Gesetz der emotionalen Wechselbeziehungen 106
Gesetz der Entschlossenheit 155
Gesetz der Ergebnisse 171
Gesetz der Erhaltung 151
Gesetz der Ersetzung 101
Gesetz der Erwartung 23
Gesetz der Fähigkeit 79
Gesetz der Flexibilität 194
Gesetz der Gegenseitigkeit 130
Gesetz der Gewohnheit 236

Gesetz der Grundannahme 237
Gesetz der harten Arbeit 179
Gesetz der indirekten Bemühung 116
Gesetz der integrativen Komplexität 56
Gesetz der Klarheit 41
Gesetz der Kontrolle 39
Gesetz der Konzentration 52, 154, 215
Gesetz der Liebe 90
Gesetz der mentalen Äquivalenz 28
Gesetz der positiven Erwartung 33
Gesetz der richtigen Gelegenheit 150
Gesetz der Selbstachtung 97
Gesetz der Selbstentwicklung 58
Gesetz der Talente 61
Gesetz der Übereinstimmung 27
Gesetz der Übung 79
Gesetz der Umkehrbarkeit 105, 215
Gesetz der Verantwortlichkeit 29
Gesetz der Verbesserung 93
Gesetz der Verbesserung in kleinen Schritten 86
Gesetz der Vertrauenswürdigkeit 126
Gesetz der Vielfältigkeit 61
Gesetz der Wahrscheinlichkeit 16, 114
Gesetz der Zielstrebigkeit 40, 48
Gesetz der Zukunft 34
Gesetz des Begehrens 44
Gesetz des Denkens 22
Gesetz des Dienstes 76
Gesetz des Durchschnitts 19, 32
Gesetz des Gebens 118
Gesetz des Glaubens 20, 246
Gesetz des Investierens 151
Gesetz des Mögens 95, 130
Gesetz des Muts 230
Gesetz des Nacheiferns 136
Gesetz des Sparens 147
Gesetz des Überflusses 133
Gesetz des Verzeihens 208
Gesetz des Zufalls 40
Gesetz vom Säen und Ernten 15
Gesetz von Aktion und Reaktion 14
Gesetz von der Aktivität des Überbewusstseins 156
Gesetz von der Aktivität des Unterbewusstseins 25
Gesetz von der beschleunigten Beschleunigung 50
Gesetz von Ursache und Wirkung 11, 13 f., 20, 35
Gesunder Menschenverstand 161
Gesundheit 27
Getty, Jean Paul 240
Gewinner 49, 111
Gewohnheit 237
Gier 221
Glücksfaktoren 30
Glücksstreben 211 f.
Goldenes Zeitalter 23
Gretzky, Wayne 233
Großzügigkeit 119
Grundprinzipien des Universums 15
Grundwerte 42 ff.
Guter Ruf 173

Handlungsorientierung 191 ff., 249
Harte Arbeit 174, 179, 198
Hartnäckigkeit 194, 242, 249
Hauptziele 49, 99
Headhunter 88 f.
Herzberg, Frederick 135
Hilfsbereitschaft 130
Hill, Napoleon 24, 155, 167, 236

Hubbard, Elbert 219
Hygienefaktoren 135

Ideen 62, 66, 71 f., 134, 163 f.
Image 108, 110
Industriezeitalter 53
Informationstechnologie 54
Informationszeitalter 53
Initiative 195 ff.
Inkonsequenz 238
Innere Harmonie 160
Innerer Frieden 227
Inneres 27
Integrität 215 f., 219, 225
Intuition 161, 228
Investitionen 151

Jahresplanung 182
Jahresziele 46 f., 49, 51
James, William 21, 105
Jobangebote 89
Jobs, Steve 60

Kaizen 87
Karriere 190
Kausalitätsbeziehungen 211
Khan, Izrat 102
Kleidung 109, 111
Knight, Phil 244
Komfort-Zone 196 f., 236
Kompetenz 57
Komplimente 117
Konstruktive Kritik 84
Kontakte 113 ff.
Kontinuierliche Verbesserung 87, 248
Kontrolle 28, 39 ff., 49
Kopmeyer, Kop 137
Kreativität 162
Kritik 107
Kritische Erfolgsfaktoren 82 f., 85
Kunde 76, 172
Kundendienst 143
Kundenkomfort 142
Kundenwünsche 140 f.
Kurse 70f., 152

Lebenspartner 121
Leistungssteigerung 177, 198 ff.
Lektüreempfehlungen 65 ff.
Lernen 57 f., 72, 92
Lernkurve 201
Lesen 64
Lesetechnik 67 ff.
Lincoln, Abraham 61, 117, 216
Listen 182
Longfellow 80

Mandino, Og 73
Maslow, Abraham 218, 236
Maßstäbe 85
McClellan, David 125
Meditation 170
Meinung anderer 233
Menschliche Natur 220 ff.
Mentale Bilder 103, 158
Mentale Fitness 98
Mentale Programmierung 99 ff.
Messen 71
Millionäre 147
Minderwertigkeitsgefühle 87
Mindstorming 161 ff.
Misserfolg 158, 181, 197, 231, 234, 241, 243 ff.
Mission 45
Mitleid 226
Mittagspause 199
Monatsplanung 182
Mut 229, 249

Mut entwickeln 234f., 237, 239, 241

Negative Gedanken 102
Negatives Denken 23, 208
Neid 74
Networking 113ff., 126, 248
Newton 14
Nietzsche, Friedrich 241
Nightingale, Earl 61, 96

Operationsplan 86
Opfer 180
Optimismus 40
Optimist 21

Parkinsonsches Gesetz 150
Passive Problemlösung 169
Persönlichkeit 95, 111, 124
Pessimist 21
Planung 10, 30, 93, 179ff.
Positive Affirmation 101
Positive Energie 115
Positive Erwartung 24, 36
Positive Selbstgespräche 100
Positive Visualisierung 103
Positives Denken 27, 208f., 248
Potenzial 9, 23, 28, 100, 153
Preis 145, 174
Prinzip der Aufmerksamkeit 52
Prinzip der »Serendipität« 32
Prinzip der Synchronie 35
Prioritäten 48, 181f., 185, 189, 200
Probleme 159, 165ff.
Problemlösungskapazität 158
Produktivität 198ff.
Prozessanalyse 202

Qualität 140f.
Qualitätsmanagement 140

Rauchen 207
Referenzgruppe 125
Reichtum 24, 88, 135ff., 147
Risiken 197, 240
Robert, Cavett 107
Rockefeller, John D. 119
Rohn, Jim 146
Ruf 214

Sanftmut 227
Schlüssel-Ergebnisbereiche 84
Schlüsselfähigkeiten 156ff.
»Schnelle Abhilfe«-Krankheit 75
Schnelligkeit 139f., 197, 224
Schnell-Lesen 67
Schwächen 83, 225ff.
Selbstachtung 117f., 218f.
Selbstanalyse 123
Selbstdisziplin 179, 181, 219, 246
Selbstvertrauen 218, 229
Selffulfilling Prophecy 23, 239
Seligman, Martin 100, 235
Seminare 70, 152
Service 143f.
Sewell, Carl 141
Shakespeare 217
Sokrates 11, 211
Sorgen 239
Sparen 147ff., 181
Spitzenleistungen 73ff., 87f.
Spitzenleute 79, 111, 199
Spitzenverkäufer 51, 56
Startchancen 38
Startvorteile 9
Strategieplan 38ff.
Sturheit 245
Suggestion 28
Sympathie 95, 97, 100, 130, 248
Synchronie 37
Systematische Problemlösung 165ff.

Tagesplanung 182
Tagträume 170
Tagungen 71
Talente 61
Teamarbeit 202
Träume 46, 234
Trends 144
Tugend 212, 216
Twain, Mark 239

Überbewusstsein 155 ff., 165, 195, 234
Übergewicht 206
Überzeugungen 21, 41
Ungeduld 224
Unterbewusstsein 49, 25, 27, 29, 101, 103, 105, 123, 157, 159, 216
Unwissenheit 223
Ursache und Wirkung 211

Verantwortlichkeit 208
Verantwortung 98 f.
Verbesserung 103
Verdienst 77
Vergangenheit 34, 103, 219
Verkauf 74, 168
Verkaufserfolg 15
Verlierer 49
Vermögen bilden 248
Versicherungen 151
Vertrauen 216 f.
Vision 44 ff., 147
Visualisierung 157

Wahrnehmung 26, 109
Watson Jr., Thomas J. 244
Wendepunkt 90
Wertschätzung 107
Wertsteigerung 138 f., 141, 143, 145
Wertvolles Wissen 58
Wertvorstellungen 41 f.
Wille zum Erfolg 89
»Winning Edge«-Konzept 55
Wissen 53 ff., 134, 138
Wissensarbeit 179
Wissensexplosion 55
Wochenplanung 182
Wortschatz 154
Wünsche 23
Wunschpartner 122

Zeit 177 f., 203
Zeitalter der Kommunikation 53
Zeitdiebe 175
Zeitmanagement 176 ff.
Zeitschriften 69
Zero-based Thinking 189
Ziele 31, 40, 47 f., 50 f., 77, 79, 81, 99, 165, 248
Zielgerichtete Motivation 156
Zielstrebigkeit 44
Ziglar, Zig 31
Zufall 12, 32, 121
Zukunft 93
Zukunftsprognosen 22
Zurückweisung 232

»Schluss mit dem negativen Image des Verkaufs!«

Peter Grimm

Der verratene Verkauf

Warum der Verkauf eine neue Identität braucht und wie er den Erfolg vom Zufall befreit

gebunden, 208 Seiten,

zahlreiche Grafiken

ISBN 3-89749-058-7

»Spitzentrainer der deutschen Wirtschaft mit ihren Zukunftsthemen übersichtlich in einem Band, mit Fotos und Kurzporträts.«

Zukunftsmanagement

Trainings-Perspektiven für das 21. Jahrhundert

gebunden, 272 Seiten,

s/w-Abbildungen und Grafiken

ISBN 3-930799-79-0

GABAL management